早期现代新儒家的
科学技术观

赵培军◎著

中国社会科学出版社

图书在版编目（CIP）数据

早期现代新儒家的科学技术观／赵培军著 . —北京：中国
社会科学出版社，2016.12
ISBN 978 - 7 - 5161 - 9698 - 4

Ⅰ.①早…　Ⅱ.①赵…　Ⅲ.①儒家—科学技术—
思想史—中国　Ⅳ.①B222②N092

中国版本图书馆 CIP 数据核字（2016）第 308402 号

出 版 人　赵剑英
责任编辑　喻　苗
责任校对　韩天炜
责任印制　王　超

出　　　版　中国社会科学出版社
社　　　址　北京鼓楼西大街甲 158 号
邮　　　编　100720
网　　　址　http://www.csspw.cn
发 行 部　010 - 84083685
门 市 部　010 - 84029450
经　　　销　新华书店及其他书店

印　　　刷　北京君升印刷有限公司
装　　　订　廊坊市广阳区广增装订厂
版　　　次　2016 年 12 月第 1 版
印　　　次　2016 年 12 月第 1 次印刷

开　　　本　710×1000　1/16
印　　　张　12.5
字　　　数　201 千字
定　　　价　56.00 元

前　言

　　19 世纪末 20 世纪初,以科学技术为主导的西方近代工业文化疾风劲吹,凭其摧枯拉朽之力将中国传统文化及其社会作用,推向自我检省的时代当口。这一时期,中国学者在思想的形成和发展过程中,都不能忽视同一个问题所造成的影响:面对中西方社会发展的实际差异,对当时强劲迅猛的西方科学技术文化和频现颓势的中国传统文化的社会价值,如何进行评价与取舍。

　　早期现代新儒家基于尊重中西历史和展望民族未来相结合的视角,虽认为中国脱离当前贫弱状态乃至进一步实现国家的工业化,肯定离不开西方近代以来科学技术的创世价值,但他们并没有因此而盲目热衷和迷信这种价值。相反,他们理性认识和分析当时国内和国际发展的弱肉强食新格局,重申以人文关怀的省察态度而对科学技术的社会作用予以审慎考量。唯其如此,关于如何规避或减缓科学技术推动社会发展同时带来的负面影响,早期现代新儒家则在顺应西化发展诉求的同时,又积极主张重释儒家文化的源头真谛而辨析其是非优劣,重新界定和明确儒家文化的治世价值。所以,早期现代新儒家在中国迫切需要解除国家发展危难之际,形成了"亦中亦西"又"不中不西"的独特科学技术观。以求恢复儒家文化在中国实现工业化进程中应有的社会地位和作用。

　　早期现代新儒家科学技术观的独特性,不是对西方科学技术文化和儒家文化社会价值的折中或妥协,而是立足特定的国际和国内发展事实。这是辩证分析两种文化所存在的优势与不足,从而真正为中国的长远发展而发挥它们的积极作用。早期现代新儒家坚定地认为,科学和技术本质上是属于不同的认知领域,即使发展到近现代已经具有很多的交叉和融合,但互相所偏重思维领域和实践领域的事实,决定了对它们的有关功能和作用的评断不能囫囵、含混，只有以有益于人类整体生存和长远利益为前提，才可以对二者的评断有所统一。研究早期现代新儒家的科学技术观，需要厘清他们相对分明的科学观和技术观，既明晰他们在吁求中国发展中积极肯定科学技术的西化态度，也着重反映他们主张不能忽视科学技术所产生的负面作用。换句话说，早期现代新儒家理性分析西方国家引领的工业文明，强调这是社会未来发展不可否认的必然趋势。但是，在实现这种更高层级的文明过程中，产生了诸多具有负面作用的冲击，甚至一些冲击已经构成了对人类整体生存的威胁，这就需要对以科学技术为主导的文明进行完善。

早期现代新儒家为了避免中国的西化发展沦为对西方工业化发展道路的简单重复，最终本质还是在征服与掠夺中实现一种粗暴的社会发展。在早期现代新儒家看来，这样的社会发展即使可以解决国家当下的问题，但无法真正实现民族的长远发展和复兴。为此，早期现代新儒家坚持，要通过重释儒家文化人文关怀源头真谛，以中西文化相济为用的取用方式，使解除中国当下危难与实现长久发展齐头并进，以走出一条真正适合民族发展的工业化之路。

早期现代新儒家西化发展理念，是力求将中西文化相济为用作为引进和发展科学技术的准绳，有其特定的现实条件和理论基础。首先，伴随西方科学技术创造人类工业文明的同时，对人类生存利益的负面作用也在日益凸显，这不仅体现在西方国家的肆意殖民侵略和发动的两次世界大战，也表现为人类对自然由敬畏改为征服的非理性态度。其次，以生命哲学为主的西方反思理性等诸多学术流派的思想，随同西学东渐而一并开始不断影响中国的思想界，这使早期现代新儒家对长于人文关怀的儒家文化有了重释的信心。早期现代新儒家认为，现代生命哲学与儒家文化都极其关注人的现实关怀，都擅长以直觉、顿悟等感性认识方式，注重社会能形成良性、和谐的生存关系，二者所折射出的人文关怀思想才真正符合人类长远生存的需要。所以，早期现代新儒家形成科学技术观的重要支撑点，是西方生命哲学和中国传统文化中的儒家文化所强调的在社会发展中要以人为本，并且，二者强调的人文关怀思想内容，也成为早期现代新儒家在贯通中西文化时的理论基础。

早期现代新儒家科学技术观，体现出既要吸收西方以科学技术为主导的创世价值，又要接续儒家文化而发挥其治世价值，由此深深影响了他们重释儒家文化中寻求不同的西化发展实践路径。虽然，早期现代新儒家关于中国西化发展的态度，及对近代西方科学技术的认识和评价立场，在学术界很难被积极的西化派认可和接受；关于重释儒家文化内容而发挥其治世价值，在方法和路径上很难被传统保守派赞同，最终导致他们的思想在当时学术界没有作为成熟的学术流派得到广泛传播。但是，早期现代新儒家在中国的西化浪潮中探求中国未来发展之路而形成相近的思想内容与理论实践路径，反映出他们是要以历史与现实相结合的研究态度，以关注中国长远发展与人类生存利益为研究目的，并通过一种科学技术观展现人文关怀主旨。他们的思想观点伴随科学技术深入发展而逐渐显示出其前瞻性与合理性，最终让他们被后来的学者普遍认定为现代新儒家学术流派的奠基者。事实上，透视早期现代新儒家的科学技术观，他们是致力于在科学技术与人文社会之间寻求双向、互逆的融合路径，不仅为现代新儒家学派的后继学者奠定了研究基调与理论方向，也为思想界如何调和科学技术与人文两种文化关系提供了新的研究角度。而且，这种科学技术观突破了儒家文化传统科学技术观，从对科学技术认识方面为儒家文化延续与发展找到新的生长增殖点，从而彰显出早期现代新儒家科学技术观超越时空的前瞻意义与历史价值。

在中国追求西化发展中弘扬人文关怀，早期现代新儒家以有利于中国走出当下发展的进退维谷之境，乃至实现人类整体的长远生存利益，在构建科学技术观的内容和投于具体实践时，形成"亦中亦西"又"不中不西"的独特特征。这不仅是早期现代新儒家科学技术观的立足点，也是他们后来具体践行中国如何西化及实现长久发展的标准。对早期现代新儒家各位代表在阐述这一思想主旨及具体付诸的实践进行对比，不难发现他们各自的理论体系及实践操作，都是以追求西化发展中要解决的两个基本问题作为前提：第一，正确认识西方为什么能够出现近代科学技术而率先实现人类的工业文明，这需要中国的学者能对其整个过程有充分的认识，了解西方的历史对实现工业文明所起的作用。第二，正视近代以来中国与西方的几次接触并没有让中国在发展中引起足够的警醒，反而与西方的发展差距被越拉越大，这其中所出现的原因需要进行深入的分析。

研究早期现代新儒家科学技术观时不难发现，他们并未表现出盲从西化的崇拜热潮，也未独断儒家文化精义而抱残守缺，而是采取"对于外来思想之输入与夫旧思想的如何消化、整理，也应该同时并重"的态度。早期现代新儒家的科学技术观，实质上是对科学技术文化与人文文化各自优劣的理性分析，是调适儒家文化以期能与科学技术文化和谐共存，使两种文化的结合真正有利于中国摆脱当时的窘境并有益于民族长久的进步。此外，早期现代新儒家鲜明的科学技术观，表明其在新时期肩负起重释儒家文化的重担，从儒家文化的内在延续上，接榫并弘扬儒家文化颠扑不破的人文关怀价值，打破了当时中西方以科学技术作为高下判断的唯一要素。他们既主张发挥科学技术的治世价值，也主张发扬儒家文化的治世价值，主张将二者结合，从而对中国的西化与民族长远复兴有所裨益。这种独特的科学技术观，与现代新儒家学派后来两代的科学技术观也有明显不同。

本书的研究首先是受益于我的导师南京大学哲学系萧玲教授的鼓励和悉心教诲，让我能够明确方向和发现问题；其次是得到了南京晓庄学院市属重点一级学科马克思主义理论学科组项目组、南京晓庄学院马克思主义学院学科建设项目组的支持。在此付梓之际，向我的导师和学院领导、相关同事表示最真挚的感谢！本书的完成也离不开三年攻读博士学位时，给予我精神鼓励和实际帮助的专业老师、同窗好友，还有硕士导师谈新敏和王国领教授的关心，在此一并向他们表示真挚的谢意！当然，本书能够最终完成要特别感谢我的家人对我一如既往的支持！尤其女儿琬宸的出生，给我带来的喜悦让我充满了动力，帮助我在克服诸多困难的同时也更加执着学术研究的道路。

我是完全属于半路进入科学技术哲学的学术领域，对该论著所研究内容需要的哲学理论和传统文化知识，在基本功的支撑上都十分有限。但是，自己着实特别钟情清末民初那段科学思想史，尤其着迷当时学者们所持有的的西方文化观和传统文化观的激荡与回应，其中仿佛在昭示一种思想力量和精神自信。我基于科学技术与社会关系的研究方向，决定选择早期现代新儒家的科学技术观，希望能明了他们在当时坚守儒家文化的勇气和魄力；选择以科学技术观作为一种外在研究进路，希望能还原他们对儒家文化如何实现对本土文化承续所留下的宝贵经验。当然，每一次推敲自己研究的内容时，我总能清晰地感觉到因个人能力和科研水平的限制，存在太多地方需进一步的论证和打磨，甚至有些观点因没有扎实基础作为支撑极易釜底抽薪。所以，在这一段的研究即将结束之际，对书中肯定会存有诸多不足甚至错误之处，恳请专家和同仁能予以批评、指正和包容。

赵培军
2016 年秋于南京晓庄学院

目　录

第一章 导论

19世纪中叶始，相较于西方凭借近代科学技术为主导的推动力而进入工业文明时代，中国作为封建国家的翘楚却因为贫弱衰落，遭遇到亘古未有的发展窘境：一方面，因西方诸多工业化国家野蛮地掠夺性入侵，中国几乎陷进亡国灭种之存亡边缘；另一方面，能够拯救中国走出这种危境的核心，却是需要尽快拥有类似西方近代以来所依赖科学技术的工业基础条件。与此同时，近代科学技术对人类社会发展的推动力也是双刃剑效应，促使世界范围内也在经受前所未有的发展考验：一方面，依赖近代科学技术而率先进入工业文明的西方工业化国家，在推进各国现代化建设进程中，致使本国都几乎出现诸如国家能源问题、环境问题、社会结构性问题等；另一方面，为满足进入工业化发展的需要，这些工业国家肆意进行的殖民侵略和掠夺，也给人类整体生存利益的覆灭带来挑战，尤以大规模、跨地域的两次世界大战为甚。基于这两个大的方面为背景，作为后进者的中国如何认识与评价近代科学技术的创世价值，及如何引入这些科学技术而合理地发挥它们对中国未来发展的意义，构成当时中国诸多学者在形成关于对中西方文化认识与评价中有关科学技术观的重要内容。所以，不同学者在中国是否需要西化和如何西化等问题上所持有的科学技术观，很大程度上能够反映他们所期望的从何种路径使中国摆脱当下困境，并使中国走进什么样的现代化。基于此，伴随西方近代以科学技术为主导的工业文化大量涌进中国，国内学者从不同理论立场及所构建的社会发展目标出发，形成了多种多样的科学技术观。虽然，这反映出当时学术界为国家进言献策的活力，但是不可否认其也在认识和评价中西文化及其价值时，给国内的学术界造成莫衷一是的更加混乱局面。

第一节　科学技术观研究缘起

一　科学技术发展问题之思

西方发展在经历近千年的漫长中世纪后，经文艺复兴而开始不断释放人追求自我价值的天性，逐渐激发一些西方的人对自然与社会认识的激情与活力，一改由传统宗教为主导的认识为科学理性的认识。虽然，西方的科学技术在未进入近代之前，已经作为认识方式和实践方式为推动社会发展而履行其相应角色，但基本上还是依赖少数科学爱好者或传统工匠，凭借他们个人的喜好、想象和经验，及所掌握的材料而更多地表现为在较为狭小的私人领域内进行。但是，伴随宗教认识神话逐步被打破，科学与技术作为认识方式进入近现代认识方式的主阵地，因认识对象在空间范围的变化，其研究内容转变为科学理论与科学方法的体系架构，研究者也从少数个体的单打独斗转变为团队合力工作。科学开始从依赖个人的主观想象和思维推演，表现为更强调科学成果的验证及广泛应用和检验，相应地，技术从手工小作坊、单一工匠的个体性劳动转变为机械工具的大规模设计与运用，在实际操作中不断追求精细化和准确化。惟其如此，近代科学技术发展到16世纪之交，开始突破原有的"科学仅作为认识活动和技术仅作为实践活动"的局限，在推动社会发展的需求之下使得二者之间的关系日益紧密，尤其科学已不再作为纯粹的思维理论的认识方式，已不断渗透进技术具体改进与发展中，逐步体现出对社会发展的变革意义。从哥白尼1543年发表《天体运行论》至第二次工业革命时期，近代科学与技术的互动性越发明显，科学与技术在相互作用中彼此提高也十分明显，科学与技术的逐步紧密结合开始影响彼此的发展。这样的背景之下，科学与技术不仅使人类认识和实践自然与社会的能力迅速增强，也使更多学科领域和更大应用范围内需要将二者进行交叉融合。基于此，科学理论的丰富需要技术实践的应用为辅助，技术的日益发展也需要更完善的科学理论给予指导，如19世纪法国实证主义的出现，不仅是受益于科学技术变革自然与社会作用力的巨大提升而创造出的丰富的社会物质财富，也是伴随科学技术进步的同时而使得文学、艺术、政治、经济等都进入蓬勃期的社会思想成果。这种近代科学与技术发展特点的改变，不仅有益于各自的突破而加速自身的发展进程，也从综合角度提升了对社会发展的推动力，直至帮助西方进入了工业文明时代。所以，西方近代科学技术被推送上人类认识方式中的最高地位，开始被作为社会进步与文明发展的准则，甚至被放大到人类生存中的一切问题，都可以通过科学技术迎刃而解的迷信程度。在西方诸多国家进入工业化之后，科学以其显性成果的技术在社会实践中的高效作用力，被正式作为认识自然和推动发展的正统，最终获得了人类诸多认识方式中的最高话语权，彻底改变了在中世纪时期还是神学婢女的地位。

一定程度上讲，因为科学技术在交叉的发展过程中已经相互渗透、相互影响，决定它们的发展已不能缺少对方的提高作为支撑，诸如新科学理论与科学方法的形成，能够促进技术成果的不断创新。反过来，伴随技术作用于自然或社会程度的加深，在扩大认识范围中越发有益于新的科学理论和科学方法的出现。从科学认识论的理论角度进行分析，西方自近代开始的科学与技术发展，无论从其所创造出的显性的物质成果，还是对政治结构、社会文化等的隐性关系的影响，所体现出的科学技术对社会发展影响的功能，都远远超越其他任何认识方式产生的效果。惟其如此，要在人类社会生存与发展中评价科学技术所产生的影响，任何人都不能仅从科学或技术的单一方面的影响而得出结论，取而代之的是必须将科学技术作为统一的整体，对它们共同作用的效应进行评断。

伴随近代科学技术的不断发展，科学技术对自然与社会的积极创造价值，已经不能单一地将其归功于科学或技术。同样地，因近代科学技术对社会发展的推动力不断发挥，对自然与社会发展也造成诸多负面影响，这也不能单一地归责于科学或技术。唯其如此，科学技术发展到工业文明时代，也形成一个挥之不去的附属观点：对科学理性价值产生怀疑，必然会牵涉对技术实践价值的怀疑；对技术实践价值的怀疑，也终会牵涉出对科学认识价值的怀疑。换句话说，科学技术的发展到近代以后，在推动自然与社会的发展而具有积极作用的同时，也会产生出直接的或潜在的负面作用。对科学技术这种二重性作用的认识和评价，过于倚重任何一个方面都将不利于人类的生存利益，伴随工业文明的建设对科学技术依赖程度不断加深，如何对二者结合后产生的价值从整体角度进行评价与取舍，是真正发挥科学技术造福人类长远生存的重要前提。所以，科学技术自近代开始成为推动社会发展的主导力量，且西方诸多国家在科学技术变革中已牢牢掌握、控制世界的中心话语权，这虽然已经在世界范围内达成普遍的共识，但是，反思科学技术仅仅是作为人类认识的方式之一，它们也不可避免地因自身具有的领域局限而不能无限放大其作用力，要正视它们对自然与社会所造成的负面作用。所以，对科学技术作用所持有的认识与评价，随它们对人类社会生存方面的不同影响而有了不同的评判，甚至明显地引起了有关对其价值的肯定与否定双重声音。关于科学技术对人类社会生存影响而主张对它们进行积极调适的观点，从根本上看，则是以对它们所存在的负面作用的认识作为前提。所以，面对近代以来由科学技术推动社会发展进入工业文明而出现的负面产物，诸如国家间的覆灭性战争问题、忽视对自然与社会的保护等问题，则形成了对科学技术及其社会价值该持有整体角度的理性评价观点。关于科学技术发展而引发的诸多思考，尤其如何认识和评价其在人类社会发展中所具有的价值，在早期现代新儒家看来，过于乐观与盲目悲观的态度都是不可取的。

二　科学技术负面作用之实

近代科学技术经过 300 年左右时间，推动西方诸多国家的社会发展的同时，其所产生的影响也近乎渗透到社会生活的方方面面。而且，伴随这些国家工业化的继续发展，不仅反哺和催化科学技术的发展进程，也对科学技术的依赖程度表现出有增无减的态势。西方率先进入工业化的国家，是通过实现了近代科学技术并继续推动其进步，使得国家进入到一个物质与精神都丰富的时代，故它们的发展和生存利益都与科学技术发展程度紧密相关。然而，科学技术作为人类的认识方法与实践方式，也会受自身效用范围的局限，在实现国家发展同时也会存在相应的不足。这些工业化国家的一些学者已经发现，科学与技术在创造物质财富的同时，无形之中又助长了人类对它们的盲目崇拜，甚至在与其他认识方式对比中将后者尽可能纳入科学范畴中予以考量和评价，最终赋予了科学技术无以复加的神圣权威的地位。当人类历史开始进入到 19 世纪，利用科学技术在全世界范围内攫取物质财富，成为率先进入工业化国家的主要发展方式之一，甚至被认为是一种正常的、合理的人类竞争行为。这些西方国家利用科学技术及其成果，不仅肆意获取自然界的矿藏资源，也残酷剥削和掠夺落后国家或地区的各类资源，"视今世所谓文明先进者，利令智昏，抢夺是务，其高下果何如耶"①。一时间，人与人、国家与国家之间的优劣对比，很大程度上已完全依赖科学技术的水平，衡量不同国家之间的先进与落后、不同个人在社会中拥有地位的高与低的核心，其关键点就在于胜者对科学技术的掌握程度。在这一过程中，西方国家无疑是最为成功的，其获得了世界中心话语权地位，西方优越论也应运而生。

当西方国家创造出工业文明后，更多的人开始普遍将科学技术看作推动社会发展的关系要素，认为自然规律、社会现象以及人的思想和行为等等，都可以因科学技术的存在而做出最权威的说明。更有甚者，认为人类的道德、伦理、正义等虽不具有自然规律但亦可被证明，对它们的认知和衡量同样可以被纳入到科学技术所制定的标准之中。早期现代新儒家认为，这是无视科学技术有其自身不足的极端的唯科学主义思想，它不仅忽略科学技术给人类生存可能带来新的无穷无尽的生存难题，也无视科学技术对人类精神生活的认识有先天不足的事实，梁漱溟面对国内过于夸大西方科学技术的社会价值时提醒道："近世西方人的心理方面，理智的活动太强太盛，实为显著的特点。在他所成就的文明上，辟创科学哲学，为人类其他任何民族于知识、思想二事所不能及其万一者。不但知识思想的量数上无人及他，精细深奥上也无人及他。然而他们精神上也因此受了伤，生活上吃了苦，这是十九世纪以来暴露不可掩的事实！"② 在早期现代新儒家看来，中国追求西化而真正有益社会良性发展，则必须要批判国内所出现的过于盲目崇拜科学技术及其魔力，极力反对将科学技术的作用力可以在人类生存空间大行其道，直至可决定人的生存命运等错误观点。

科学技术对社会发展所具有的推动力，是伴随科学技术自身发展而

---

① 熊十力：《论六经·中国历史讲话》，中国人民大学出版社 2006 年版，第 180 页。
② 《梁漱溟全集》（第一卷），山东人民出版社 2005 年版，第 391 页。

不断被发现与挖掘的，但因为人类将注意力更多地集中在发挥其推动力，而忽视了对它们本身局限性的认识，从而在标榜科学技术为最高权威后，弱化甚至排斥其他认知形式对社会发展的作用力，最终难免在科学技术以推动物质层面进步的同时，也给社会发展中诸如人与人、人与自然等的关系埋下恶果，"自然科学的发达竟把包括科学者本人在内的人类，导入灭亡的危机"①。事实上，伴随工业文明取代农业文明，人与自然的存在关系也在不断接受考验，集中表现在自然原有秩序在工业发展面前被打乱，人在自然中的生存价值衡量标准很难得到统一。以西方近代科学技术为主导的工业文明，实质就是依恃科学技术及其成果的应用，在自然面前一改历史往昔的敬畏心理，将人类翻转成为自然的征服者，最大程度开掘自然资源而满足人类社会发展的需求。所以，工业化的实现程度越高，人类与自然关系的失衡状态越严重。毕竟，科学技术的应用在一定程度上破坏了人类生存所依赖的自然环境，诸如资源短缺与生态破坏等问题，已然成为工业文明进程中不可回避的主要难题。再有，近代科学技术无限放大人类生理功能的极限，帮助人类提高认识和改造自然的能力，这已触及自然界的宏观和微观领域，但科学技术对一些社会关系或个体心理等问题的解释，还是更多地借助惯有的定性或定量的论证，并以解释自然现象和推演自然规律的方式强行解释，在根本上还是对这些具有特殊性和复杂性问题很难形成说服力。最后，由于近代科学技术在社会发展中显性效果不断呈现，佐证了物质文明的进步是依赖科学技术作为支撑。因此，以科学技术作为评判社会发展水平高低的至高标准，开始在工业文明时代创造出一种片面价值观。早期现代新儒家认为，即使基于不同的立场理解这种价值观，将都无法剥除科学技术这一重要的因素，但其促使人在强调"外在物质"的追求中而少了"反求诸己"的反思。这样的价值观不仅会导致人类会将发展过于集中在眼前，难免因短视而导致诸如国家侵略、生态危机等发展问题，也会促使人类在社会进步衡量标准上出现严重的偏差，使得道德、正义与伦理等衡量价值在社会发展中逐渐隐退，最终影响到社会发展对个人价值和生存意义的界定，这同样会给社会发展带来难以解决的问题。

---

① 张君劢：《儒家哲学之复兴》，中国人民大学出版社 2006 年版，第 30 页。

三　中国西化科学技术之问

西方国家凭借近代科学技术在社会发展中的广泛应用，自近代用200年左右的时间近乎全面超越传统农业强国的中国，并在世界版图上首次明确形成以西方发展为中心的格局。不过，西方国家依托近代科学技术的变革力，在世界各地建立起殖民优势的过程中，也直接或间接地将它们的科学技术或多或少地带到这些落后的国家或地区。因此，作为发展落后的国家或地区，在遭受西方工业化国家侵略与掠夺时，也开始意识到改变国家命运的关键，应该是需要引进、学习并最终能产生出类似西方的科学技术。

中国虽然作为农业文明时代的强国，但到了近现代却还因循农业社会机制，从而完败给率先进入工业文明的西方诸多国家，其归根结底无可争议的事实，就是体现在科学技术发展与应用与西方国家存在太大差距。然而，面对清末政府难以阻止朝廷颓势，国内学者却多从民族性反思出发，并最终将罪责推给以儒家文化为主的传统文化，认为传统文化的腐朽、愚昧、固化等该为国难负责。早期现代新儒家在这样的氛围中，明确标榜要从内部接续儒家文化，希望中国实现西化发展应是一次对中西方文化各有所取舍的过程。早期现代新儒家认为，从人类文明在不同历史阶段的发展作用看，西方工业文明的确是人类前进的方向，但这种文明相比农业文明也并不是尽善尽美，尤其从其对人与人的关系、人与自然的关系等影响来看，这种文明过于依赖和迷信科学技术作用力，却并没有很好地解决科学技术的缺陷与不足，反而破坏了如传统文化"顺其自然""天人合一"等理念。在早期现代新儒家看来，这些理念恰恰是应该承继的农业文明的精华，它们是注重人的生存中关于天伦、人伦等的道德观念，不应该在工业文明时代被忽视甚至完全抛弃。基于此，早期现代新儒家顺应当时西化发展的潮流，却又主张以辩证的认识和评价态度，对西方近代科学技术文化和中国传统儒家文化等的社会价值进行评价与取舍，其本质目的是要把以人文关怀研究为主的儒家文化与以开启人的创造力见长的西方文化并举，在中国追求工业文明的过程中化解学术界对两种文化过于偏执一端的错误的观点，"有许多人主张东方文化，有许多人主张全盘西化，我们自己里面有种种争执，或替东方文化辩护，或替西方文化辩护。吾们对于好坏问题，暂且不论，吾们要问的是，这时期中国人一方面非学外国不可，但学习之后，是否全跟外国走。我想不会。……所以我们虽然学外国，但我们的自己之自觉心、自信力亦因之而增加。二者是互相影响的，学别人的时候，不会瞎着眼睛而跟着走的。"①

西方近代科学技术快速推动社会的发展，在中国的明朝末年就已经引起一定程度的关注。然而，由于历史诸多方面的原因，使得自身与西方一些国家的交流过程是断断续续，而且态度上也是徘徊于积极与消极之间，甚至仍带有傲慢的挑剔性态度。所以，当时整个的朝廷因缺乏一定的主动性，必然对西方一些国家迅速发展的原因缺乏客观的认知，更难将视角集中到微观方面的科学技术对社会推动所表现的变革力。这种"锁国"心态一直延续到晚清，直至西方凭借坚船利炮要彻底打开中国国门，中国才由上而下提出"唯泰西是效"的西化发展主张。但是，当时中国西化的着力点还多是放在以"器""技"为主的表象层面，对西方进入工业化的文化、思想等条件的认识远远不够。所以，中国被迫大开国门之后开始陆续向西方工业化国家派遣留学生，主要是要通过学习西方科学和技术以改变中国落后发展状况，对于西方的社会制度、政治文化和思想艺术等还没有形成足够重视。

从第一次鸦片战争到新中国成立，中国共派遣近15000留学生到当时工业化程度较为成熟的国家学习。其中，大多数虽为中国输入西方先进科学技术文化以求帮助中国走出生存险境，甚至在归国后鞠躬尽瘁而做出不可磨灭的历史功绩。但是，由于受限于特殊的历史视角，这些放眼看世界的中国先锋更多还是忽视了对自家传统文化价值的剖析，忽略了解决中国发展困境也是要和本民族具体实情相结合，"国人只知歆慕科学万能，欲移而植之中国。乃唯恐固有哲学思想为之障碍，必取而尽绝之"②。所以，虽然大量留学者已集中在西方理工农医，但这种学习立场与急功近利的学习态度，使中国在几次与西方列强进行实际对抗中

① 张君劢：《明日之中国文化：中印欧文化十讲》，中国人民大学出版社2006年版，第114页。
② 熊十力：《中国历史讲话：中国哲学与西洋科学》，上海书店出版社2008年版，第125页。

还是屡战屡败，对中国社会发展的整体性改观还是体现出"头痛医头、脚痛医脚"的被动解决方式，国家还是不可避免陷入了亡国灭种的危险境地。为什么历经近百年的西化学习，还是不能帮助中国走出困境？早期现代新儒家认为，应对这种西化发展理念本身进行反思，在强行"扭摘"西方表象成果而忽视他们的思想文化基础，并忽略了自家民族及文化特性，甚至向西方学习的呼声彻底压倒对传统守护的声音，科学、技术及民主等等西方思想反而成为中国的至高追求目标，这对解决中国乃至实现更长远的发展也必定是不利的，"现在我们虽然是短东西，可不能光补东西，光补东西是补不完的；要紧的还是补知识方法。……我认为此刻中国顶缺乏的就是缺乏方法；顶要紧的就是赶快想法子把我们所缺乏的方法学进来。"① 所以，早期现代新儒家呼吁，研究西方近代盛世，不可以忽略其形成背景的动因。但这样的观点却由于新文化运动与五四运动主宰中国思想主流而被湮没。

四　科学技术观研究之意义

近代科学技术对人类社会发展影响程度越高，伴随其诸多弊端出现的负面影响也越发增多。西方诸多学者开始对科学技术及其成果的应用所造成的社会影响进行深刻的反思，认为依赖科学技术尽管为人类创造出丰富的物质财富，但还是不能过于崇拜而将其神圣化。尤其，对社会关系、人文文化等领域的影响，科学与哲学、宗教甚至常识都是一样，可以作为认识方式而产生相应效果，不应该将自然科学偶像化后而否定其他认识方式的价值，更不该将科学技术作为一种衡量的权威而生搬硬套到认识领域之中。在早期现代新儒家看来，西方学术界在科学技术创造力如日中天之时进行这样的反思，是对科学技术既能造福人类又会戕害人类的一种理性认识，认识到科学技术对人类生存与发展的影响实质上是一把"双刃剑"② 的效果，所以，这是在人类社会发展中所具有的双重作用的正确认识和评价。

---

① 《梁漱溟全集》（第一卷），山东人民出版社 2005 年版，第 645 页。
② 黄先军：《科学技术是把"双刃剑"——人类忧思录》，《科技管理研究》2009 年第 8 期，第 562 页。

正视近代科学技术的应用，既正面引导了社会的不断发展，也将人类带进工业化所引起的种种困境之中。在社会发展中应该树立何种科学技术观，则从科学技术外部和内部分化出两条进路：首先，从外部进路树立的科学技术观，是关于科学技术应用于社会发展中所持有的观点，即对科学技术在社会发展中所起作用的外部评价，这样的科学技术观更多是"人们对科学技术的评价标准和价值取向的基本看法"；[①] 其次，从内部进路树立的科学技术观，是指关于科学技术本身的体系是如何建构起来及它们的具体发展等方面的研究，包含科学技术内涵建设和科学技术史的内容，所以是从内部认识科学技术如何产生和如何建构，这样的科学技术观更多是"对科学技术的总的看法和态度"[②]。所以，从外部进路形成的科学技术观，是对科学技术外部功用的评价认识，而从内部进路理解科学技术观，则是对科学技术自身发展进路的研究。相比较而言，前者与人类生存关怀更为密切，体现出对人类长远生存利益的关怀。当然，无论从内部还是外部树立的科学技术观，都是属于科学技术哲学的范畴。但是，正如前文已经作出说明，近代科学技术伴随人类作用自然能力的不断提高，它们彼此之间相互交叉相互影响的程度越发紧密。因此，对某一思想家或某一学派的科学技术观进行定性研究，应该以对其科学观与技术观的整体性了解作为前提，这样才能尽量避免出现以偏概全，如对科学观的研究或技术观的研究，都需要尽可能不单纯从某一角度进行，从而才能对他们科学技术观有更全面、更客观、更合理的理解。所以，将科学技术观作为整体的定性研究，才能更加饱满地反映出学者或学派对科学技术的综合认知，进而才能挖掘有关科学技术与社会等思想的时代价值。

从科学技术的社会实践价值角度分析，中国对近代科学技术的应用价值的认识与评价，必须与人文关怀相结合，才能真正在中国发展中对其社会功能进行扬长避短。换句话说，以人文关怀作为维度考量近代以来科学技术在社会中的应用，不仅可以对唯科学主义思潮依赖错误的科

---

① 龚萱：《创新视野下的大学生科技价值观教育》，《高等教育研究》2007 年第 1 期，第 87—90 页。

② 曾近义：《中西科学技术观的比较及启示》，《华南师范大学学报》（社会科学版）1992 年第 4 期，第 1 页。

学技术观能有合理的反思与批判，也可以在中国依托科学技术发展时免走西方发展的老路。人文关怀是人类的整体生存利益得以实现的根本标志，若对科学技术的应用最终仅是为小范围的民众利益服务，那么最终也不可能给人类的整体利益带来公正，也很难创造出真正的社会和谐，这是中国在西化发展中应该要树立的一种科学技术观。早期现代新儒家结合近代科学技术在西方的发展历程，以人文关怀的视角审慎认识和评价科学技术的社会价值，以在盲目西化浪潮中能警醒国民不可盲目迷信科学技术的创造力，要清醒地认识到科学技术可以为中国走出发展困境做出贡献，但也要能够认识到科学技术应用中会引发新的社会问题而提前予以规避。在早期现代新儒家看来，形成以人文关怀为目的的科学技术观，才能真正意义上在实现国家乃至人类整体对科学技术应用中负面影响的普遍性规约，才能尽可能地规避或减少由科学技术所引发的负面作用。早期现代新儒家以这种审视视角，关注科学技术在社会应用中所存在或潜在的影响，才是将中国长远的生存发展置入更合理的时空予以考量。

在狂热推崇科学技术创造力的时代，科学技术发展与应用使得人与自然关系越来越紧张，这是科学技术使用者自身的原因，归根结底是他们淡化了人文关怀意识。所以，拨转对科学技术作用力盲目夸大的首要前提，是将人文关怀从边缘化的处境中重新提高到至少与科学技术发展同等对待的维度。在19世纪末20世纪初，早期现代新儒家能够形成这种带有人文关怀倾向的科学技术观，不仅可以客观地理解西方近代以来为何能引领世界，也可以在发挥科学技术创世价值的同时为弘扬传统文化的治世价值提供事实根据。但是，如何解决科学技术应用中和人文关怀所产生的矛盾，早期现代新儒家认为必须借助人类自省的方式作为唯一的路径，从而才能以"推己及人"的态度实现对科学技术的双刃剑效应的冷静分析。因此，科学技术在社会发展中的应用与人文关怀相融合，需要人类从自身长远利益的内在角度进行反思，在科学技术应用中注重人文关怀意识还是要从人类自身寻找方法与出路。在早期现代新儒家看来，儒家文化在这方面恰好具有巨大的优势，"吾六经之言治，未尝主绝欲也。然要在反识性真。性真者，谓吾人与万物所同具之本体也。亲其一本，则群生并育而不害。游于无待，则聪明睿虑，虽行于色声香味等等物尘之中，要自随缘作主，无所迷乱，而性分之乐，恒超然自得矣"①。

第二节　现代新儒家学派之形成与发展

现代新儒家作为学术流派在其发轫期，并不具备一个成熟学派的属性和特征，诸如没有固定的学术阵地、特定学术活动等，也没有以肩负重释儒家文化为己任的学者密切交流学术的现象。相反，只是几位学者对中国追求西化发展的进程中应如何重新认识儒家文化的当世价值，其思想主张与研究途径有相似性或不谋而合。所以，现代新儒家学派在20世纪初并没有被当成一个成熟的学派，虽然一些学者因笃定延续或复兴儒家文化，期望通过学术思想在中国的西化进程中，发挥儒家文化精义的辅助作用，不仅帮助中国走出一条良性的工业发展之路，也希望儒家文化能跟上现代化发展步伐而再显其社会价值。然而，这样的学术目标在当时也并没有得到广泛的传播和认可，现代新儒家学派的称谓在20世纪初并没有出现，"现代新儒家不是一个有组织有阵地的学派，而是研究者按照他们普遍性的学术倾向归结起来的学术群体，按照郭齐勇先生的表述即是一个'学术群落'"②。一直到20世纪末，国内对儒家文化研究逐渐回温，早期现代新儒家在特殊年代坚守儒家文化价值所做出的贡献，才得到后来学者的关注和认可。

一　早期现代新儒家形成之历史缘由

清朝经历第一次鸦片战争的失败，魏源、林则徐等最早一批认识到西方近代科学技术是推动社会发展的重要因素的学者，认为改变当时国内发展的窘境之唯一出路，是能够形成类似于西方近代以来的科学技术。但是，这些学者西化的主张，毕竟是迫于国内危机无法解决情况下的被动之举，导致他们所形成的西化发展思想，更多是集中在科学技术的"器""技"等表象层面，还没有真正深入到对制度、文化、思想等

---

① 熊十力：《读经示要》，中国人民大学出版社2006年版，第21页。
② 柴文华：《论中国近现代的文化保守主义》，《天府新论》2004年第2期，第91页。

的关注。尤其，魏源在宣称向西方的学习，明确就是学习西方三个方面的"长技"：战舰、火器和养兵之法。惟其如此，魏源这一西化主张，几乎限定了国内很长一段时间内西化的主要内容——科学技术的显性成果。这样，晚清政府原本希望通过"师夷"而实现"制夷"的目的，但从第二次鸦片战争之后，与西方入侵国家的抗争几乎都以失败结束。未能实现以彼之道还施彼身的西化发展，很大程度上刺激了后来的西化学者，使他们对晚清的西化内容等产生了新的思考。这些学者中大部分人开始自觉总结，认为晚清在学习西方的表象层面虽已经取得一定效果，但政府屡败于西方列强，证明了西化不应该仅仅是这些表象的内容，也还需要国人具备对这些表象成果有真正的了解能力，但因国内无法提供这些成果所需要的相应环境，从而无法使其在国内很好实现其目的。更何况，很多学者认为国人缺乏认识这些新鲜事物主动性，对西方科学技术及其成果就难做到得心应手地驾驭，其症结是中国传统文化的根深蒂固的影响和羁绊，甚至断定传统文化无法适应现代性而认为其不再具有当世价值，"经学既衰绝，古人成己成物之体要，不复可窥见。于是厚生游海外者，以短少之日力，与不由深造自得之肤泛知见，又当本国政治与社会之衰敝，而情有所激，乃妄为一切破坏之谈"①。惟其如此，在 19 世纪末 20 世纪初，围绕中国西化中如何认识与评价中国传统文化的价值，及能否将西方科学技术作为唯一或至高的认识标准，在国内形成两个泾渭分明的学术阵营——激进的西学阵营与传统保守的中学阵营。基于国际列强的发展实情和中国积贫积弱已尽显颓废的发展态势，西学阵营的西化发展主张迅速在学术界引起广泛共鸣而成为当时思想界的主流。而且，传统中学阵营面对西方工业文明，还有一些学者抱残守缺、顽固不化，从而阻碍社会前进，在学术界只能被划归为传统保守主义阵营。

　　在传统保守主义阵营中由于对传统文化恪守程度的不同，以及这些守旧学者的思想的出发点和研究方法也不完全相同，因而可将传统保守主义分为两个层次：一是"'非典型的文化保守主义'者，以晚清时期顽固派思想、洋务派的'求富''求强'思想，及晚年康有为等'保皇

---

① 　熊十力：《读经示要》，中国人民大学出版社 2006 年版，第 8 页。

尊孔'等人物为代表；二是'典型的文化保守主义'者，以学术界中国粹派、学衡派，及现代新儒家的早期代表人物等为代表"①。事实上，与作为激进的西学阵营的学者青睐西方近代科学技术的价值一样，即使是传统保守主义的中学阵营的学者，他们也不可能无视或否定近代科学技术所产生的现实意义，更不可能忽视西方工业化国家受惠于其变革力量而对中国实行侵略的事实。只是相较于这些积极主张西化的学者，传统保守的中学学者们不能容忍科学技术所带来的负面作用，主张要以中国传统文化的优势对其进行弥补。所以，对于被归入传统中学阵营的诸多学者或学派思想，在对其进行定性研究而评断为纯保守主义者，对很多人而言是有争议而有待商榷的。如学衡派的主将梅光迪先生，因其复古思想而被作为"小丑人物"讽刺、谩骂，实际上，梅先生对西方文化以及国人学习态度并不持有异议，只是抨击当时西化的主流思潮过于极端，受这影响很容易忽视西方贪婪和残酷的本质，所以，"梅光迪既不反对改造传统的必要，又主张吸收西方文化，他所强调的不过是对于两者都必须经过审慎的研究和严格的评判"②，这反而是一种更为冷静的西化态度。另外，即使被当时学术界看作是与全盘西化学派处于对立的极端保守派的代表林纾与辜鸿铭，他们在积极倡导中学的"盲目忠守"中也是主张要对中西文化进行一番对比，尤其辜先生在保守派中还被看作"是一个对西方文化的了解更胜于了解中国文化的人"③。无论康有为作为保皇派，梅光迪代表学衡派，刘师培、章炳麟代表国粹派，他们都没有决断地否定未来的发展应以西方近代以来的科学技术文化主导这一趋势。从一定角度看，这些被作为传统保守主义的学者们，对待西方文化的立场并不是截然异于激进西学派的代表，只是在程度、方式、内容和理论路径上存有差异而已，他们更多是想在吸收外来文化的同时，也不舍弃自家传统文化的优势，尤其西方进入工业化已经造成世界范围的生存灾难。

---

① 柴文华：《论中国近现代的文化保守主义》，《天府新论》2004 年第 2 期，第 88 页。
② 黄兴涛：《论现代中国的文化保守主义者梅光迪》，《北京师范大学学报》（社会科学版）1991 年第 4 期，第 100 页。
③ 李军：《中国近现代保守主义思潮之兴起与评价》，《东岳论丛》2007 年第 5 期，第 112 页。

虽然，晚清与西方国家的直接对抗是体现在物质层面的较量，但受传统文化和民族特性的影响，国内还是无法将西化发展理念自上而下地贯通，从而反映出的是两种截然不同的思想文化的对抗。从中国传统文化历史地位来看，在晚清时期让国民深受影响的依然是儒家文化，所以在西化发展理念中对传统文化的怀疑的实质就是怀疑儒家文化。对于当时学术界极力否定儒家文化当世价值，主要是因为儒家文化过于倚重伦理和推崇道德的约束力，尤其在中国封建时代被上升为最高统治者的政治意识形态。所以，儒家文化在当时遭遇最严重的信任危机也就在所难免。学术界抨击儒家文化的社会危机，不仅仅体现在对儒家文化经典的解读，更体现在其被封建政治意识形态绑缚后所造成的社会影响。因此，从晚清政府洋务运动第二阶段到维新运动，儒家文化的社会信任危机和政治信任危机越来越严重，甚至在一些激进学者看来要彻底将其从社会发展中连根拔除。但是，早期现代新儒家在认可西方因科学技术而进入工业文明的正面作用同时，却明确强调在学习西方文化的必要过程中，也必须能对自家的儒家文化有通透了解，否则会曲解了儒家文化源头经典的精义，也不可能帮助中国从多年帝制中彻底解脱出来，"中国停滞于封建社会者二千数百年，非经之毒，有经而不求通故成毒也"①，早期现代新儒家总结晚清开启的正式西化发展经验，认为这个过程已经因误判儒家文化价值而发生偏离。中国西化发展的关键是如何能在中学与西学之间寻找切合点，有利于发挥出中西方文化各自优势而形成客观的取舍标准，这是不同思想主张的学者应该不可回避的首要问题。

二 早期现代新儒家形成之现实原因

早期现代新儒家在特定的历史时期出现的第一个现实原因，是有感于当时学术界的学者对于中西文化如何取舍，没有找到切合中国发展实际的路径。在早期现代新儒家看来，近代以来的科学技术作为推动社会发展的核心要素，在工业文明不断提升中已越发明显，而且工业社会的政治、经济、文化等都随之发生明显不同于封建社会的转变，促成社会

---

① 熊十力：《论六经·中国历史讲话》，中国人民大学出版社 2006 年版，第 83 页。

实现全方位发展几乎是不争的事实。早期现代新儒家类似于传统保守主义者，都强调不能忽视科学技术对社会发展产生的负面作用，但前者在弘扬传统文化价值时却又明显超过后者。早期现代新儒家不是要违逆中国西化发展的潮流，而是主张在西化过程中也要以西方文化之优势对中国传统文化进行积极改造，从而能尽快再次发挥它们对中国走上工业化所该承负的意义。另外，因儒家文化在如何实现西化发展的关键时期，必须要回答诸如儒家文化与中国实现工业化是否相悖、儒家文化对人性的约束是不是导致中国全面落后的罪魁祸首等问题。所以，早期现代新儒家要在中国依赖科学技术实现工业化同时，找出符合民族特征的合理方式或路径，才能够有效地解决儒家文化的信任危机。

伴随中国追求西化发展以实现国家的自救，早期现代新儒家强调，这不仅是国家开始对西方科学技术的"器"层面与政治制度的"道"层面持有开放吸纳的客观认知态度，也是能够在更大的时空对比中重新评判传统文化的价值，从而为传统文化价值的再现提供现实依据。早期现代新儒家认为，儒家文化可以利用西化发展这一契机，在西方科学技术为主导的文化冲击下实现自我调适，以更好地适应中国追求工业化的发展而发挥其优势。在早期现代新儒家看来，儒家文化从其源头虽不排斥科学技术的实用性，但也强调科学技术的应用会给社会发展造成太多"怨恶"，这可以用西方国家率先进入工业文明后的大肆殖民侵略进行印证。熊十力抨击西方国家带来殖民灾难时言道："近世帝国主义者，内则庇护资产阶级以剥削劳苦众庶，外则侵略弱小之国，其祸害既大且深，而极难挽矣。《周官》竟预防之于二千数百年前，巍巍大哉！……善夫，合方氏之命名也，其职在联合四方万国而为一家，则非解决经济问题不可。将欲解决经济问题，则必顾及弱者之怨恶而后可。全世界人类所以陷于自毁者，则以强者拥有天下之财权而不恤弱小之怨恶，以为其怨恶无足轻重，……不知天下之势，屈伸恒相报，伸之已甚而其势终穷，屈之既久则其势已郁积甚深，将一发而不可御。近者美人无如弱朝何，是其征也。《论语》曰'放于利而行，多怨'。……是故《周官》言理财，必以天下一家为量，将与员舆万国通有无、共财利，唯当悬衡以持天下之平，强者勿逞诈力而不恤人之挟怨，弱者怀怨而力图自强，终必以强锄强，不底于平弗止也。平其不平而后怨恶消，而后经济问题解决，天下大同矣，此《周官》之志也。"① 惟其如此，早期现代新儒家不仅是要完成儒家文化的内部接榫，也要致力于在新的时代将儒家文化能与现代化衔接起来，这与传统保守主义的中学阵营的其他学派有明显区别。

关于儒家文化到底能不能衍生出类似西方的近代科学技术，早期现代新儒家没有进行论证，在他们看来，不同地域产生的文化受各自历史进程的影响会具有差异性。儒家文化能否生成近代科学技术不具有探究的必要性，但可以证明儒家文化历来不排斥科学技术及其对社会发展的意义，如熊十力在阅读《周官》后评断道："自科学昌明，文物发展，如今世诸强国，其生产业务至极繁赜，且应用科学技术规制宏大、组织邃密、工具精利、出产丰富，甚多巧夺天工，诚有非古哲所能悬想者。……科学知识与新器物之奖励亦当在《冬官》。今虽无征，而《夏官》之属有训方氏，按方谓四方辽远诸国。下职方、合方，皆仿此。掌道四方之政事与其上下之志，正岁则布而训四方，布谓布告。而观新物，可见其鼓励人民锐志新器物之创作矣。"② 所以，与其他被定性为传统保守主义学派的观点不同，早期现代新儒家注重的主要内容，是在中西文化对抗中探究儒家文化如何能与西方的科学技术文化相互融合，从而才能实现在既定的历史环境中让儒家文化适应和延续下来。因此，早期现代新儒家是在西方的科学技术文化与中国儒家文化之间尝试架构一座桥梁，以期形成更切合中国当时实际发展需要的理论，最终实现理论上的合理性与实践中的可行性兼得。

早期现代新儒家在特定的历史时期出现的第二个现实原因，是由于激进西化派在学术界成为主要潮流及其造成的社会影响。激进西化派认为，在国家发展进退维谷时，中国需要外来的思想与文化对本民族思想与文化进行血液替换，进而在新文化运动与五四运动爆发之后，激进西化派旗帜鲜明地以揭露民族传统文化劣根性作为主要学术内容之一。但是，同样旗帜鲜明地提出以重释儒家文化而再显其精髓，早期现代新儒家的代表们不谋而合地先后表示出相近的观点，即学术界

---

① 熊十力：《论六经·中国历史讲话》，中国人民大学出版社 2006 年版，第 36—37 页。
② 同上书，第 34—35 页。

的西化派对儒家文化的淋漓尽致的攻击，其对象是封建社会纲常伦理等附属物而并非是孔门的真本。早期现代新儒家接榫儒家文化的根本之处，是要了解儒家文化的源头精义的真谛，即孔子开创儒家文化之社会目的，而不是被封建政治意识形态绑缚后已经发生教化功能的曲解，这些曲解很多已经背离甚至丧失儒家文化的本旨。早期现代新儒家认为，儒家由孔子开始是通过对人的关怀而关注人类的社会生活，其对待科学技术始终没有极端的态度和固执的看法，即使论及科学技术的社会功能也不会打破一种人生的态度，"从回头来看生活而郑重生活，这才是真正的发挥郑重。这条路发挥得最到家的，即为中国之儒家。此种人生态度亦甚简单，主要意义即是教人'自觉的尽力量去生活'"①。即使后来被曲解而作为礼教的一些儒家文化内容，如"天地秩序"与"大礼与天地同节"等，强调的是追求一种人与人、人与自然相和谐的生活状态，而不是为封建统治者所需要的"辨上下""别贵贱"等的政治目的。

早期现代新儒家恪守儒家文化，是因应以科学技术为主导的西方文化对中国传统文化尤其儒家文化的冲击，所做出的一次较为理性的文化回击，是对全盘西化的"叛逆"。早期现代新儒家要求尽量吸收西方科学技术、思想文化等等，但也应树立一种"择人之善，勿忘己长"的态度，这样的态度才能公正发挥出中西文化各自的价值，"天人之奥，造化之源，六籍发挥，既明且备。参研西籍，益见圣言不虚妄耳。治道、群化，经学见得远大。西学析入精详，温故知新，不迷举措。何用标榜西化，将先圣贤精神遗产一切归扫荡哉？吾非不注重吸收西学者，但固有经学，必须尊重"②。所以，早期现代新儒家明确主张，在中西文化的相互撞击中要对两种文化都持有省察的态度，应该在科学技术文化与儒家文化等传统文化之间寻求对接的途径，从而使二者都能够为中国实现工业化而服务。

早期现代新儒家不会盲目否定新文化运动与五四运动的意义，但之所以在西化潮流中逆流而上，则是更关心如何将儒家文化与外来文化融

---

① 《梁漱溟全集》（第二卷），山东人民出版社 2005 年版，第 83 页。
② 熊十力：《读经示要》，中国人民大学出版社 2006 年版，第 131 页。

合，不能以偏概全做出非此即彼的非理性的评断。梁漱溟针对当时西化发展潮流中对待传统文化的严苛态度，以及传统保守主义者的踟蹰之态，剖析道："一般人的议论——其实是毫无根据的想象——异口同声说世界未来文化必是融合了东西两方文化而产生的；两方文化各有所偏，而此则得起调和适中的。这全因为他们心思里有根本两谬点，试为剖说：一、他们只去看文化的呆面目而不留意其活的形势——根本精神，不晓得一派文化之所以为一派文化者固在此而不在彼；由有此谬误，就想着未来文化的成份总于这两方文化各有所取，所以说是二者融合产生的了。其实这一派根本精神和那一派根本精神何从融合起呢？未来文化只可斩截的改换，而照现在的形势推去，亦实将斩截的改换，所改换的又确为独属于中国一派；这不但你不信，就如我在未加推勘时亦万万不信。二、他们感于两方文化各有各的弊害，都不很合用；就从他心里的愿望，想着得一个尽善恰好的，从此便可以长久适用他。不晓得一文化原是一态度或一方向；态度和方向没有不偏的，就都有其好的地方，都有其不好地方；无所谓那个文化就是好的文化，合用的文化，那个文化就是不好的文化，不合用的文化。由有此谬误，就想着未来文化总当要调和两偏而得其适中，成一个新的好文化了。其实一态度其初都好，沿着走下来才见出弊害，或遇到他不合用的时际，就得变过一态度方行；而又沿着走下去，还得要再变一态度，想要这次把他调和适中，弄得恰好，那安得而有此事呢？未来文化只可明确的为一个态度，而从现在形势推去，亦实将明确的换过一个态度，所换过的又确乎偏为从前中国人的那一个态度，此诚无论什么人所想不到的。"[①] 而且，面对当时国内学术界对西学盲目热衷的情势，及对儒家文化等传统文化逐渐冷落的态度，使早期现代新儒家觉得不仅有义务延续或复兴儒家文化使命，也更应在儒家文化自身危机及社会信任度骤降的时期，在通过积极会通中西文化而实现中国的工业化同时，能从根本上帮助儒家文化在工业社会中彰显其价值与地位。

在早期现代新儒家看来，坚持重释儒家文化不是故步自封的守旧，反而是为国家积极西化发展提供本土文化的土壤，这是吸收外来文化的

① 《梁漱溟全集》（第一卷），山东人民出版社 2005 年版，第 524—525 页。

根基所在，只有坚持"根底无易其固，而裁断必出于己"①的西化原则，才能真正让中西文化很好地结合起来。所以，早期现代新儒家学派在当时彼此并没有相同的约定，而是自然倾心于发挥儒家文化的当时价值而自发开创一股学术风标，他们无意中领导了一个新的学派，这个学派随着社会的发展吸引了越来越多的文化精英。

三　现代新儒家学派发展之实际状况

现代新儒家学派的形成，是基于早期几位坚守儒家文化价值的学者，他们在建构中国西化理念和憧憬中国具体西化发展的实践进路中，在学术表达上具有极大的相似性。这种相似性在当时并没有引起学术界的共识。而是经过西方国家依托科学技术的发展在世界范围频频进行殖民侵略，和它们内部的负面影响的出现，一些学者寻找规避或减缓这些负面作用的路径时，发现在学术界还有少数几个学者坚持以重释儒家文化作为制衡，最终才肯定这几位学者在新时代开启了一个新的学术流派，从而对现代新儒家的学派稍微有了统一界定，"现代新儒家是产生于本世纪 20 年代，至今仍有一定生命力的，以接续儒家'道统'、复兴儒家文化为己任而力图以儒家学说吸纳、融合、会通西学，以寻求中国现代化道路的一个学术思想流派，也可以说是一种文化思潮"②。这一界定比较准确地反映了几位早期的现代新儒家，在学术界关于中国尝试多种多样西化发展进路之际，是要致力于重释儒家文化而倡导重视其一贯的人文关怀的治世价值。

从儒家文化近两千年被封建社会政治意识形态绑缚的角度看，早期现代新儒家在科学技术为主导的工业化进程中，对儒家文化源头精义的阐释则可以看作是儒家文化纵向发展的一个历史阶段。因为，儒家文化经过不同朝代的调整，对其内在源头精义的发挥虽然得到了新的外部因素的刺激，但作为封建统治的意识形态，还是产生了各种各样的误解，最终导致近现代之后出现政治和社会的信任危机。因此，在历史进入到

---

① 王元化：《熊十力二三事》，参见熊十力《中国历史讲话：中国哲学与西洋科学》，上海书店出版社 2008 年版，第 10 页。

② 方克立：《关于现代新儒家研究的几个问题》，《天津社会科学》1988 年第 4 期，第 18—19 页。

以科学技术为主导的时代，对儒家文化的解读已不能拘泥于中国的本土环境，这也就为儒家文化取得新突破创造了外在条件。首先，儒家文化作为传统文化之一，其所具有的弱点或局限性，到底是不是阻碍中国发展的主要因素，可以通过西方文化所提供的新的角度予以批判、剖析。其次，以西方科学技术为主导的近现代文化已充分代表社会发展的方向，科学技术的渗透力与引导力逐步在世界范围达成共识，儒家文化在中国西化中必须要有开放的心态，主动地和科学技术文化进行对话。

事实上，在 19 世纪末 20 世纪初的学术界，早期现代新儒家并没有简单地滑入西化派和保守派两种相对极端的阵营，其原因就是在于：西化派是在面对国家被肆意凌辱的事实时，才决定彻底否定传统文化尤其是儒家文化的政治与社会意义，认为中国未来的出路只能是与传统决裂后调转方向去引进西方的先进的文化；保守派则是因为无法割舍对中国传统文化的民族情怀，坚信中国传统文化依然是蕴含人类最为丰富思想的宝库，眷恋这些思想而渴望保留优秀的内容，从而才会在西化潮流中千方百计地维护或恪守传统文化并将其作为自己的历史使命。反观早期现代新儒家对待西方科学技术文化的态度，他们面对贫弱落后的中国的发展现状，主张只有以积极的西化发展的立场才能摆脱国家的困境，所以其向西方学习的态度与激进的西化派非常接近。然而，早期现代新儒家结合国际与国内发展中两种文明对抗的本质，却又明确批判西方文化科学技术及其成果应用在世界范围内造成的灾难结果，尤其一些科学技术已经威胁到人类长远的和谐生存，遂决定发挥儒家文化的价值来制衡科学技术所带来的负面影响，从而提倡以儒家文化作为参照，对科学技术的社会价值做出新的认识与评价。这种倾心儒家文化的态度与西学派又有了鲜明的差别，而与传统保守者们坚守传统文化价值的学术目标又非常相似。但是，早期现代新儒家虽然都极力推崇儒家文化对中国西化发展的意义，但他们在如何将研究视角集中到儒家文化门下，与以各自思想研究作为基础最后才转向儒家文化又具有不同。从各自不同背景进行理论的研究和实践的操作，以发挥儒家文化对规避或减缓科学技术文化负面影响的价值。张君劢和梁漱溟都接受过中西文化的教育，但张君劢却最终由政治学的思想入儒，而梁漱溟则是在西学、佛学、儒学的对比中最后选择入儒。熊十力求学历程简短且一直是在正统儒家文化影响下成长，在年轻时却还随同当时的社会主流的风气而抨击儒家文化的价值，"时海内风气日变，少年皆骂孔子、毁六经，余亦如是"①，但最终通过研究佛学而在学术界脱颖而出后入儒，这与梁漱溟由佛入儒是较为相似的。

从科学认识论角度看，早期现代新儒家在新的时代，从不同的角度对儒家文化内容进行研究，这不仅仅是实现了对儒家文化在历史上的延续，也表明了儒家文化在进入近现代以来还是有其认识增殖的可能。"人类认识本身进步的标志之一就在于，在新的历史阶段上有新的研究课题、时代气息深厚的研究课题。"② 所以，早期现代新儒家是在特殊的历史时期，寻找到了儒家文化可以拥有新的研究内容，在实现对儒家文化进行重释和调整中再显儒家文化的治世价值。早期现代新儒家认为，为儒家文化在当时提供新的生长点，正是西方近代科学技术对社会发展具有的正反影响，这可以作为儒家文化重新发挥治世价值的基石。而且，这也可以为儒家文化传统的科学技术观进行完善而创造条件，从而使其能够适应科学技术为主导的新时代。所以，早期现代新儒家除了从内部研究儒家文化内容，还能从外在有关对科学技术的观点和看法进行总结，这不仅延续与丰富了儒家文化的内容，更是对儒家文化历来的科学技术观价值的认识增殖③。基于此，尽管早期现代新儒家学术观点，在当时的学术界被归入"典型文化保守主义"阵营，其实当时的学术界根本上没有透视早期现代新儒家科学技术观，而胡乱将他们的观点同其他保守主义混为一谈，所以是对他们开启承续儒家文化的错误归纳。

---

① 熊十力：《论六经·中国历史讲话》，中国人民大学出版社 2006 年版，第 109 页。

② 舒炜光：《科学认识论》（卷一），吉林人民出版社 1990 年版，第 2 页。

③ 关于科学认识论的研究对象，舒炜光主编的《科学认识论》第一卷中已强调，这种认识论形成、发展及更替也同样适合于社会科学认识过程。科学认识论中的价值增殖理论参见肖玲教授参编《科学认识论》第五卷的第十四章。肖玲教授明确判定认识价值（已不仅仅局限于自然科学的认识）增殖与否，其标志就是受体增加了新功能，或产生了另外的新科学认识个体（新理论、新学科等），所谓增殖就是体现在"价值在认识时空中的一种量的扩张和质的提高，即科学认识在原有价值基础上增加了新价值。"判定科学认识价值是否增殖及增殖程度的标准，判据有两条：首先，看原有科学认识是否增生新个体，即新理论或新学科。其次，看原有科学认识是否出现新功能。

　　早期现代新儒家科学技术观，是建立在对中西文化社会价值都有不同程度的认识和对比的基础上，他们对待西方文化的态度一定程度上非常接近全盘西化派，如梁漱溟先生就明确提出过先将西方文化"全盘拿来"再进行创造，熊十力虽明确说："治哲学者，自当以本国思想为根底，以外国思想为资助，吸收外人之长，以去吾国有之短，亦当考察外人之短，而发挥吾固有之长，供其借鉴"，这看似与中学为本而拣择西学而用的"中体西用"的观点并无二致，但熊十力接着又说道："学术者天下之公器也，容不得一毫自私也，更容不得一毫自薄心。余尝言，将来世界大同，犹赖各种文化系统各自发挥其长处，以便互相比较、互相观摩、互相取舍、互相融合，方有大同之福，否则人类精神界将有颓废之忧，岂明哲所希愿哉？……民国近四十年，谈哲学者只知有西洋而不知有中国，学者或自况于旧瓶新酒，然瓶固此方之旧，酒非今时自造之新，正恐犹是他方旧沙砾耳！"① 所以，早期现代新儒家明确的主张，是积极西化发展同时也要公正对待儒家文化的价值，这是他们经过对比中西文化价值后形成新的儒家文化发展观点。惟其如此，早期现代新儒家不是在盲目固守儒家文化的治世价值，而是在新时代中西文化的对比视野中，对其进行新的解读而形成相应成果后的进一步扩充，尤其体现在对科学技术社会作用的认识和评价方面。一定程度上讲，早期现代新儒家是对儒家文化现代化的调适，既是儒家文化与工业化并行不悖的基础，也是规避或减缓科学技术及其成果应用所造成的负面作用的重要途径。

　　虽然，早期现代新儒家只是当时有相似思想主张，而并没有形成统一学术流派而在学术界宣传自己的主张。但是，由于早期现代新儒家自发倾心于儒家文化，并尝试在新的时代重新发挥儒家文化的社会价值，所以即使熊十力、梁漱溟等人自己都没有公开以现代的"新儒家"自居，但他们还是无形中开创出了一个新的学术流派。并且，逐渐在吸引那些致力于追求中国工业化又唯独倾慕儒家文化的学者，将随着中国社会的不断发展也会聚越来越多的知识精英。从儒家道统的

① 熊十力：《论六经·中国历史讲话》，中国人民大学出版社 2006 年版，第 111—112 页。

角度看现代新儒家学派后来的发展，他们实现了近现代时期儒家文化的一个纵向延续，这与早期现代新儒家的努力密切相关。伴随科学技术由机械化进入到电子化时代，科学技术自身发展速度相较于19世纪末20世纪初更是日行千里，其对社会发展的影响也更加的全面，这也为如何认识和评价科学技术与社会发展的关系提供了更多的视角。由于早期现代新儒家以辩证立场，认识和评价科学与技术发展的关系，并坚持重释儒家文化而坚定发挥其适时的意义，这为现代新儒家学派继续发展提供了可能。事实上，由早期现代新儒家对新文化运动与五四运动的西化发展理念的质疑开始，一直到今天活跃于港台、美国与大陆的后继现代新儒家继续对儒家文化社会价值的研究，都能发现随着历史的推进可以给儒家文化提供不同于传统儒家文化研究的内容。进而，在不到一百年的时间里这些儒家文化研究者，总能找到与时代相切合的研究主题，现代新儒家也作为成熟的学术流派而在学术界产生重要影响。20世纪末，中国诸多学者开始研究现代新儒家学派，对该学派这近一百年代表人物的思想进行研究——无论对儒家文化内部阐释还是儒家文化如何在现代化社会中与时俱进，明确发现因对科学技术发展不同阶段观点而需要进行区分研究，这就是现代新儒家被后来的学者划分"三代"或"三代四群"的主要原因。

19世纪末20世纪初，中国有抱负的学者在表述思想观点时，或者在他们的思想形成过程和理论的建构中，都不可回避的一个发展事实，就是这一过程必然要受到西方近代以科学技术为主导的文化的影响。换句话说，这个时期的中国学者首先要回答的问题，就是对科学技术与社会发展关系持有什么样的态度。所以，基于科学技术观的研究，首先表明早期现代新儒家不同于当时其他学者而具有鲜明特征的科学技术观，不仅能还原他们在特定西化浪潮中为承续儒家文化而对儒家文化传统科学技术观进行积极的调适，也希望挖掘他们树立这种新的科学技术观的合理性及开创出一个新的现代新儒家学派的意义，"现代新儒家之所以被称为'新儒家'，更在于他们都建立了一套新的哲学体系，他们给予传统心性、理气、体用、知行、证悟等哲学范畴以现代的诠释和理解，形成了一套思辨性很强的'道德的形上学'体系。梁启超、杜亚泉等人都大讲东方精神文化的优越性，都大力提倡儒家文化，但他们在

'道德的形上学'方面几乎没有什么建树，而这正是现代新儒家文化理
论的核心和支柱。"①

第三节　早期现代新儒家代表人物

一　早期代表人物的定位

西化发展理念经过晚清政府的洋务运动和维新运动、民国政府的新
文化运动与五四运动，其所涉及的内容已经包含科学、技术、哲学、政
治、文学、艺术等诸多社会领域。伴随中西方的交流互动越发频繁和紧
密，民国时社会各界也基本达成共识，认为西化是中国主流的发展趋势。
与此相应，儒家文化进一步被作为典型的腐朽、没落的传统文化，相较
于西方发达的思想文化被认为已很难焕发新的活力。尽管如此，儒家传
统文化在国民中的影响还是无法被彻底替代，仍有一些学者坚持恪守并
主张重释儒家文化而再显其社会价值。其中，以接续并弘扬儒家文化价
值为己任，坚持对中西文化采取各取所长各去所短的取用原则，并力求
调和儒家文化自身内容以求实现其现代改造的现代新儒家的早期代表人
物，形成了他们独特的研究方式和具有鲜明民族文化特色的研究内容。

早期现代新儒家坚持在特定历史环境中重释儒家文化内容，首先要
正面回应当时学术界西化思潮中对儒家文化的否定，要为重释提供充足
的根据。早期现代新儒家认为，受中国需要实现工业化而走出发展困境
的形势所迫，国内很多学者对儒家文化为主的传统文化的社会价值，没
有给予充分甄别、披沙拣金，更多是将这些文化的价值搁置不议甚至采
取直接抛弃的态度。这样的做法根本不可能对这些传统文化的价值进行
准确的再认识和评价，故那些学者对儒家文化所具有的社会价值的评价
必然有失公允。因此，早期现代新儒家可以接受，是因为儒家文化在推
动历史发展中的确出现一定程度的束缚性，引来学术界诸多学者的集中
批判，最终让自己可以作为独立学术派别出现在历史舞台上。但是，西
方国家凭借先进科学技术打开中国大门，之后中西两方的每一次相互冲

---

① 程潮：《生命哲学的输入及其对现代新儒家的影响》，《嘉应大学学报》1995 年第 2
期，第 29 页。

击都基本是以中国的失败而告终，自此使得中国的发展完全处于被动而
不得不向西方学习。所以，早期现代新儒家无法接受国人因受到西方文
化的冲击而自怨自艾。尤其，面对中国传统文化遭受冲击后，大批学者
犹如"乞丐沿门持钵"而"无宗主"的态度，成为早期现代新儒家出
现在历史舞台上的直接动因。因此，早期现代新儒家开创出一个特殊的
学术流派，不仅是对西方科学技术文化在中国引起强烈反应的理性思
考，也是对国内一些以极端的方式否定儒家文化等传统文化社会价值学
者的回应。

　　早期现代新儒家为实现对儒家文化在新时代的调适，其面临的首要
难题就是如何将先进的西方科学技术文化与衰落的儒家文化进行融合。
如此，才能既不违逆中国西化发展的主流趋势，也可以为儒家文化重新
焕发生命力找到有力的支撑点。早期现代新儒家主张，在中国特殊的发
展时期应该树立一种新的科学技术观，这种科学技术观可以同时涵盖西
方科学技术文化和儒家文化的优势。基于此，早期现代新儒家以西方科
学技术文化作为对比，将儒家文化的是非优劣作一个重新认识与评价，
同时也反过来以儒家文化为参照，将西方近代科学技术文化的社会作用
作深入解剖。基于人类的生存发展几乎是单向的不可逆的维度，梁漱溟
推崇西方工业化国家依赖近代以来的科学技术不断提高人类的文明，在
对比中西印三家文化后强调只有西方才是向前的，符合人类发展的最终
目标，"生活的本性是向前要求的，体现西方文化的三大特异采色，即
征服自然的异采、科学方法的异采与德谟克拉西的异采"①。儒家文化
需要这种向前的文化作为牵引，在工业化时代才能积极对自身做出调
整。但是，尽管儒家文化有其腐朽与衰落的一面，倘若结合当时的国际
与国内历史发展实情，早期现代新儒家又发现，西方科学技术文化也存
有自身的局限，无论是对这些西方国家还是世界其他国家都会造成潜在
性的生存灾难。早期现代新儒家对中西文化是非优劣的辩证认知，符合
历史发展的现实，这也是他们与后来现代新儒家为延续儒家文化着力点
不同的地方，从而也使得他们重释儒家文化内容的进路和侧重点也与后
者有了明显不同。

① 《梁漱溟全集》（第一卷），山东人民出版社 2005 年版，第 382 页。

　　面临西方科学技术为主导的文化疾风劲吹，国内更多的学者还是无法突破传统文化的影响，能够恪守儒家文化也并不仅仅就是早期现代新儒家。但是，相比国内当时其他坚守传统文化价值的学术流派，早期现代新儒家对中西方文化的评价与取舍态度，反而有一种舍其两端而求中的折中态度。换句话说，新文化运动与五四运动以来的西学派，以强硬态度要打倒孔家店而剔除尽儒家文化的社会影响，早期现代新儒家非常反对这样缺乏理性思考的粗暴方式，在早期现代新儒家看来，中国追求西化发展的过程与重释儒家文化的真理性内容是不矛盾的。同样地，早期现代新儒家虽然是保护儒家文化的，甚至被学术界定性为传统文化的保守主义者，但早期现代新儒家认为自己又明显不同于这些中学派对待传统文化的态度，因为他们认为自己不是要简单为复辟旧思想与旧秩序而摇旗呐喊，这与传统保守主义者犹豫不决之态又是完全不同的。在早期现代新儒家看来，他们所要肩负的恢复传统文化自信心的使命，是要在西方近代科学技术文化的对比之下，积极挖掘传统文化可以与工业化并行不悖的内容，甚至要再次彰显传统文化在新的时代的价值，尤其坚信儒家文化能够对国人的思想与行为产生积极的作用。正因为这种矛盾的学术立场，使得早期现代新儒家很难被直接归入到中学派或西学派阵营之中，导致他们在诸多学派为标榜自家立场的相互争鸣中常常都不能被认可。事实上，早期现代新儒家能够在新的时代，开始明确以肩负重释儒家文化而再显其社会价值的重担，是因为在他们看来，儒家文化的源头精义不仅关乎民族国家的精神延续，对维系国家的和谐稳定具有重要价值，更在于儒家文化以人文关怀而形成成熟的道德思想体系，能对西方工业文明在不断发展中所暴露的问题进行纠偏。

　　以科学技术观作为研究中国追求西化发展的角度，不难发现早期现代新儒家是在中西文化空前的对撞中，希望学术界能顺应西化浪潮而共同吁求中国积极学习西方近代科学技术，但同时又逆西化潮流而主张能够再次明晰儒家文化的源头精义，以使二者都能为中国走出当时的发展困境而相济为用。所以，杜维明先生在《孤往探索宇宙的真实——〈尊闻录〉序》中说早期现代新儒家是在西化狂飙吹散中土自家无尽宝藏的时代里，直接反求本心，立定方向，以孤往的大勇而终身在学问思索中冥会见体。由此，早期现代新儒家也在儒家文化发展史上留下光辉足迹，他们"以坚实的学问根基和丰硕的研究成果创立了既继承、又有别于先秦原始儒家（时人称之为儒家文化第一期）和宋明新儒家（时人称之为儒家文化第二期）的现代新儒家（时人称之为儒家文化第三期）。"① 伴随现代新儒家学派越发成熟，最早由牟宗三先生在 20 世纪二三十年代明确提出，将儒家文化按纵向进程划分为三个发展阶段，后经由杜维明先生做了更加细致的划分。

在近代科学技术成为中西方发展高下判断的至高要素之后，早期现代新儒家适应这种时代特征的需要，能够积极对儒家文化做出相应的调适，在恪守并弘扬儒家文化置四海而皆准的理论的同时奠定了儒家文化未来的发展方向。这就决定了他们对儒家文化研究的内容和目标，会不同于现代新儒家学派后来的代表。当然，从实现儒家文化的内在延续上看早期现代新儒家所做出的贡献，则是在后来现代新儒家与传统儒家文化之间起到承上启下的关键作用。基于科学技术哲学视角认识和评价科学技术与社会发展的关系，早期现代新儒家是以西方近代科学技术为主导的文化作为参照，重新阐释儒家文化内容和尝试建构新儒家文化的理论体系，因而具有现代化倾向与本民族文化特征，这成为认定早期现代新儒家的重要标准。

二　早期代表人物的选择

早期现代新儒家的代表人物，因不同学者对"早期"这一时间的划定不同而有所不同。但是，学术界较为普遍地认为，早期现代新儒家是在五四运动到新中国建立前这 30 年间具有鲜明的儒家文化立场的学者。"早期现代新儒家指中国 20 世纪'五四'时期至中华人民共和国建立前 30 年间产生和发展起来的，通过弘扬中国传统文化特别是儒家文化精粹，融合西方近代精神，以创建中国新文化为目标的一种学术思潮或学术群落，其代表人物主要有梁漱溟、张君劢、马一浮、熊十力、冯友兰、贺麟等。"② 然而，虽然 1919 年的五四运动至 1949 的新中国

---

① 何晓明：《现代新儒家早期代表论略》，《天津社会科学》1990 年第 5 期，第 21 页。
② 柴文华：《传统价值理念的现代阐释——论早期现代新儒家的中国传统价值观》，《学习论坛》2006 年第 5 期，第 62 页。

成立，从时间范围看只有短短 30 年时间，但这却是中国近现代思想史上学术界最为活跃而开放的时期，除了短暂的八年抗日战争而出现相对的一致性，其他时间思想界莫衷一是、混乱不堪，很难有一种思想能够绝对将学术界统一起来。不同学者受自己学术道路的影响或受个人教育环境的影响，甚至因不同西方国家与中国的外交关系等，决定学术界的内部发声因代表不同阶层而在观点上难以调和。所以，在这 30 年的时间里，即使早期现代新儒家倡导对中西文化都要有完善之意，但因为这些代表的思想成熟期或所主张的程度不同，所以在早期现代新儒家中又有新的划分，如刘述先先生主张在第一期现代新儒家的划分基础上，应该可以再细致划分到群，结合这些代表思想成熟的著作而分为"一期两群"；方克立先生则在划分现代新儒家早期人物时，虽没有具体到群落却也认为应该有时间先后上的顺序排列。基于刘述先与方克立对现代新儒家学派的划分，从时间范围和这些代表人物是否有关于儒家文化的成熟思想来看，被作为现代新儒家的早期代表，则主要是集中在 1919 年五四运动至北伐战争之间，梁漱溟、张君劢、熊十力和马一浮四位先生，可以称之为早期现代新儒家。

若从早期现代新儒家关于中西文化的态度，及他们的思想成果与科学技术之间的关联，尤其研究早期现代新儒家明确的科学技术观，马一浮则与其他三位先生又有明显不同。首先，马一浮是否属于早期现代新儒家，在后来的学术界原本就是存有异议的，如七五国家社会科学重大课题有关现代新儒家学派的项目中，马一浮先生就没有被列入第一批早期现代新儒家的名单，虽然在八五课题结项期间将其加入进来，但学术界仍然有一些研究者认为马一浮不能被看作早期现代新儒家，"有一点随着探讨的深入是愈来愈清楚了，那就是马一浮的哲学思想同熊十力以及现代新儒家第二代的人物牟宗三、唐君毅等等的哲学思想的路子是完全不同的"[①]。其主要原因是马一浮先生对儒家文化哲学研究的进路，更多的是避开了当时思想界关于西化发展的主流，还是几乎沿用传统的训诂考据的方式论证或发扬儒家文化价值，从而决定其不具开阔的国际视野而很难被接受为早期现代新儒家。其次，

①　滕复：《马一浮思想研究》，中华书局 2001 年版，第 255 页。

马一浮虽然能够在当时国家一片倒孔声势之下以传统方式阐释儒家文化精义而恪守其价值，使其毫无争议地作为一名可敬的现代儒者，但是他拘泥于"学于六艺而已"只为"见性"后"复性"的观点，说明他在没落时期主要坚持的还是儒家文化所宣扬的个人内省之功，这对中国必然要以西化发展作为前提是不相融的。相较于马一浮先生纯粹从儒家文化内在的进路进行研究和发挥，梁漱溟、熊十力和张君劢三位先生则都积极应对西化发展潮流给儒家文化带来的挑战，强调以对比的方式认识和评价中西方文化各自优长与不足，从而在西化中能对儒家文化社会价值的发挥做出适合时代需要的评价与取用主张。所以，梁、熊、张三位先生更符合儒家文化历来的"入世"特征，他们结合国际和国内发生的实际情势作为重释儒家文化的基础，尝试通过不同的方式，在两种文化交流贯通中佐证儒家文化与现代化并没有矛盾和冲突，甚至还要继续发挥其对西方文化不足的纠偏作用，从而对人类整体长远的生存利益有新的帮助。基于此，马一浮先生的科学技术观不仅较难有系统的概括，而且其坚持内部进路研究儒家文化的方式，与这三位早期现代新儒家也明显不同。由于早期现代新儒家的科学技术观，是该学派能够开创一个学派的重要前提，也是该学派思想内容体系中的重要组成部分。因此，为了能更为准确地研究早期现代新儒家科学技术观，及其对承续儒家文化所具有的意义，故没有将马一浮先生的科学技术观作为重要的论据。当然如果从儒家文化的传统研究方式，以及对儒家文化内部精义的阐释方面看，马一浮先生肯定可以看作是那个年代中最为优秀的儒者之一。

早期现代新儒家面对西方近代科学技术的摧枯拉朽之力，他们更多是冷静地关注这种发展态势对社会发展所带来的影响，以此从科学技术观的外在进路认识和评价近代科学技术对中国乃至世界未来发展所具有的意义与价值，从而能对国内关于西化发展所出现的两个极端的态度进行反思。在当时中国的思想界，早期现代新儒家之所以能够慧眼独识而形成独特科学技术观，是因为：首先，早期现代新儒家作为儒家文化发展史上一个重要的阶段，在近现代中国无法回避西化发展的前提下，他们主要的使命是重释儒家文化而再显其治世价值，他们都是以重释或阐明儒家文化的源头精义作为思想基石。必须要明确，早期现代新儒家完全不会排斥西方先进的科学技术文化，只是因为发现这种先进文化同样具有违背人本关怀的趋势，所以决定以中国传统文化的优秀代表——儒家文化对这一趋势进行规约。另外，早期现代新儒家不能被看作是儒家文化的传统守道者。他们都是在思想的不断发展之后才归拢到儒家门下，熊十力和梁漱溟都是在具有丰富的传统文化知识后才发生由佛入儒的转变，而张君劢更是在广泛学习中西文化的背景之下，通过对比而发现儒家文化具有约束西方文化不足的先天优势，从而认为无论对外来文化或本土文化的评价与取舍都是要通过对比才会得出。其次，在西化发展成为国内潮流的背景下，早期现代新儒家如何能引起学术界对儒家文化治世价值的好感，他们的选择方式都是将儒家文化彻底放在西方文化面前而进行对比。在早期现代新儒家看来，西方近代科学技术为主导的文化是擅长"打破砂锅问到底"的理性知识文化，对自然现象、自然规律乃至社会发展的一些特点，着实具有中国传统文化难以企及的优势，这是在中西文化对比中必须要首先接受的事实。但是，早期现代新儒家也认为，中国传统文化历来以人文关怀见长并注重其对社会发展的实用性，尤其是儒家文化，其注重个人心性、道德修为等对社会能够和谐发展具有重要意义。对于西方进入近代以来发生的欧洲内部战争和世界范围的殖民战争，早期现代新儒家认为这主要是因为在科学技术盲目推动下，国家缺失了对人的关怀而导致。因此，虽然儒家文化对自然和社会规律方面的认识过于弱化，对社会发展中的现象少有进行深入分析而很难形成相应的思想体系。但是，儒家文化强调人的内在修养功夫，强调不注重对外在的逐物求利的人本关怀，在西化中若能加以调适则对社会良性发展具有不可替代的作用。最后，早期现代新儒家特别注重认识中西方在近现代以后出现的发展方面的巨大反差，要求能对中西方文化的发展历史有所了解。在早期现代新儒家看来，西方近代科学技术为主导的文化，其实是自希腊时期就强调人在认识自然、社会或个体的过程中的自我个性，并以逻辑验证和实验操作等作为重要的认知手段。这属于刚性的认识方式，不会因为认识主体的改变或某种需要而出现改变，这与中国传统文化自三教九流时的争鸣有所不同，因此，西方这种认知强调人的个性也注重对自然、社会或个体认识的功利性，从而帮助西方率先突破认识窠臼而实现近代以来的科学技术认识方式。当然，西方文化过于倚重逻辑的方法而忽略道德，纯粹依赖理性实现物质发展的巨大进步，这在早期现代新儒家看来，这样的物质文明发展到一定程度必然会带来诸多时弊。张君劢就对梁启超关于欧游中"不惟没有得着幸福，倒反带来许多灾难"（参见《欧游心影录》）等语录印象至深，非常赞同梁先生用"大黑影"比喻科学技术所造成的不真切却又真实存在的负面灾难。所以，早期现代新儒家明确主张，要以儒家文化等中国传统文化见长的道德进行约束，辩证地认识西方文化而认识其带来的生存威胁，从而让学术界更多的学者认识到西方国家并没有因近代以来的科学技术，而创造出真正适合人类长远生存利益的文明形态。

中国被西方列强彻底打开国门后，与这些国家的战争表象上是科学技术及其所推动的社会发展程度的较量，但刨根研究则应该是两种思想文化的对抗。所以，早期现代新儒家在西化发展理念中，非常注重如何认识和评价中西文化及其在中国思想界引起的反应，认为这能为中西文化在未来的融合提供思想基础。能否从思想上认识西方近代以来科学技术是如何产生的，以及它们在社会中产生了什么样的发展效应，是衡量国人对它们的认识和接受的程度的主要检验标准。所以，早期现代新儒家面对中西文化之间的评价与取舍，都能正面应对西方强劲的科学技术文化所带来的挑战，主动调适儒家文化自身的发展不足，从而能够立足于反思的立场，尝试重新阐释儒家文化的价值，尤其是关于对人类生命的体认与直觉，"张君劢主张中国文化应主动与西方文化融合。因为，不同文化在相互冲击中，彼此都可以得到补充，并且回报给对方自己最优秀的内容"①，实质上，这是早期现代新儒家已经欣然接受的。在社会发展已越发依赖科学技术推动的时代，为人类发展长远计则应寻求科学文化与人文文化的最佳均衡点。

梁漱溟、张君劢和熊十力虽然被当时学术界看作是传统保守主义阵营的学者，但是他们却是极力赞同当时国内声势高涨的西化发展方向，

---

①　O. Briere, "The Development of Neo-Confucian Thought by Carsun Chang: Fifty Years of Chinese Philosophy, 1898 – 1950", *Pacific Affairs*, Vol. 31, No. 4, 1958, p. 406.

并且这样的主张也影响了他们阐释儒家文化的进路。在早期现代新儒家看来，西方近代以来的科学技术是救治中国积贫积弱的最好良方，也是中国能否实现工业化的关键要素，中国与西方自近现代出现发展的"霄壤之别"的根本原因，就是在于西方国家拥有了这些科学技术，而中国仍是处于考据遗风未能创出新的认识思维，"士人若竞浮名，则其内部生活空虚而无实。以此成风，世运焉得不衰。是其所关至大，不可忽也。晚世西洋人长处，只是务实。而谈西化者，却不留意及此"①。当然，中国到底如何面对西方文化带来的冲击，以何种立场去学习甚至移植这种更符合社会物质发展的文化，早期现代新儒家则认为，中国在积极探索西方文化优越性的同时，也不该对西方这种文化进行无准备的简单复制、转移，这里的准备就是要有成熟的学术认知和思想环境。梁漱溟说："我意不过提倡一种奋往向前的风气，而同时排斥那向外逐物的颓流。"②因此，早期现代新儒家致力的西化发展，是吸收西方先进的文化后应该也能够在中国形成的新的特征，从内容与功能上都具有民族性而能实现对西方的改造与超越，即在中国西化发展中能结合本土文化而创造出更加理想的文化。

相比马一浮先生对儒家文化的阐释和弘扬，早期现代新儒家还有明显的不同，那就是他们关注中西文化相互融合的方式和路径研究。早期现代新儒家认为，不能以"窥斑全貌"武断地坚持只见其优不见其劣的方式对待两种文化社会价值的发挥，而应该在研究时将二者的内容都追溯到各自文化的源头和发展过程，在历史的情境中理性分析它们的形成和发生作用的原因。而且，早期现代新儒家还认为，面对国际和国内对近代科学技术的依赖，对两种文化的社会价值判定要具有前瞻性，这样才能对人类未来的发展影响做出一定的预判，从而实现对二者各自的不足进行规避。早期现代新儒家对中西文化的对比研究态度，是拒绝抱残守缺与盲目崇拜两种极端表现，他们不主张以西方文化彻底取代中国传统文化，也不主张以中国文化作为"体"，西方文化只是为解决当时问题的"用"。所以，早期现代新儒家在面对

---

① 熊十力：《论六经·中国历史讲话》，中国人民大学出版社 2006 年版，第 211 页。
② 《梁漱溟全集》（第一卷），山东人民出版社 2005 年版，第 538 页。

西方对自然世界及对落后国家摧枯拉朽的征服姿态时，没有因为发现科学技术强劲功用而丢掉理性。

第四节　早期现代新儒家科学技术观研究现状

伴随儒家文化研究的回温，大陆和港台对现代新儒家思想的研究可谓卷帙浩繁，如以"现代新儒家"或加上其他相关词条做关键字，在各大搜索引擎中能查到的研究成果数量非常巨大。然而，这些研究成果多是对历史或儒家文化经典的解读，若加上科学观、技术观或科学技术观对这些文献进一步提炼，则出现的研究成果就相对少了许多。而且，对有关现代新儒家科学技术观的研究成果，多数还是围绕 1923 年的"科玄论战"所进行，甚至不少成果沿用了论战时期的主流观点来评析早期现代新儒家科学技术观，故仍将该学派传统作为保守主义学派。所以，未能结合早期现代新儒家著述进行研究，反而弱化了早期现代新儒家科学技术观在其思想体系中的重要意义。《中国现代思想中的唯科学主义（1900—1950）》（郭颖颐）和《中国现代思想史论》（李泽厚）一定程度指出现代新儒家不是盲目排斥西方科学技术，却也没有系统论证该学派在科学技术观方面与其他保守主义学派的差别。

由方克立和李锦全所主持的国家社科基金"七五"和"八五"规划重点课题项目——"现代新儒学思潮研究"，引起一些学者关于现代新儒家学派研究的分歧，如罗义俊在《近十余年当代新儒学的研究与所谓门户问题》一文，就对研究现代新儒家思想的手段提出异议，罗指出不能仅从马列主义立场的客观对象化角度解读现代新儒家，而应该立足现代新儒家学派的生命关怀的目的。如果罗能继续坚持这样的研究进路，其应该可以涉及早期现代新儒家的科学技术观内容，可惜也只是浅尝辄止而未能深入进行。当然，两次课题规划使研究现代新儒家的方式出现观点的分化，但还是将国内学者研究现代新儒家的视角尽可能地打开了，从而涌现出了不少学术论文与专著，如《中国近现代科学教育变革的文化反思》（郭长江，华东师范大学）、《中国科学社与中国的科学文化》（范铁权，南开大学）、《科学主义在中国的历史与现实之省思》（李丽，复旦大学）等学术论文，和《传统与人文》（胡伟希，中

华书局 1992 年版）、《现代中国哲学的追寻》（陈来，人民出版社 2001
年版）、《中国传统文化里的科学方法》（席泽宗，复旦大学出版社
2003 年版）和《现代新儒学论要》（李翔海，南开大学出版社 2010 年
版）等学术专著。一些学术研究成果的研究内容也稍有涉及早期现代
新儒家的科学技术观，如祝薇《论早期现代的新儒家宗教观》、柴文华
《现代新儒家文化观》、徐嘉《现代新儒学对唯科学主义之应对及其伦
理态度》和陈阵《现代新儒家科学观》等。其中，陈阵明确研究现代
新儒家的科学观，不过，该文的结构是按照时间顺序，对现代新儒家到
目前为止四代学者科学观的演变进行介绍，所以，该研究成果是对现代
新儒家科学观的综述。还有一些研究成果虽然讨论早期现代新儒家对待
科学技术态度，指明早期现代新儒家是反对唯科学派认为科学万能的观
点，但因欠缺联系当时国际与国内发展现实情况，未能对早期现代新儒
家科学技术观转变的历史使命与时代意义进行深入的分析，也没有具体
研究早期现代新儒家践行科学技术观和儒家文化使命的具体路径。

　　港台地区儒家文化研究者对现代新儒家的研究，更注重其对儒家文
化的阐释与实现儒家文化内在精神的延续，从而多是论证现代新儒家接
宋明理学和心学而承续了儒家道统。但是，关于早期现代新儒家科学技
术观的研究，在研究视角上则集中到儒家文化到底能不能产生类似于西
方近现代科学技术，或者论证儒家文化与科学技术文化可以并行不悖，
主要观点有牟宗三的"良知自我坎陷"（见《从儒家的当前使命说中国
文化的现代意义》，生活·读书·新知三联书店 1989 年版）和杜维明
的"注重对话，反思启蒙"（见《现代精神与儒家传统》，生活·读书
·新知三联书店 1997 年版）等。这些研究提到儒学发展到一定历史时
期同样会生成科学、民主等西方已有的思想。对国外有关早期现代新儒
家研究文献的搜集，主要是通过波士顿大学图书馆和南京大学图书馆外
文资源两个途径，在研究成果的整合和提炼时有所局限。虽然，国外关
于儒家文化发展到现代新儒家阶段的研究成果也较为丰富，如在相关搜
索网站输入 "Modern Neo-Confucianism" 和 "in China" 进行高级检索，
所出现的文献分别有 600 多条和 1300 多条。但是，对这些文献进行初
步整理和提炼，就能发现从科学技术观的角度对早期现代新儒家进行研
究的成果可谓凤毛麟角。其中，如 *Philosophy of Information and Founda-*

tion for the Future Chinese Philosophy of Science and Technology 谈及中国儒家文化思想与科学技术的关系。这些文献大多还是从现代新儒学思想内部哲学问题进行研究，并将这一主题转移到能否或如何理解为一种宗教性文化，比如 Fingaratte 的《孔子：神圣的凡夫》（*Confucius：The Secular as Sacred*）、Julia Ching 的《儒学与基督教：一个比较研究》（*Confucianism and Christianity：A Comparative Study*）、Rodney Taylor 的《儒家思想的宗教向度》（*The Religious Dimensions of Confucianism*）以及波士顿大学现代新儒家研究者 Robert C. Neville 的《道与魔》（*Tao and Daimon*）、John Berthrong 的《普天之下：儒耶对话中的典范转化》（*All Under Heaven：Transforming Paradigms in Confucian-Christian Dialogue*）等等。所以，这些虽然都对儒家文化有一定深入探讨，却基本不能作为早期现代新儒家科学技术观研究的文献材料。本书对早期现代新儒家科学技术观转变的研究，尊重对国外文献搜集和加工能力不足的事实，几乎没有引用这些文献。

综上所言，大陆和港台的研究成果，在尽可能提炼的基础上可以发现，研究虽然在一定程度上涉及早期现代新儒家科学技术观，有的也做出不同于传统文化保守主义的分析，在历史情境中评析现代新儒家对儒家文化能够延续所承启的意义。但是，却基本没有对早期现代新儒家科学技术观开展系统研究，更没有将这种科学技术观放在动态历史中，这样剖析早期现代新儒家科学技术观的历史意义时会显得不够有说服力。所以，以科学技术哲学中的科学思想史和科学认识论作为理论基础，系统研究早期现代新儒家科学技术观，论证早期现代新儒家科学技术观对儒家文化传统科学技术观的转变，不仅是实现儒家文化内部延续的重要步骤，也是在工业化时代再显儒家文化治世价值的重要基础。所以，研究早期现代新儒家科学技术观，可以在还原这种科学技术观内容的基础上，发现其对儒家文化承负的重释与发扬也不同于现代新儒家学派后来的学者，从而填补一些研究早期现代新儒家所存在的空白：一方面，对于早期现代新儒家的研究，不太关注其科学技术观，而这却是早期现代新儒家思想观点中的重要组成部分，是早期现代新儒家接续儒家文化而实现其继续发展的关键；另一方面，研究早期现代新儒家科学技术观，才能充分关注其与宏观的国际与国内历史事件的关联，发掘这种科学技术观所具有的强烈的人文关怀。对于这个方面的忽略，不仅会对该学派在草创时期的价值评价有失偏颇，也会使得对早期现代新儒家的评价不全面、不透彻。而且，五四运动作为开启中国追求现代文化的源头，符合五四精神的思想一直是近现代思想研究的主要内容，而与早期现代新儒家等学术派别所受到的关注相比就不太充分，这些学派的思想应该引起学术界注意和重视。

第二章　理论内核：人文关怀的
取用原则

　　从科学认识论的角度看，在西方近代之前，科学技术相互的交叉与渗透的特点还不是十分明显，科学与技术最先表现为两个平行的认识系统，故对二者的功能或价值的认知多是遵循各自的规律。虽然这种现象伴随西方国家工业化进程的加快已经开始发生改变，但相对于19世纪末20世纪初的中国而言，多数人却还未能将二者进行结合作为一个整体来认识和评价其功能。正如早期现代新儒家科学观与技术观，它们理论层面所体现的主旨从表象层面分析是矛盾的，即体现为中（技术观）西（科学观）文化关系几乎是非此即彼的对立存在。也就是说，若站在科学观的角度分析早期现代新儒家的西化发展理念，他们则是同激进的西化派基本相同，都强调中国走出困境及实现未来长远发展是需要西方的"赛先生"等；若站在技术观的角度分析这种西化发展理念，早期现代新儒家则又同保守主义的中学派非常接近，他们都认为西方工业化国家因满足自身发展需要，已经在世界范围内造成了前所未有的生存灾难，主张人类应发挥内在心性修为而规避它们对生存利益造成的冲击。但是，早期现代新儒家的科学观和技术观毕竟是统摄自己的学术思想，不可能在内部出现这样自相矛盾的结果。如果单独基于科学观或技术观而判断早期现代新儒家的西化态度，则对早期现代新儒家的中西文化认识与评价都会缺乏公允而有失偏颇。

　　早期现代新儒家已经发现，无论是科学还是作为其成果的技术，它们都通过社会应用而表现出对人类生存的重要影响，这些影响虽然更多是代表前进的方向，但又在一定程度上对人的长远生存产生了威胁。早期现代新儒家认为，既然社会发展已经离不开近代以来的科学技术，那么就不能回避其所带来的负面作用，应尝试各种行之有效的具体路径对其进行规约，实现科学技术价值发挥与人文关怀的协调与沟通。所以，对早期现代新儒家科学技术观作出整体的了解，才能完整反映出他们以重新认识儒家文化精义而规避或纠偏近代科学技术在社会发展中存在的不足的目的。如此，对早期现代新儒家科学技术观的认识与评价，不能依赖对其科学观或技术观的单一研究，而是要透过矛盾表象了解其最终的学术旨趣和目的。

第一节　科学技术应用中的产物

随着晚清政府被迫与西方工业化国家海通，儒家文化作为中国传统文化的佼佼者无力应对社会发展，甚至伴随西方国家带来的冲击而走下政治意识形态的神坛。另外，诸如五四运动和新文化运动等推波助澜，明确标榜要在中国打破儒家文化为主的旧文化而创建新的文化。虽然这些新思想过于盲目崇拜西方近代以来的科学技术文化，对中国传统文化价值的认识与评价缺乏理性，但不断否定民族文化的现代价值在国内已是大势所趋。惟其如此，学术界围绕中西方的社会发展在表象层面所体现出巨大差距的论争，及围绕中西文化能否统一共融的不同见解的论争，导致了 20 世纪初的中国很难有一种学术思想可以作为领军者。换句话说，当时的学术界无论对西方近代科学技术为主的文化，还是对处于落后状态的中国传统文化，都难有统一共识，难以为社会发展提供明确的理论引导。所以，虽然学术界看似又再次出现百家争鸣、百花齐放的局面，其实质却是没能了解清楚中西方文化本质，在匆忙中否定和抛弃中国传统文化，直至在思想中没了自信而更加混乱的局面而已。但是，反观西方率先进入工业化国家的学术界，虽思想门派林立，但在以科学技术文化为核心这一方面不再存有疑虑，各类文化都能围绕这一核心而蓬勃发展，这就与中国学术界所展现的特征形成了鲜明的对比。

在早期现代新儒家看来，学术界从单一的角度分析中西方社会发展的差异，缺乏将中西文化的历史轨迹进行对比作为前提，这使得新文化思想者所得出的学术结论难有说服力。如新文化主将虽然坚称西方工业化进程中也讲求人文关怀，但是与中国传统文化的人文关怀相对比还是有本质上的差异，即西方的人文关怀更多是突出个人方面而表现为自由、民主等，在社会表现出的是一种外向的人道主义，而中国历来的人道色彩则更多是强调人类整体利益的诉求而表现人道关怀等。另外，早期现代新儒家认为，中西方科学技术的发展历史虽然在近代以后体现差异，但在漫长历史中其实相互已经有了很多的交流，正如这样的评断："中外科学技术的发展轨迹应该互相参照，因为没有中国的世界科学技术史是不完全的，而中国科学技术的任何一项成就如果不放在世界大背景中加以考察，也难于科学地判定其历史地位。"① 因此，要在更广阔的世界科学技术发展史中认识和提炼中西不同时期的发展特点，才能对诸如以道德或伦理维度的约束程度进行客观分析。所以，研究早期现代新儒家的科学技术观，首先要了解他们是以对中西方科学技术的发展历史对比为基础，从而才能够理解他们西化发展理念中明确的理论内核。

一　简述中西方思想界对其认识

首先，西方近代之后是以科学技术文化为主导。

西方近代科学技术发展所具有的共性特征，是以原初注重对自然界的探索和认识，扩散到更为精细的认知领域，并在对自然的征服中对人类社会的追根求源，从而在征服自然与社会的过程中积累新的经验与技能。所以，近代以来科学技术的进步，促使西方的发展发生了历史性转折，不仅有力地证明了在社会发展中科学技术具有无可替代的绝对优势，而且这种优势也直接帮助西方工业化国家成为了当时世界的中心。

西方近代科学技术基于古希腊罗马时期的思想积淀，在人的解放的旗帜下开启了鲜明的独立研究征程。在历史上经过一些重要科学技术人物的发挥，将科学技术的发展方向归拢到具体的实验验证方式（在古希腊罗马时期甚至就有了实验验证的萌芽），从而将西方的科学技术发展推向历史高峰。而且，古希腊古罗马时期可以被看作是西方科学技术发展史上的第一次繁荣期，西方不仅在冶金、陶器、建筑等领域非常先进，以此形成的数理理论也是成果丰硕，甚至一些理论及其建构方式已经深入地影响了人的思维模式，如作为重要代表的欧几里得几何学思

① 董大业：《中外科学技术发展史比较》，《历史教学》1996 年第 5 期，第 18 页。

想、亚里士多德形而上学思想及阿基米德实验思想等。但是，西方古典时期的思想延续到近代以前，由于受到宗教权威的干预，在一千多年时间内使科学技术发展受到很大影响，在一定程度上科学甚至沦为神学的婢女。所以说，中世纪的西方科学技术落后于东方的中华民族是不争的历史事实。直到 1543 年哥白尼《天体运行论》的发表，才逐步打破西方历史上被称为黑暗的中世纪，将西方的人性从宗教桎梏的束缚中逐渐解放出来。当时以天文力学方面作为突破，所取得的成就不仅顺应了古典时期重视对自然规律探索的传统，而且在理论以及具体实践验证中形成了更加成熟的体系，促使西方的科学技术神奇般苏醒，以惊人的发展速度而日新月异，最终帮助西方一些国家远远超过了其他几种古老文明，在世界发展中迅速形成以西方为中心的新格局。伴随西方取得当时世界的中心话语权，也表现出两个鲜明的特征：第一，西方国家社会发展的中心是将科学技术作为第一推动力，从此科学（知识）技术就是力量的观点被人们朝着极限进行阐发；其次，近代以来的科学技术逐步成为社会发展的主导力量，也使社会其他领域不断拓宽自身的研究内容，在社会的思想领域中也是异常的活跃。

在文艺复兴和宗教改革等具有历史开创性运动的影响下，西方一些国家在文学、政治、经济、科学、技术等领域都取得了长足的发展，欧洲所实现的超越近乎是关涉社会发展的方方面面。西方自近代科学技术飞快发展所带来的显著社会发展成就，可以从 18 世纪 30 年代开始的三次工业革命作为标志，它将西方认识及改造自然的能力，通过科学技术而起作用发挥得淋漓尽致，与此同时西方也成了世界发展的中心。当然，通过对上述整体性的超越进行综合分析后可以发现，西方国家呈现出多方面的显著进步，还是不及科学技术的进步更为明显，甚至其中一些进步还受科学技术进步的影响。因此，这样的发展局面可谓是以科学技术为主导才能出现大步前进的发展态势。早期现代新儒家认为，一定要对这些不同领域的成功进行归纳分析，因为它们都是在人性的自由得到充分释放之后，在科学技术及其成果的助推或刺激下实现的。换句话说，推动西方诸多国家在近代实现社会的发展是以科学技术为主导，近代以来的科学技术在社会发展中的应用，已经对社会其他领域的进步产生了重要的影响。同时，正是因为科学技术作为社会发展的核心地位越发明确，也逐渐成为其他领域发展程度的评判标准。

西方近代以来的科学技术从其思想源头看，就已经具有思辨与实践相结合的特征。这是它们后来擅长逻辑地建构理论与准确地进行实验验证的基础，这种思想源头为西方后来诸多学科能够不断突破提供了基础条件。当然，这些条件经过文艺复兴等运动之后，不断地复苏人的个性解放和自由发展，从而使近乎中断了漫长的一千多年的西方国家，迅速因科学技术的发展而爆发出惊人创造力。所以，在早期现代新儒家看来，西方近代以来的科学技术所取得的成就，与它们在古典时期奠定了良好的科学与实验的习性密切相关。

其次，近代以来的中国缺乏核心文化要素引领。

中国作为东方文明古国的代表之一，在进入近代之前与西方的各种交流，并没有因受外来文化的影响而对自身主流文化有所影响和破坏，甚至至今还被公认为是四大文明中唯一能够具有本土延续的文化。在早期现代新儒家看来，中国丰富的古代文化思想，也几乎涉及社会发展的所有领域，只是中国着实缺乏近代以来的西方科学技术，但并不能因此而否定中国古代文化中没有科学技术；如熊十力认为中国没有出现类似西方近代科学技术的文化更多是社会制度的原因，"科学亡绝，咎在专制，非中国从古无科学也"[①]。又如梁漱溟通过研习儒家文化典籍后认为，如果没有近代以来的科学技术为主导的西方文化的冲击，儒家文化很难或者需要很长时间才可能推动本土科学技术发展，这是由于中国历经两千多年社会发展，科学技术基本没有遭受太大波折的缘故。

中国科学技术发展较为醒目的历史阶段，大致可以简单归纳出三个：第一，是从中华文明生发期开始至隋唐以前（公元前4000年—公元6世纪）。这是中国古代科学技术的发展阶段，其中心内容主要关涉天文历算、冶金铸铜、农桑医卜等方面，其中因为农学、天文、数学及医学具有丰富的实践作为基础，这四个领域也相对而言具有更加成熟的理论体系，整体特点也是体现在十分注重实际的应用效果。第二，从隋唐至宋元时期（公元6世纪—14世纪）。与西方正值所谓黑暗的中世纪相比，中国的古代科学技术经过两汉、魏晋的发展，至隋唐、宋元时期

---

① 熊十力：《论六经·中国历史讲话》，中国人民大学出版社2006年版，第111页。

已成为中国科学技术发展新的历史高峰。尤其是宋元时期所取得的显著成就，当时西方国家只能在极个别的领域与中国相媲美，更多领域则是远远不及的，"因为建立于隋唐以来雄厚经济基础上众多的科技成就只是进入宋元以后才得到了系统的总结和充分的显示：天文历法上有沈括、郭守敬的创造；四大数学名家（秦九韶、李冶、杨辉、朱世杰）的成就位居世界最前列。技术上，王桢的《农书》、一系列中医学著作、32 锭水轮纺车、水运仪象台和《武经总要》、大城市建设的《营造法式》、船坞和水密隔舱、煤冶金和大风扇鼓风的出现分别代表了我国农业、医疗、机械、建筑、造船、冶炼等世界的一流成就，更不要说臻于成熟的四大发明了"①。而且，英国科学史家李约瑟先生研究中国科学技术发展史而提出的"李约瑟之问"，已经表明在人类历史正式进入近代之前，中国自古代科学技术发展之后的历史成就，相比同时代世界其他国家和地区是遥遥领先的。第三，明末清初至近现代时期（14世纪—20 世纪中叶）。农业文明基础又加上闭关锁国，成为中国科学技术发展史上最为衰落的阶段，中国也正是在这一阶段被西方工业化国家近乎全面超越。早期现代新儒家认为，正是因为中国的科学技术与以农业文明为主流的社会发展相互依赖程度太深，从而很难突破既有的认知领域而形成更有创见的理论体系。而且，在早期现代新儒家看来，包括儒家文化在内的传统文化，都多受中国古代实用思想的影响，它们虽因改善日常生活之需而对科学技术有所青睐，但对科学技术的理论与经验达到一定程度后终究很难继续推进和深入，更是缺少对近现代以来的科学方法和科学精神的追求，从而根本无法达到新科学实用目的——"寻求科学真理的一个真正目的必然对人类的物质生活条件起作用"② ——的高度。所以，尽管儒家文化典籍中存有大量指涉鸟兽草木、天地之变、口鼻耳目之用等实用知识，也不乏记载如子贡问政、《庄子·天地篇》等言及科学技术作用力的内容，但因其着力点不是纯粹朝着科学技术发展的方向前进，而是为社会发展极力营造一种致中和的人生态度，这就决定了儒家文化的追求"不在乎科学上之真理，而

---

① 董大业：《中外科学技术发展史比较》，《历史教学》1996 年第 5 期，第 18 页。
② ［美］I. B. 科恩：《牛顿革命》，颜锋等译，江西教育出版社 1999 年版，第 5 页。

在乎身心之修养"①。当然，由于缺乏对科学精神和科学真理的追求，最终被擅长"打破砂锅问到底"的西方近代科学技术为主导的文化超越。

中国因近代科学技术落后导致最致命的冲击，是遭受西方许多工业化国家的殖民侵略和资源掠夺，中国在近百年的现代历史中只能被肆意欺凌。在西方近代以来的科学技术文化的强势冲击下，朝廷或政府抑或不同领域的学者被迫努力寻求应对之策以求渡过这一场国之浩劫。从第一次鸦片战争到五四文化运动，西方工业化国家的器物层面"赛先生"和"德谟克拉西""德先生"逐步被国内关注，进而从上至下形成一个最强音，即中国的出路与未来发展就是要将它们引进来。但是，对于这一西化发展理念到底如何进行，及西化中如何归置传统文化的影响等问题并没有形成一致性，加之不同西方列强因各自在中国的需要，最终导致中国几次的西化发展举措都以失败告终。早期现代新儒家明确反对国人在西化发展中所表现出的过于浅薄的一面，他们要么认为只需"生搬硬接"将这些转移到国内，要么对某一西方学术流派的思想过于推崇而盲目热衷。早期现代新儒家则主张对比的方法，是必须在西化发展中自始至终坚持，"盖我平日所最恨者，厥在甘于为一学派之奴隶，我虽从倭氏学哲学，然不愿独尊倭氏之言，视为世界独一无二之哲学，而平日所采方法，则为比较研究"②。在早期现代新儒家看来，如果没有对比的眼界作为前提，反而会在放大西方优势的同时削弱国人的民族自信，如此必然会给国家的发展带来更加混乱的情势。首先，中国传统文化在近现代的乏力表现，已经在社会上被认定为消极的阻碍因素。毕竟，这种评判的背景就是国力日益衰微，进而使得许多国民很难信任传统文化的社会价值，更多是心甘情愿将其彻底淘汰或清除。但是，中国传统文化的弊端及其社会推动力，在近现代时期的西方工业化进程中虽然暴露无遗，但作为本土具有浓郁民族特征的文化其对国人思想和行为的影响则是根深蒂固的，要想在短时间内彻底消除传统文化对国人的影响根本不现实。这种认识也还多存在于一些学者的思想中，他们对儒家

①　张君劢：《民族复兴之学术基础》，中国人民大学出版社 2006 年版，第 9 页。
②　张君劢：《义理学十讲纲要》，中国人民大学出版社 2006 年版，第 185 页。

文化为代表的传统文化在西化发展中是否毫无价值仍然持怀疑的态度。更何况，在中国还有更多处于社会底层的大众受这些传统文化的影响，若劝服占有多数的这些大众放弃传统更是难上加难。其次，由于几次西化发展运动的失败，尤其洋务运动的两个阶段的主张都未能取得预想的结果，致使国内不少学者开始反思西化发展的内容和目标，认为已不能仅仅看到西方器物层面先进就只求引进这些物件，更需要对它们的思想文化根源、政治体制组织等进行学习，进而国内开始不加甄别地大量引进西方诸多思想家或思想流派的学术观点。这完全忽视国内是否具有吸收和消化这些观点的思想基础，一定程度上只能让国内学者在慌乱中更加迷失方向。甚至，所引进的一些西方学派的观点，它们彼此之间在西方一二百年前甚至更久之前就已经发生过论争，国内却依然将它们当作新的思想和新的观点引进过来，如此也只能将西方发生过的论证再在中国重新上演而形成思想界的相互攻击，正如梁漱溟所说："曾不晓得这些东西有他的来历（西方化），不是可以截蔓摘果就挪到自己家里来的，而实与自家遗传的教化（东方化）大有冲突之点，轻轻一改，已经失了故步。"① 所以，中国思想界在 19 世纪末 20 世纪初的混乱，是由于对西方科学技术文化没有真正了解，也没有对中国传统文化给予合理的认识与评价。无论是物质层面还是思想文化层面的引进，很多都是生搬硬套以求在中国发生同样的效用，结果不但无益问题的解决反而导致思想的混乱。在早期现代新儒家看来，解决这种混乱局面带来的不利，则需要在西化发展中坚持一种核心思想作为主流。

早期现代新儒家以儒家文化积极入世的态度，对国内在西化发展中出现的混乱而无中心的局面表示担忧。出于儒者的使命，也希望拨正这种错误的方向，以恢复儒家文化为主的传统文化的地位而使之有益于稳固西化发展。早期现代新儒家认为，如果传统文化尤其儒家文化基本处于被搁置或清除的态度，从根本上是不会利于中国走出困境后真正实现长远发展，相反在追求西化发展中一定要以新的认识和评价态度，将存在信任危机的儒家文化等传统文化进行抽丝剥茧的研究。所以，早期现代新儒家主张，对中西文化要持有同样的评价标准与取舍原则，从科学

① 《梁漱溟全集》（第一卷），山东人民出版社 2005 年版，第 255—256 页。

技术文化中已出现的社会负面影响和传统文化已体现的弊端同时入手，这样才能在中西文化的交流中，不仅对其各自的规律与特征有所了解，也能对各自文化的接受基础有新的认知，从而客观认识近代以来科学技术和传统文化的社会价值。

二　科学技术对社会发展的作用

如果仅仅以近代以来的科学技术对社会发展的推动作用，作为中西方文明程度高下衡量的标准，西方毫无疑问是完全优越于中国。但是，如果从历史发展的纵向角度看中西方科学技术的发展历程，以及其推动社会发展而达到的文明高度，却应该是各有千秋。所以，在早期现代新儒家看来，中西方的科学技术都在特定的阶段推动了各自的社会发展，我们不能因为近代以来的落后就妄自菲薄，首先该明晰的是科学技术发展到近代会落后的原因。

中西方有着不同的文化积淀与历史进程，主要是由于它们对自然与社会的认识有不同的侧重，这对两方社会发展的影响必然存在很大的差异，由此在不同历史时期其成果对社会发展的作用力也会不同。尤其，伴随科学技术的发展更能表现中西方的不同历史进程。首先，虽然同样需要认识自然与改造自然而实现自身生存和社会发展，但是在不同发展理念的驱动之下，中西方还是开创出两种风格迥异的科学技术发展方式：中国更多是以社会发展所需要的和谐与秩序为规范，要求应用科学技术时不能对人类生存环境改变过大，尽可能避免对社会固定关系的破坏；西方则是从认识自然规律和本质作为起点，注重在合乎逻辑的框架中构建自洽的理论体系，从而能对自然进行有条理的认知并尽可能运用到社会中来。所以，中西方的科学技术在古典时期，就已经决定了他们的侧重点和发展方向是不同的。相比较而言，在这一时期中西方并没有显现出高下之差，如古代西方逻辑科学比中国更加严谨，如中国古代虽有《九章算术》，却在理论和逻辑的架构上逊色于西方的《几何原本》。但是，中国却在实际的技术应用上比西方更加精准和发达，如《九章算术》能将一些理论隐含在具体实际问题的应用中而不用做出理论的阐释，就远比《几何原本》按公理与定理的方式将要解决的问题纳入理论框架更易于被多数人熟悉和掌握。其次，中西方科学技术在其发展过程中，都或近或远地应用到社会发展之中，对社会产生的影响的关注度也是存在差异的。中西方都认识到社会发展依赖科学技术的应用，但也要在发展与应用中能与道德、伦理相结合，希望在道德、伦理的约束下实现科学技术对自然、社会与个人的良性的关系，实现一种人文关怀的价值追求。但是，客观讲，从中西古典时期的科学技术与道德、伦理相互关系的重视程度不难看出，中国比西方任何一个国家都强调道德、伦理在社会发展中的重要价值，如中国历朝历代的统治者最高发展理想就是实现国泰民安，科学技术作为治国安邦的重要性无形中低于对个体人心安置的作用。事实上，科学技术对人类社会发展中人与人、人与自然和人与社会关系的影响很大，极易对人的社会生存构成冲击，故中国早先的诸子中除了墨翟之外，都对科学技术的研发进行了很多限制。

由于中国几乎从农业文明源头时期就强调社会的稳定与秩序，主张社会良性发展是通过个人的道德提升作为重要保障，所以为后世重视人的心性修为做了重要铺垫。通过近代以来中西方发展的落差而反思这种主导思想，发现其很大程度上束缚了人探求自身以外的欲望。尤其当这种思想与农业文明相结合，很容易在狭小范围内实现实用目的而有小富即安的心态，故除了相关的数学与天文学能多与生活相关尚能引起重视，其他科学门类很多都是浅尝辄止而无法继续深入。这样的社会发展理念自然反映到上层意识形态之中，儒家文化服务于上层政治意识形态这一优势早在秦汉时期就开始凸显出来。儒家文化自孔孟始就形成一个特性，对形而上的认知总是以模糊的方式予以回避，如对鬼神与精微之事的认知，在他们看来就已经远超时人的能力范围，根本不可能找到足够的理由以说服对方而信服于己，与其如此，还不如将精力与才智放到更为现实的生活中来，以求得人在现实的社会生活中如何安稳。在早期现代新儒家看来，儒家文化这种认知态度是合理与客观的，而并不该被当时学术界当作儒家文化自孔子始就有轻视科学技术的佐证，熊十力关于儒家文化典籍中有无科学技术内容，及儒家文化是否从其源头就反对科学技术，就是从孔子处予以肯定回应，他说："是故孔子为万世人类开拓生产计，即提倡科学技术。《说卦》曰'《复》，小而辨于物'，科学方法重实测术，小辨于物即实测术之长。《系辞传》曰'知周万物'，又曰'开物成务'，曰'备物致用'，曰'立成器以为天下利'。由孔子之道，科学发明唯用于生产工具之改进，不得为帝制奴役，制作杀人利器。儒者以正德为利用厚生之本，与近世帝国主义之文明相较，其骨髓自迥别。"[1]　为什么儒家文化关于科学技术的思想，在两千多年都没有被后来的儒学研究者挖掘和发挥，这主要是因为在物质文明处于低级阶段，儒家文化关于科学技术的观点与社会发展更加切合，更符合统治者治理国家的需要。所以，早期现代新儒家认为，中国之所以出现近代以来科学技术发展的停滞局面，主要是因为自上而下对科学技术作用认识的局限，从而导致对外在现象和本质的探究。让位于政治意识形态的需要，导致了中国科学技术的革新动力方面出现严重不足，从而更不可能在大范围内对其作用引起相应的重视。

在学术界一片唱衰中国因传统文化羁绊而无法再次彰显民族辉煌之际，早期现代新儒家却投注更多精力，研究西方工业化国家的实际变化。西方近代以来的科学技术在推动社会发展的同时，也着实带来诸多与人类生存相关的问题，这些问题不仅与自然环境相关，也与人类自身的内在要求密切相关，但这些正是中国传统文化尤其是儒家文化所强调要避免的。虽然近代科学技术未能在中国出现，中国传统的科学技术也不可能与工业化联系在一起，但是中国受传统的影响，却使其能经受四千年左右的历史动荡，成为四大文明中唯一且可能会继续延续的地域文明。这在早期现代新儒家看来，正是中西方在科学技术对社会发展方面的不同认识，才形成独特的中国传统科学技术的这种定位，和西方近代以来科学技术为社会发展而服务的这种定位。而且，早期现代新儒家认为，中西方两种文明发展的历程，也可以作为当时学术界应该理性认识到正处于高峰期的西方近代以来科学技术不是最终完美结局的理由。因为，科学技术在中西方社会的发展基本相同，都是由人类在认识自然与作用自然的过程中形成，并经历从低级阶段到高级阶段的递增过程。只是受限于两种文化不同的思想传统的影响，才使得科学技术在发展过程中所侧重的内容有所差异，最终使双方在不同时期的发展水平呈现出差

---

[1]　熊十力：《论六经·中国历史讲话》，中国人民大学出版社 2006 年版，第 16 页。

异。而且，作为对社会稳定性和人类的和谐生存来讲，相较于西方近代以来科学技术的社会推动力，中国科学技术虽弱于具体物质层面的改造，但依然保持其擅长国家治理中的均衡性，如以人类"共敦道德"而"臻万物得所之盛治"的理念，就能够最大限度地确保社会形成自身的平衡体系，能够在社会发展中将科学技术负面效应出现的可能性降低到最低的限度。至于如何客观评析中国近现代科学技术落后的事实，早期现代新儒家认为，中国现代科学技术虽然没有达到宋明时期的高峰而催生出近代科学技术，但这是不同历史时期以及不同发展的需要所带来的结果，正如中国科学技术在进入明清之后依然不断进步，只是规模与速度无法和西方近现代以来相比而已。当然，必须正视明清两代统治者的治国之实际，他们对科学技术的态度，极大地压抑了科学技术追求进步的社会条件，阻碍了它们受外部环境的刺激而自发成长的需要，进而导致科学技术发展只能进入发展的自闭空间，且这一时间段恰好是西方发展最迅疾的时期。这是学术界应该认识到的中国近代以来的科学技术与西方产生巨大差异的前提，只有如此其研究结论才能对中国的西化发展具有现实说服力。

中国虽然在明末已经与西方有科学技术方面的交流，但因为当时中国国力相比这些西方国家十分雄厚，且中国传统科学技术发展短板还没有完全暴露于西方先进科学技术面前，由来已久的优越感决定了中国与西方的交流只会是零星点滴，甚至对西方科学技术的关注根本不可能具有虚心之态而积极学习和引进。即使第一次鸦片战争的失败也未能让中国警醒，晚清政府依然做"天朝上国"之迷梦，这样不会有社会发展和民族生存的危机意识，自然也就不能从上而下主张学习西方的优长，最终导致中国传统科学技术在应对西方近代以来的科学技术的冲击时节节败退，也使中国传统文化对科学技术的影响疲态尽显。因此，中国近现代的科学技术发展情况就出现了两个截然不同的阶段：刚刚进入近代的中国的科学技术，虽然沿袭传统科学技术的发展路径和发展方式，但这段时期的科学技术已经根本不可能达到如宋明时期的高度，"中国在公元6—7世纪的世界重大科技成果中，中国占54%以上，然而，中国最终却未能叩开近代科技革命之门——到了19世纪时，世界重大科技成果中，中国只占到了0.4%"①。当然，这段时期中国的科学技术虽发展缓慢却还没有出现停滞甚至倒退的情况；近现代后半段历史时期由于国家疲于应付各种入侵而无力回击，中国的科学技术在西方近代以来科学技术面前尽失曾有的优势，已经与工业化所需要的完全难以衔接。这一时期中国科学技术发展相对而言是中断或者是倒退的，因为中国自近代开始落后于西方就是从科学技术对社会变革、推动作用来衡量的。有鉴于西方近代以来科学技术对社会发展的变革和推动作用，关于中国如何实现民族自救和长远发展，很多的学者将希望寄托在西化发展而在中国出现近代以来的科学技术。在这些学者看来，中国唯有拥有西方近代以来的科学技术，才有可能将中国落后贫弱的面貌改变，故基础科学与应用科学强调对西方的学习与引进，社会科学与政治文化也强调对西方的学习与引进，从而实现国家发展所需的国强民富。

三　对科学技术社会功用的评价

因为启蒙运动释放了人的自由性与主动性，使得社会生产活动与自然现象的联系日益增多，这也很大程度地刺激了西方人探求自然与驾驭自然的欲望。西方作为近现代科学技术的发源地，在历史过程中所提供的思想基础之上开始对更集中地认识自然的现象和本质，物质生活层面的掌控力达到前所未有的高度，诸多国家受近代以来科学技术的推动率先实现由农业文明到工业文明的过渡。

近代以来科学技术发展所创造出的工业文明，改变了西方国家在人类文明发展进程中的地位而备受瞩目。首先，西方国家在近代以后开始创造出任何地域都难以企及的物质财富。在近代以来科学技术对社会发展的推动下，西方对自然的认识与改造能力日新月异，由此积聚物质财富的途径与方式，以及能攫取的物质财富对象都得到空前扩大。而且，这种物质财富的生产不仅是体现在具体操作工具，也体现在理念中对生产规模、组织方式等的改变，从而由此衍生出诸如管理、机制等一系列学科的发展。随着近代以来科学技术在欧洲的应用和普及越来越快，即

① 张雁、严恺：《中国近代科学技术落后的原因与未来科学技术发展展望》，《世界科技研究与发展》2002年第2期，第9页。

使社会最基础的农业发展也足可见证，大量机械化代替了传统农业生产所依赖的方式，佐证近代以来科学技术对西方社会发展的变革具有彻底性。科学技术在推动许多国家社会发展中明显改善了他们的物质生活条件，且使得这些西方国家在物质层面的表现不会因不同地区而出现较大的发展差距，最终促使欧洲近乎以一个强势的整体展现在世界面前。其次，社会发展中政治制度的改革和完善也不断得以体现。虽然，近代以来科学技术创造的文明首先表现在物质层面的进步，但是，正如马克思主义生产力与生产关系所阐述的原理，欧洲强劲生产力势必会为其生产关系的变化提供基础，进而影响到这些国家的经济基础和上层建筑的建设。所以，伴随近代以来科学技术作用力不断在社会发展中释放，势必引起人们在社会存在中多方面关系的重组，从而必然影响和完善原有的政治制度、经济方式和文化理念等。这些为西方近现代提出自由与民主也提供了充足条件，故近代以来科学技术为主导的工业文明时代，是现代民主政治制度出现的经济基础。换句话说，与近现代西方的物质文明相同步，西方诸多国家在政治制度上追求民主与自由的要求也日益强烈，从而也实现加速社会全方位的发展进程，正如英国国会改革是经历英国第一次工业革命到19世纪60年代实现工业化国家而得以完成，法国第三次共和国宪法是1875年实现工业化之后的共和国政治制度等，其他的西方国家基本也在19世纪下半叶完成政治制度的改革。最后，西方思想领域、文化领域和社会领域等发生重大改变。伴随物质生活与政治制度不断改善的这一过程，也集中带来西方人在思想、文化等的变化。西方在科学的进步与技术的发展相互刺激中不断提高科学技术水平，由此也逐步增强了西方人对于认识自然和改造自然的信心，直至改变一直对自然的敬畏心理而变成强硬征服者姿态的出现。由于西方人一改传统对待自然的敬畏态度，在增进不同地域宗教、思想的对话、冲击与贯通同时，使得他们对自身的生存方式与生存价值开始有了新的思考。基于此，西方在思想、文化、哲学、宗教等领域，都受近代以来科学技术对社会发展推动的影响而不断翻新最终异彩纷呈。总体而言，西方在世界范围首先创造出工业文明，离不开他们近代以来发现的科学技术的推动，他们利用这些科学技术而将西方乃至人类的发展提高到新的高度。

近代以来科学技术也并非只是创造西方物质财富，它也因推动社会发展而给西方诸多国家带来新的生存挑战。首先，近代以来科学技术虽然推动社会发展而快速实现工业化，在思想、政治、经济、文化、哲学、宗教等领域极大地改变了西方人的传统思维方式，给了他们更加自由和开放的自我诉求。但是，在工业化发展中过于注重个人独立性的追求，所表现出的对社会发展最大外在弊端，就是将以何种规约方式重新约束个体行为，以求使得他们将个人的利益与社会发展的整体利益做出合理的权衡。早期现代新儒家发现，西方许多国家在近代以来因科学技术对社会发展的刺激而实现工业文明，但它们在发展路径上有一个相类似的特征，即在工业化中更加暴露人与人之间不平等关系，且都有由这些国家内部压榨而迅速转变为国际上的欺压，"我们所看见的，几乎世界上完全是西方化的世界！欧美等国完全是西方化的领域，固然不须说了。就是东方各国，凡能领受接纳西方化而能运用的，方能使它的民族、国家站得住；凡来不及领受接纳西方化的即被西方化的强力所占领"①，这是掌控近代以来科学技术应用话语权的体现。工业化初期，科学技术的应用掌握在少部分人的手中，这些人受外在物质利益驱使很难自我警省，从而很难有将科学技术利益普及化，而仅仅是为自己服务。其次，随着近代以来科学技术在社会发展中的影响不断加深，社会组织关系从其内部也在逐渐失衡。一旦在这个过程中国家不同阶层的利益格局已经固定，出现社会动荡则与科学技术的负面社会发展效应不无关系。由欧洲从农业文明向工业文明转变的历史，不难发现欧洲国土战火不断以及将铁蹄踏入其他洲，这是由于这些不同国家需要转嫁国内所出现的阶层甚至阶级之间的矛盾。最后，近代以来科学技术所带来的工业文明，也是对自然资源攫取、环境破坏作为一定的发展代价。关于西方工业化后从自然角度所引起发展的负面影响，这些西方国家在第二次技术革命后在哲学领域、社会领域与文化领域都开始进行反思性批判：从哲学批判角度看，近代以来的科学技术在人的作用下已经开始忽略自然的本体性特征；从社会批判角度看，近代以来科学技术在社会发展中的应用，尤其在掠夺自然过程中已经逐步丧失人的自然性；从文化批判

---

① 《梁漱溟全集》（第一卷），山东人民出版社 2005 年版，第 322 页。

角度看，人生的理想与生存不应仅局限在社会物质层面的改变，而应该是在自然面前充分展现。① 总而言之，近代以来科学技术在西方工业发展过程中的作用，体现在三个方面：其形成的科学技术为主导的文化对社会发展的作用力不可取代；这种以科学技术为主导的文化对近代精神生活的丰富具有重要意义；这种以科学技术为主导的文化因过于强调个性的发挥，对人类整体长远生存应该引起警惕。

早期现代新儒家对中西传统科学技术的认识，是为反驳国内西化发展的主流评价声音，但这并非表示是拒斥西方近代以来科学技术所具有的社会价值，"以吾国闭关时代之学术，较今日欧西分科发达之哲学科学，其为望尘莫及，自无待论"②，更是反驳剖析中国近代科学技术落后的原因，就武断地认为应该全盘抛弃儒家文化为主的传统文化的社会价值。在早期现代新儒家看来，儒家文化等传统文化虽然强调个人内在修为在社会发展中的重要作用，认为社会良性的发展需要将个人行为完全纳进道德的范围进行约束，但这并不能表示儒家文化是阻碍科学技术发展的，更何况其随同物质生活水平进步而是可以调适的。正如隋唐、宋明时期中国所呈现的发达科学技术，就是在儒家文化等传统文化影响下而实现，而且即使当时的物质生活水平非常高，但因人凭借直觉的意识及道德等对社会发展的作用而不断提升个人内在要求，并没有阻碍当时的科学技术发展。与之相反，在内在修为提高的基础上发展科学技术，对这两个时期的社会和谐稳定的发展是利大于弊。在早期现代新儒家看来，这正是儒家文化注重社会生活的稳定，恰好是可以作为发展科学技术社会影响的参照维度，这种优势与长处应该在西化发展中予以保留。所以，早期现代新儒家主张，认识科学技术对社会发展的作用，即使以科学技术为主导的近现代社会，也仍然提倡儒家文化关于人的道德修养的思想内容，从而能够规避或减缓社会负面发展的问题。

---

① 周昌忠：《现代西方哲学对科学技术的社会批判》，《上海社会科学院学术季刊》1996年第1期，第91—98页。

② 张君劢：《明日之中国文化：中印欧文化十讲》，中国人民大学出版社2006年版，第100页。

第二节　科学技术观的思想内核

　　一定程度上讲，由于西方凭借近代以来的科学技术，以强大国力和军事能力打开了中国等落后国家大门，使这些以科学技术为主导的工业国家，可以在世界范围进行殖民掠夺，致使落后的国家只能疲于应对而任其宰割。20 世纪之交的中国学者，在他们的思想形成和发展过程中，都不可避免地要回应一个共同问题：在强盛的西方近代科学技术文化与没落的儒家文化之间如何评价与取舍。

　　早期现代新儒家对中西方文化社会价值的评价与取舍，明显不同于当时学术界其他的观点。早期现代新儒家考虑国家当下的困境和未来的发展，既希望通过西方近代以来的科学技术文化及其成果改变中国的民族生存危机，也希望依赖中国传统文化尤其儒家文化社会价值的发挥而纠正工业文明对人类生存所产生的负面影响。"欧美之科学发达，乃有科学发达之流弊。吾国科学未发达，宜先谋发达，而不必多言流弊之防止。……故就今日中国而言，我以为科学之提倡与科学态度之应鼓励，当视为救国之良药，而不必稍有所踌躇者也。"[1] 尤其熊十力为实现这一学术主张，具体从义理、经济、考据和辞章四个部分进行阐述，寄希望将儒家文化与西方科学技术文化相融合，"义理之科，自两宋以来，已吸收印度佛学。今日自当参究西洋哲学。经济之科，自宋陆子静兄弟及邓牧，并有民治思想。黄梨洲《原君》全本邓牧。子静兄弟之思想，《十力语要》已言及之。迄晚明王船山、顾亭林、黄梨洲、颜习斋诸儒，则其持论益恢宏。足以上追孔、孟，而下与西洋相接纳矣。至于典章制度，民生利病之搜考，自杜佑辈而后，迄晚明诸子，所究亦精博。然则西洋政治思想、社会科学，皆非与吾人脑袋扞格不相入者，当采西人之长，以收明辨笃行之效，谁复于斯而怀犹豫？考据之科，其操术本尚客观，今所谓科学方法者近之。然仅限于文献或故事等等之探讨，则不足以成科学。今若更易其研究之对象与领域，即注意于大自然及社

―――――――――――

　　[1]　张君劢：《义理学十讲纲要》，中国人民大学出版社 2006 年版，第 153 页。

会，则西人以科学导于前，吾可接踵而起矣。"① 惟其如此，早期现代新儒家以儒家文化为学术立足点，致力研究出一种新的关于中西文化社会价值的认识、评价及取用标准，以期帮助中国实现工业化同时也能走出符合民族特征的发展道路。

一　肯定科学的认识作用

　　了解早期现代新儒家对中西方文化社会价值的具体态度，是对早期现代新儒家科学技术观定性研究的重要前提。早期现代新儒家虽然与西化发展主流观点渐行渐远，但不是在于他们所主张的西化发展态度，而是在于他们所主张的具体学习内容和学习方式，与激进西化派有了很大的不同。早期现代新儒家主张，一定要以对比的研究视角分析中西方文化的社会价值，而且要对中西方各自的科学技术发展历史有所了解，这才能有助于客观和理性地把握和发挥二者各自的价值。熊十力则明确断言，儒家文化思想体系并不排斥近代所出现的科学技术，只是因为儒家文化对这些"艺科之学"不同于"道科之学"那般重视而已，甚至儒家文化内部也对类似近代以来科学技术的社会功能有较为细致的区分，他说："古代百家甚盛，如天文、数学，唐虞已有专官。张衡在东汉初著《灵宪》、《算网论》，网络天地而算之，制候地震仪，盖其所承借者甚远而深，非可一蹴而几也。指南针作者，一云黄帝，一云周公，或黄帝首创，周公继述，此非明于电磁者不能为，则物理知识，古有之矣。李冰，战国时秦人，其水利工程尚在，今人犹惊叹莫及，则工程学盛于古代可知。木鸢则墨翟公输并有制作，是亦飞机之始。舟舵发明，当亦甚古，西人赖之以航海，此与火药及造纸并印刷术，贡献于世界者甚伟大。化学始于炼丹，汉世已有为之者，其源当出于战国。医术与解药发明在远古，及春秋时，扁鹊仓公精察腑脏经络，则解剖术已甚精。《周官》有壶涿氏，秋官之属。掌除水虫，可见古时对于微生物之研究亦不浅。地理则邹衍已创发五大洲之说。至于音律精妙，直宣造化之奥，尤足惊叹。余谓科学在吾国古代已有基础，即百家之业是也，而闻者或不以为然，此等妄自菲薄之见，可

---

　　①　熊十力：《读经示要》，中国人民大学出版社 2006 年版，第4—5页。

为太息"，基于此，熊十力进一步归纳儒家文化的"百家之业"又有"道科之学"与"艺科之学"，"道科之学，所以究万化本源、人生真性，则涵养其民之德行者在是矣。艺科之学则教民以格物，而见于实用者在是矣"①。由此，在熊十力看来，中国自唐虞时期就有了较为发达的科学与技术的思想论述，如伏羲见长于政治制度建设，尧舜开创出完善社会组织，禹则善于制造车具、船具、桥等技术工具，儒家文化重视关乎人的长远生存利益的"艺科之学"由来已久。因而，不能因为彰显当下西方工业化国家的"道科之学"的社会作用而忽略甚至埋没这些历史中早已存在的观点。为了纠正这种"一叶障目"的片面认识，熊十力认为中西方这两种文化都要从历史根源而开始重新解读，然后借助对比的方式让二者优劣长短一目了然。儒家文化的"道科之学"需要借鉴西方近代科学技术文化方可继续发展，西方近代科学技术文化的"艺科之学"，也应该重新发挥人的内在道德而自觉规约自身的社会行为，"艺科为知识之学，知识技能愈多者，必守礼而由于规矩，始不背于道。……又知识之探求愈深渊者，其与躬行若愈不切近。知识组成体系者，其客观性亦愈重，如此则知识躬行似无合一处，唯约之以礼，纳诸返躬实践之途，使其向外求理之方与返躬之道两部相混而实相资，渐收内外合一之效。……且返躬愈深，实践愈力，然后透悟一切知识，如大网罟，百千万孔互相联系。"② 同时，张君劢在对比中西方文化历史发展后认为，儒家文化虽也论及鸟兽草木、天地之变、口鼻耳目、社会纲常等，这些实与西方近代以来的动植物学、天文地理学、生理学、政治社会学等非常相似，但是二者"实质乃大异"，因为儒家文化认识自然的本质不是真理性的追求，而是要追求顺其自然的人的修养功夫，"伸言之，其目的为伦理而非物理"③。梁漱溟也不赞同全盘西化而没了自家文化的底气，认为中国缺乏的是近代以来科学技术的思想基础，才导致儒家文化等传统文化即使拥有"术"也难从理论体系上升到"学"的程度，"凡是中国的学问大半是术非

---

① 熊十力：《论六经·中国历史讲话》，中国人民大学出版社 2006 年版，第 60—61 页。
② 同上书，第 71 页。
③ 张君劢：《民族复兴之学术基础》，中国人民大学出版社 2006 年版，第 9 页。

学，或说学术部分，离开园艺没有植物学，离开治病的方书没有病理学，更没有什么生理学解剖学"①。在早期现代新儒家看来，受西方文化与儒家文化源头的影响，决定两方就以不同的思维和理论方式去认识自然与社会，这是认识中西方为什么自近代之后产生巨大差距所不能忽略的重要因素。

早期现代新儒家科学技术观主要内容，虽然因儒家文化的教育影响而具有浓烈的儒家特质，但也还是较为客观地体现了西方近代以来科学技术文化的影响，尤其关于近代以来科学技术对推动社会发展的认识和评价方面。梁漱溟与张君劢自幼兼受儒家传统文化与西方文化的教育，对西方近代科学技术为主导文化的社会发展优长有一定的了解，所以"以云轻视科学或反对科学，吾为现代之人，自问不至顽钝若是"②；熊十力虽然短暂接受中国传统文化的教育，但其思想成长过程中因积极参加革命而接触到西方近代科学技术在军事上的优势，进而对其认定改变中国的落后命运的根本，是在于发挥自家文化优势同时也要学习西方先进之学，"汉人的理想高，眼光大，故其学问偏长于哲学方面。唯其心思不属于琐碎处用功，所以对于物理界的知识，不免疏漏。因此，不能发展科学。今后当吸收西洋人的科学，但当阐扬其固有的哲学思想，以为做人的根本，立国的精神"③。基于这样的个人经历，早期现代新儒家都对西方文化有直接的接触和了解，进而都能形成开放心态看待中国的西化发展。当然，早期现代新儒家虽然都认可西方近代以来科学技术对社会发展的重要性，尤其对诸如中国等落后国家和地区。但是，他们还是谨慎地提出要求，应该以理性的眼光批判性地学习和引进西方科学技术。尤其对于中国，只有在对比中西方历史进程中，理性认识西方近代以来科学技术对社会发展的意义，才能形成真正的开放的心态吸收西方优长而利于中国的发展，从而不会采用盲目追求西化发展的偏激方式。早期现代新儒家既肯定西方借助近代以来科学技术，在推动社会发展同时也帮助其实现世界范围内欧洲中心，也肯定未来发展必然要以西

---

① 《梁漱溟全集》（第一卷），山东人民出版社 2005 年版，第 156 页。
② 张君劢：《义理学十讲纲要》，中国人民大学出版社 2006 年版，第 151 页。
③ 熊十力：《论六经·中国历史讲话》，中国人民大学出版社 2006 年版，第 131 页。

方近代以来科学技术的推动作为保障。所以，早期现代新儒家认为，如何能对西方工业化所表现出的优劣或长短都有理性的认识与评价，这是实现中国追求西化发展的保障，并使中国走出与西方不同发展的工业化之路的基本要求。

早期现代新儒家为接续儒家道统、弘扬儒家文化的社会价值而鞠躬尽瘁，成为中国现代思想史上研究儒家文化的可敬儒者，这在学术界基本上已经得到公认。然而，在中国致力实现以西化发展而追求工业化之路的浪潮中，早期现代新儒家的确逆流而上，所形成这种"亦中亦西"又"不中不西"的独特科学技术观，在表达西化发展理念上与主流的西化路径可谓大相径庭。因此，早期现代新儒家被归入反科学的保守传统主义阵营，也同样在学术界很大范围得到默认。但是，早期现代新儒家真的是反科学的传统保守主义者吗？熊十力对西化近代以来科学技术的"厚惠"，就明确提出三个方面的理解："自科学发明以来，其方法与结论，使人类智识日益增进，即人类对于生命之价值，亦大有新意义。略言之：如古代人类对于自然势力之控制与危害吾人者，唯有仰其崇伟，而莫敢谁何。科学精，而后人有堪天之胜能。可以控制自然，解其危害，而利用之以厚吾生者，犹日进未已。人类知识之权能日高，遂得昂首于大自然之表，取精多，用物宏，其生命力得以发舒，无复窘束之患。科学方法未精，即技术不发达。而物质贫乏，使人生活窘束，而生命力难发舒矣。此科学之厚惠一也。古代社会，有治人者，治于人者，及贫富与男女间，种种之大不平。几视为定分而不可易。自科学兴，而注重分观宇宙，即于宇宙万象，而分析研究之。与实事求是之精神。于是对于社会上种种大不平，能析观，以周知各方之利害。综核，以确定改造之方针。向之大不平者，渐有以除其偏敝，而纳之均平。人道变动光明，已远过古昔。此科学之厚惠二也。古代人类常屈伏于神权之下，如蚕作茧自缚。科学进步，已不限于实用，而常为纯理之探求。见理明，而迷信自熄。人生得解脱神权之束缚，而自任其优越之理性。此科学之厚惠三也。科学破除迷信宗教，是其所长，然宇宙实体，人生真性，终非科学所可究明，则又未可专恃科学也。略说此三，而科学之重要已可知"，并以此而进一步阐述对西方科学技术的态度，"西学之长不可掩，吾人尽量吸收，犹恐不及，孰谓可一切拒之以自安固陋哉"[①]！从中不难发现，这明显是对西方工业化国家自近代以后在世界范围引起的灾难的不满，倒不是对西方近代科学技术社会发展中推动力的否定。

学术界之所以草率地将早期现代新儒家归入反科学的保守主义阵营，一方面是受早期现代新儒家科学技术观的影响，他们旗帜鲜明地提倡重释儒家文化的源头精义而以求复兴其社会价值。相对来讲，这与当时国内如火如荼西化发展热潮总是不相适宜。另一方面是忽视了早期现代新儒家关于科学技术不同的社会价值的了解与剖析。事实上，早期现代新儒家在提倡重释和弘扬儒家文化社会价值同时，也已十分明确地表达出学习西方的积极态度，甚至将中国未来的发展希望寄托在西方近代以来的科学技术。所以，如果能透视科学技术观所表达的整体利益诉求，单一对科学观和技术观有所分析，就不难发现早期现代新儒家看似模棱两可的矛盾西化发展态度，还是有着清晰的逻辑演进和明确的学术目标，从而就不会囫囵将他们推入保守主义阵营。早期现代新儒家对待西方科学理论和科学方法的态度，如同他们积极支持西化发展立场一样明显，只是在肯定科学作为认识方式的优越功能同时，也敏锐地指出了科学既然作为认识方式就会存在本身的局限或不足，中国走西化之路发展科学时就不能如郑人买履而生搬硬套。至于西化发达技术对中国发展的应用，则是根本上没有否定其对改变中国的重要价值，只是在积极态度之下多以儒家文化一贯的审慎态度，去反思如何避免诸如西方国家在工业化中带来的发展灾难。所以，早期现代新儒家对儒家文化情有独钟，是基于西方技术在社会发展的作用有了批判性的分析为前提，毕竟技术应用的主体是人，而且也与人的各方面利益直接相关联，从而才会对其产生的社会效应引起重视，并对技术创造利益后如何均衡个人自身与他人的关系非常重视。毕竟，西方进入近现代的工业文明，主要就是依赖技术的显性推动力，在夸大技术被作为生产力的同时也扰乱了西方人的发展方向，甚至也对技术的认识功能过于神圣化，集中的表现就是西方对自然和对落后地区的肆意侵略，且西方国家也因为利益瓜葛相互之间动荡难安。基于此，早期现代新儒家才主张，中国在追求西化发展

---

①　熊十力：《读经示要》，中国人民大学出版社 2006 年版，第 121 页。

之前必须对西化的内容和方式保持一份清醒，以此开展的中国西化发展才能对西方科学技术文化及儒家文化，都能有"重新来过"的态度并有益于中国的发展。

科学技术无论发展到哪个阶段，科学相对是抽象的思维层面而技术更多是具体的实物层面，都是通过改变客观对象而体现人的活动意志。早期现代新儒家以人文学者的视角，对之所以会产生科学实质的问题有新的认识，如此才没陷入盲目抬高科学仅仅作为人的认识方式的地位，从而对科学的理解与应用才能不偏离为人类利益服务的方向。在早期现代新儒家看来，科学包含了三个基本特点：第一，科学作为人类认识方式的一种，从其最早的根源就表现为人对自然规律及社会规律的认识。通过相应的理论表述和物质成果衡量其达到的发展程度，如天文学与数学作为主导的科学认识方式，其创造出应该是人类的游牧文明或农业文明，而力学作为发达的认识方式就为工业文明的出现提供支撑等等，"人类正是在改造自然界的过程中获得了对自然界的认识，并且随着时间的发展不断地使认识从初级的经验形态发展到高级的理念形态，出现了作为人认识活动的最终成果的科学"①。所以，西方的文艺复兴等运动，是促使西方近代以来实现科学能不断提升发展的重要基石。客观讲，西方取得世界中心话语权，与西方人发挥科学巨大力量及十分注重科学对认识和改造自然的实践转化紧密相关。第二，从科学发生学角度看，科学本质是人对现象及其规律思考后的意识反映。随着这种反映的深入以及和技术作用程度越发紧密，科学对自然及社会发展的影响，已不再仅仅表现为认识方式上的功能，也表现出思想及方法的指导功能及不断实现人类实践的能力。更何况，在近代以后伴随科学的转化成果——技术作用社会发展的深度与广度超越任何历史时期，极大地扩大人类认识的时空范围，对社会的建制与思想的重建等影响力也越发深入，从而实现依科学而不断丰富人类的认识对象与认识内容。第三，从社会发展中的作用效果角度看，科学认识作为人类诸多认识方式中的一种，它的优势在于对认识对象的预判性更加准确，这是其他认识方式所无法比及的优势。在早期现代新儒家看来，近代以来科学的不断进步，

---

① 黄顺基主编：《自然辩证法概论》，高等教育出版社 2004 年版，第 91 页。

对人类的生存条件改善以及生存制度的完善起到关键作用，人类对自然虽很难达到最终的确证性认识，但人类可以凭借科学的不断提升而逐步打开更多神秘空间。

早期现代新儒家认为，中国西化近代以来的科学不能忽视三个方面的具体情况：第一，根据科学的具体认识对象不同要有不同的认识和评价。科学在认识自然规律方面虽日益趋于精确，但面对复杂多变的社会发展情况，科学则只能以统计的概率方式接近准确而无法实现精确，尤其对于人类未发生的事情或与个体心理情感相关的认识。因此，科学不能作为人可以穷尽所有认识对象的唯一标准，毕竟，科学在自然认识和社会认识中的确证度是不同的。张君劢明确主张将科学分为"确实科学"与"精神科学"两类，前者是对自然及其规律的认识而具有非常高的准确度，后者是对人的行为参与其中的社会研究而有其准确度的局限。梁漱溟虽赞同西方近代科学所取得的成就，却认为还是多和自然问题相关，至于人类生存过程中必须要面对人与自然物、人与他人及人与自己三大问题，这三个问题的解决也不能以科学作为唯一标准。梁漱溟进一步认为，作为人与自然的物我关系是西方近现代的优势，不过作为人与自然问题的解决需要高效的科学，对人与他人问题的解决则需要以现实的道德为主的伦理制约，人对自己生存问题则是宗教等所体现出的超验的终极关怀。熊十力则将人类由认识而产生的学问明确分为二途："曰科学，曰哲学。"第二，科学有其自身的效用范围，不能迷信科学及其方法能够最终万能。张君劢虽然高调地肯定西方科学对当下社会发展的价值与意义，但因为一次客观阐述科学的效用在人生观中远不如自然界精准的演讲，而被附上反科学的"玄学鬼"罪名。事实上，张君劢是对当时国内唯科学主义思潮的批判，认为唯科学主义带来的科学思潮会误导国内民众对科学的认识与评价导向。梁漱溟在明确要无条件地将西方近代以来的科学"拿"过来时，也主张要在拿取的态度上改一改，不能一味推崇而没了民族的气节。熊十力巧妙借助"本"和"用"的框架，来划分科学与哲学在人类生存中的效用范围，熊十力本无心对比二者孰优孰劣，只是从人类生存的自然本性出发认为科学的效用是为"用"，而包含人类生存与发展的哲学等为"体"。第三，辩证地理解对中国当时的价值与意义。关于近代西方科学对中国走出国难和未来发展所具有的正面价值，早期现代新儒家都是持肯定的态度。张君劢认为中国不能拥有类似西方近代以来的科学，就无法实现国家的自立、人民的解放和民族的复兴，他说："为个人计，为国家计，为全世界人类计，各方面的幸福就靠科学。"① 梁漱溟和熊十力都坚信，中国未来发展的"当务之急"就是能够在中国形成西方的科学，只有科学才可以改变中国的落后贫弱，能够确保人民的幸福生存，尤其熊十力在革命实践中已经亲身体会到科学作为认识方式所具有的优势。

从最早洋务运动开始算起，早期现代新儒家认为，中国明确以西化发展作为最佳的出路，到他们当时已有 60 多年时间。但还是未能找到最合适的途径使西方近代以来的科学技术在中国生根，反而因为对西方工业化发展认识的模糊性与盲目性，致使国内很难形成接受科学所需的统一思想环境。在早期现代新儒家看来，导致这种情况出现的最根本的原因，就在于没有真正理解西方近代以来科学技术从其本质和历程已完全不同于中国。基于此，早期现代新儒家才会主张在西化的过程中，能够在慎重理解基础上将这些西方优秀成果引进到中国。当然，鉴于国内当时迫切脱离生死存亡境况的需要，基本不会给予早期现代新儒家这种科学技术观过多的考虑空间，只能由其表象所反映出的看似徘徊和犹豫的态度，而武断评价为是一种消极甚至反对西化发展的。

二　审视技术的实践作用

相较于对科学所持有的认识与评价态度，早期现代新儒家则继承了儒家对技术一贯审慎态度，尤其结合西方工业化进程而造成的国际国内发展情势，"西洋科学虽发达，而无以善其用。彼惟不自见本性，故不能有合理之生活。科学发明，反为人类自毁之具。咎不在科学"②。

技术是人类为改变自身生存环境或条件而创造出的工具产物。技

---

① 柴文华：《现代新儒家文化观研究》，生活·读书·新知三联书店 2004 年版，第119 页。

② 熊十力：《读经示要》，中国人民大学出版社 2006 年版，第 63 页。

术成果的产生与应用直接放大了人的生理能力，技术从其产生之初就与人的生存利益直接相关。早期现代新儒家认为，对于技术在社会发展中价值与意义的认识和评价，不是单看其对物质层面的改变，也要重视其对人类社会关系将形成什么样的影响。尤其是西方近现代科学理论指导下的技术发展日新月异，在物质层面的变革作用一日千里，人类的生活方式已经很难跟上物质层面的发展变化，人与人、人与自然的和谐生存态度亟待调适。惟其如此，中国在西化西方技术及其成果时，早期现代新儒家希望能避免西方近代以后出现的弱肉强食的发展方式。另外，早期现代新儒家主张，对技术应用社会价值的认识和评价，也不能只集中于它在某一个社会发展的阶段，而应该从历史的长线条发展中发现其对社会发展所造成的影响。当然，早期现代新儒家并没有否定西方近代以来由技术助推所实现的工业文明，他们只是将中西几次文明发展高峰进行对比，反而能清醒地将西方在近代脱颖而出归功于其发达技术的应用。而且，结合当时国际和国内发展态势的分析，他们也不会顽固愚昧地无视技术对推动社会发展所起到的正面作用。早期现代新儒家对西方近代以来技术所创造出的工业文明是持非常肯定的态度，但之所以在中国西化发展中表现出一定的谨慎，主要是他们没有回避近代以来技术对社会发展所造成的负面性，强调儒家文化价值的发挥可以在一定程度上给予这种负面性一定的规约。所以，早期现代新儒家在技术观方面表现得更加本土化，主要是针对当前西方近代以来技术推动社会发展所引起的负面作用，他们认为技术在社会发展中的应用是具有两面性的，从而对其更多是采纳儒家文化所惯有的审慎态度。

历史进入近现代，西方文明以绝对性优势超越了东方，主要表现在科学技术及其成果在社会发展的应用上。换句话说，西方逐步在近现代发展成为世界中心，不是因为西方科学在理论建构与方法指导上远远超越东方，而是因为将这些理论和方法转化为成果的技术在社会中的实践应用体现出优越性。虽然，早期现代新儒家认为，"以时代论，西方文化实为天之骄子。须知西方文化有其源流所在。要有飞机大炮，不能不从科学下手；要建设农工商，不能不从技术上下手，但技术系根据科学而来"①，进入近代以来的科学技术的应用，在人类社会发展中的负面作用已经严重威胁到人类生存，消除这些威胁的真正出路还是要回到人文关怀，这就必然涉及关于人道主义内容的探讨。在早期现代新儒家看来，儒家文化在道德伦理方面具有非常成熟的体系，可以作为近代科学技术在社会发展中的参照物。所以，早期现代新儒家推崇并重释儒家文化，这与西方应用技术所造成的当时社会生存状况有直接的关联。科学技术作为丰富和提升人类生活水平的重要手段与方式，其在社会发展中带来一定程度的负面作用已是不可避免，但是中国可以在追求社会发展的同时借助儒家文化而予以警觉并尽可能规避。自西方近代以来科学技术作为重要杠杆推动社会发展，然西方国家内部的矛盾冲突、西方国家对自然整体的态度的改变，以及西方国家之间和落后发展地域的剑拔弩张关系的出现，这些都是没有以人文关怀而只是一味追求科学技术创世价值的后果。早期现代新儒家认为，中国虽因科学技术落后而成为弱国，迫切需要西方近代以来科学技术解决这种发展困境是无可厚非的，但倘若不加理性思考而盲目引进这些科学技术，尤其忽视它们造就西方的贪婪而在世界造成极其恶劣的负面结果，则非常有可能在中国重新来一次。为了避免这种短浅的西化发展，早期现代新儒家希望能为国内思想界，提供更理性的论证以求得最合理的西化发展路径。

技术作为人类作用自然的实践方式，其应用的深度与广度伴随人类认识的需求，也开始广泛地与社会意识领域发生关联，致使人类所面临的各类生存威胁也层出不穷，其中一些覆灭性的生存威胁，是西方传统文化对科学技术历来缺乏强有力的约束而造成的。而且，经过文艺复兴进一步释放人对自我个性的追求，彻底将他们借助科学技术而以征服者的姿态摆在客体对象面前，从而只会使人们更加关注眼前的既得利益及其获取手段上，而对科学技术本有的不足以及能够带来的负面影响更不会形成相应的重视。在早期现代新儒家看来，西方文化的这种历史特性决定了近代科学技术在其萌芽时期，就根本不可能意识到社会发展中人文关怀的价值，在应用到社会发展中只会产生多种多样的负面后果，

①　张君劢：《明日之中国文化：中印欧文化十讲》，中国人民大学出版社 2006 年版，第152 页。

"科学技术及其应用从一开始就因过分的功利性目的而将人的理性仅仅限定在解决技术难题的层面上，有意无意地忽视了技术社会中人的存在与发展"①。事实上，伴随着技术在社会发展中创造力的不断提升，它确实更多是助长了人类"专求向外"的物质欲望，集中体现在对自然资源的无节制掠夺、人际间的生存利益争夺更多等等。这种"专求向外"的物质欲念，在西方近代以来科学技术的催化之下，只能使人类在生存中面临更危险的局面。早期现代新儒家针对西方文化在这方面的先天不足，强调中国在追求西化时一定要有足够的重视，必须能有相应外部参照体系，依靠它不会阻碍科学技术的发展，又可以综合权衡科学技术的社会价值，从而在改善人类生存的外部环境时也能提升人的精神素养。

早期现代新儒家通过中西方历史发展的进程认识和评价科学技术对社会发展的推动力，强调依赖科学技术对社会发展的直接性、革命性的变革作用。这决定他们不会排斥科学技术对人类的正面作用，尤其认为对当时作为落后的中国更加至关重要。不过，与此同时，早期现代新儒家又认为，中国虽然迫切的问题是要实现国家独立和长远发展，但结合工业化之路所带来的整个国际局面，他们还是呼吁中国对西方技术在中国产生作用的过程应该保持足够清醒的认识。质言之，早期现代新儒家不会违逆中国西化发展潮流，赞同中国必须走类似西方的工业道路以摆脱贫弱，但他们更加警惕不能在中国出现西方工业化之路所造成的负面效用，强调后进者的中国应以其为前车之鉴而尽可能予以避免。所以，早期现代新儒家在标榜西方近代以来科学技术对中国的价值和意义，也希望国民能以省察的视角对技术应用造成的社会负面影响予以规约，在西化科学技术的过程中，有全面的认识与衡量而降低其对中国可能造成的负面影响。惟其如此，才能在科学技术作为重要变革力量推动社会发展同时，因对它们保持克制而降低其所产生的负面性，防止过度冲击人与人的平衡关系。否则，不是造福中国而是戕害民族同胞，最终会因过于依赖科学技术反而妨碍社会发展。

――――――――――

① 李建珊、张立成：《西方技术批判理论及其启示》，《南开学报》1996 年第 3 期，第 45 页。

三　人文关怀的取用原则

从发生学与认识论角度看，界定早期现代新儒家科学观与技术观，有助于明晰他们对科学技术的认识与评价，这不仅符合科学技术各有逻辑自洽认知系统特点，能够避免后来思想界以"科技"语义范畴囫囵替代科学与技术范畴而产生的误解。而且，对科学观与技术观的不同内容进行辨析，才能找到它们构成整体的科学技术观的内容融合的基础。早期现代新儒家科学观体现了他们在国家危难时刻能够理性分析科学，以求得对科学的合理认知基础上能让中国产生自己的现代科学。同样的，他们的技术观体现了他们理性分析的态度，以求得在中国移植西方技术成果的基础上希望能创造出这样的技术，甚至在技术移植与发展过程中还能够避免西方出现的问题而进一步创新。所以，早期现代新儒家科学观与技术观都体现出对中国摆脱贫弱落后的最终目标。

早期现代新儒家科学技术观整体上体现出对中国解放与未来发展的关怀，具有极强的人文关怀倾向，进而可以作为中国乃至世界在发挥科学技术的社会发展推动力时的一条新的路径。"吾侪之为人类者，诚以'民胞物与'之言相互勉励，则人与人之相处，自进而向上，反是者其以技巧以谋略为制人之工具，人生惟有流于诈谋欺骗，而惨无人道。"①中国思想界最强音是激进西化派所主张的以西方的方式解决中国现代发展问题而实现中国的现代化。早期现代新儒家却在这浪潮中另辟新途而与西化派主流逆流而行。之所以是逆流，是他们重新拾起西化浪潮中最不能接受的儒家文化，认为儒家文化注重人文关怀的人本思想是具有永恒价值的，正如熊十力所说："初起一坏念，同时即有照察者，似指示不当做去，这个照察，佛谓之觉，阳明谓之良知，此觉或良知是你生来便有的，不是向后学会的，故可说是你的本性。"②但这种"不中不西"又"亦中亦西"的西化立场，西化派不能接受，中学派同样不能认同。西化派认为早期现代新儒家思想是不彻底乃至向传统文化妥协的表现，中学派认为早期现代新儒家对儒家经典文化的解读完全是六经注我的曲

① 张君劢：《义理学十讲纲要》，中国人民大学出版社 2006 年版，第 164 页。
② 熊十力：《论六经·中国历史讲话》，中国人民大学出版社 2006 年版，第 17 页。

解。基于此，早期现代新儒家作为一种异己或怪胎的思想群体，在中国近现代思想界被边缘化而遭受排挤，他们因为这样的思想特征最终被划归进固守传统的保守主义阵营。首先，从早期现代新儒家接续儒家文化立场看，认为他们是传统文化的守成者，是排斥或反对中国走上现代文明，这种主张主要受到激进西化派的影响。其次，认为早期现代新儒家只是从表面层次理解儒家文化，是因中国急需通过西化改变国内发展的现实状况，没有真正理解儒家文化关于"术""技""器"的经典关系，这主要受传统中学派思想的影响。对早期现代新儒家思想立场的定性研究，及对他们的科学技术观能有公正的评断，需要在特定的中国历史背景中解读科学技术观的出发点和最终目标，才能将他们倡导的人文关怀科学技术观准确反映出来。

早期现代新儒家认为，中西方思想都包含丰富的人文关怀内容，不仅可以作为中西文化在近现代相互融通的基础，也有助于在中国规避西方科学技术已经出现的负面作用。当然，早期现代新儒家关于人文关怀实质是阐扬未来生活之道，而不是盲目拒斥或禁锢思想进步。"如以欲忘道，必惑而不乐；如以道制欲，必乐而不乱。察之明，则从道以制欲，亦非禁欲也，只节制其欲，勿流于私耳。如此，则志定于中而不失其和。"[1] 在五四运动之后，国内唯科学主义对科学技术本有局限及其带来负面问题的忽视，将科学技术在社会发展中的作用进行无限放大，视科学技术不仅是认识自然的最高准则，也是人类行为最高判断标准。早期现代新儒家不是完全站在唯科学主义的对立面，在他们看来，科学主义关于科学精确性的肯定是毋庸置疑，而且自然科学一旦形成成熟理论，往往都有真理性的引导与指向。但是，早期现代新儒家认为必须要明确，科学技术毕竟是独立于人的认知系统，离不开对其操作与掌控的主体——人。所以，作为以人文关怀为目标的学者，早期现代新儒家则强调，不能忽视运用科学技术之后对人类生存所产生具有灾难性的影响。

随着科学技术不断深入发展，它们对人类的影响已经不仅仅关涉表象存在的物质世界，对人与人、人与自然及人的社会生活也产生重要影

---

① 　熊十力：《论六经·中国历史讲话》，中国人民大学出版社 2006 年版，第 18 页。

响。一方面，人类为了能够适应科学技术飞速发展，必须不断调整自己以能够适应科学技术所推动的社会进步。而且，这种适应的最大困难在于人们的思想如何适应瞬息万变的物质世界。另一方面，科学技术带来的生存利益，不是在同一时间所有地域共同享有，而是首先被少部分人掌握和获得，但人性在利益的面前所要经受的考验是严峻的。事实上，近现代科学技术为西方谋求利益之后所形成的世界格局，在早期现代新儒家看来，就是一次人类忽视人文关怀的必然结果。所以，在实现国家强大与人民富足的西化发展中必须同时进行，否则西方率先进入工业社会的国家曾经出现的动荡很可能会在中国重演，所以，早期现代新儒家通过中国西化发展的特殊时期，希望能在国内引起对科学技术的理性认识，在中国形成人文关怀的作为认识和评价科学技术价值重要考量的氛围，"科学似不当向人类自毁之方向努力，此意甚善。然如何转移方向，则非识仁不可"①。

　　为了实现中国能形成人文关怀取用标准的科学技术氛围，早期现代新儒家三位代表都有自己的理论进路。从表象层面看，早期现代新儒家的思想进路与梁启超在《欧游心影录》中的四步骤②相似，实质上，他们在关键的第四步"有关往外扩充中叫人类全体都得着他的（本国文化）的好处"，转变了由梁启超具有"中体西用"之嫌的观点而为相互之间的相济为用态度。早期现代新儒家在综合西方社会发展历程、当时国际格局以及中国未来出路三个方面，将科学技术的应用标准判定为是否符合国家的长远利益，是否体现对人的生存的终极关怀。第一，人类对自然与社会的认识与改造能力，从历史的角度看是持续向前进步的，人类所创造的物质文明与精神文明都会随着人类作用于自然与社会能力的提高而逐步提升。西方近代以来的科学技术作为人类认识并作用于自然与社会的主要方式，它们已经成为推动物质

---

　　①　熊十力：《中国历史讲话：中国哲学与西洋科学》，上海书店出版社 2008 年版，第145 页。

　　②　梁启超在《欧游心影录》中说："第一步，要人人存一个尊重爱护本国文化的诚意；第二步，要用那西洋人研究学问的方法去研究他，得他的真相；第三步，把自己的文化综合起来，还拿别人的补助他，叫他起一种化合作用，成了一个新文化系统；第四步，把这新系统往外扩充，叫人类全体都得着他的好处。"

文明继续发展的最强外力，这是不能回避的客观事实。所以，面对西方近代科学技术进步的不可逆性，决定国内不可能拒斥物质文明及其对科学技术的依赖性。换言之，人类对未来社会的发展无论在哪一个时期，都不能离开科学技术的推动。第二，科学技术在社会发展中的应用，需要合理的判断作为原则。科学技术本身虽是中立，但作为他们的应用主体——人，却对其功用可以做出不同的选择。科学技术一方面对社会的推动而提高物质文明的高度，但另一方面也促使人类经受更多挑战与考验。早期现代新儒家在中西文化冲击的环境中，认识到对科学技术产生的影响必须有超前的判断，如此才可以形成合理评价科学技术应用的标准。第三，人类长远和谐生存是以对自身行为的省察作为前提，不能忽略人类随科学技术的发展而忽视这一行为。他们主张，中国学习或引进西方科学技术，绝不能重蹈西方的老路，必须以能对其有新的认识而找到适合中国发展且尽可能降低危害为前提。早期现代新儒家没有盲目崇拜西方的科学技术及其对社会发展的作用力，尤其看到了它们在西方社会已经引起的负面影响，以及在全世界范围内造成的生存危害。这种发展道路离不开儒家文化历来重视人文关怀的道德理性。所以，早期现代新儒家结合中西文化发展的特点，以人文关怀作为发扬儒家文化、学习西方文化的基调。

对比中西科学技术及其在不同历史时期的发展状况，决定衡量社会进步不能仅仅依赖科学技术单方面维度，也要评价与其相适应的社会发展状况。在早期现代新儒家看来，这样的评价要在足够的时间跨度中进行，既包括既往的历史发展又包括未来长远的发展。他们认为，中西文化从其根基开始就各有所长，体现倚重变革物质世界作用力以及注重人文关怀的二维特征，二者各有优劣长短。所以，在人类发展的任何一个阶段，这两种发展进路都各有发挥价值的地方，在取用时应该不能是只取其一的独断的原则，这是早期现代新儒家进行儒家文化研究所反映出的具有人文关怀特质的科学技术观。

早期现代新儒家基于对中西文化对比研究，他们不盲从西化的热潮，也不顽固恪守儒家文化精义。在他们看来，中西文化对人类未来的发展都具有举足轻重的作用。然而，结合科学技术发展给人类造成的社会生存影响，也致力"道器兼综，体用赅备，一洗空疏迂陋之风，而归于实事求是。……今后全球交接，东西文化，互相交流"①。早期现代新儒家没有滑入晚清时期"中体西用"的思想窠臼，是因为他们对中西文化的取舍原则非常鲜明，主要表现在两个方面：第一，在历史上，中西文化都有长短，都有取用的养分。对于中西文化的优劣不能只看当前的形势，应该置入历史之中进行评价。作为世界文明从未中断的华夏文明，经受多次冲击却依然能够延续，其中的优势应该值得去挖掘。同样，希腊罗马文化造就的西方文明，经过中世纪后能够绽放旺盛的创造力。但是，应该以一分为二的视角评判它们。儒家文化进入近代的确阻碍了中国的发展，尤其对科学技术的出现。相应地，西方创造的物质文化是以战争的方式而充分展现出来，或者说是通过竞争的途径被认识和了解。这势必会加深对有关人类社会和谐生存的思考。所以，不能在一个时间范围内对各自文化价值盖棺论定。第二，未来社会的发展是物质与精神并重的时代，这就决定要有科学技术与人文的双向维度。与早期现代新儒家同时发现中西文化各有优劣的学者很多，但能够从二者的历史与现实结合，主张寻求中西文化融合的并不多见。尤其是早期现代新儒家还鲜明地以中国的儒家文化，主动去迎合西方科学技术文化，力求在二者的交融之中实现彼此的共同改造更是少见。早期现代新儒家之所以如此，是因为他们都看到，无论中国的儒家文化还是西方自希腊时期开始的文化，都对技术（当时还没有具体到对科学认识的深度）的负面性进行审视并提出谨慎的观点。

　　早期现代新儒家结合东西方科学技术发展的实际情况，并结合科学技术对社会发展的影响，肯定了科学技术变革社会的作用力。同时，早期现代新儒家又认为科学技术只是人类诸多认知方式的一种，它们也有自身的局限与不足，尤其技术的应用带来的社会负面影响已经危及人类整体生存利益。在中国追求现代化过程中，早期现代新儒家积极主张向西方学习，尤其学习其先进的科学技术，但也强调对它们负面影响的规避。所以，早期现代新儒家虽然对科学、技术持有不同的认知态度，但是他们更加注重如何能使二者社会变革作用与人类长远的生存利益相联

①　熊十力：《论六经·中国历史讲话》，中国人民大学出版社 2006 年版，第 229—231 页。

结。惟其如此，早期现代新儒家基于儒家文化积极入世的态度，积极关注人的社会生存利益，以人文关怀的生命立场形成独特的科学技术观。这不是科学观与技术观的简单叠加，而是以人文关怀作为科学技术发展的评价与取舍的最高标准，将人类未来命运与科学观、技术观紧密联系。这种科学技术观需要相应的人文关怀思想作为理论基础。

第三章 理论基础：生命价值的哲学理论

　　19 世纪末 20 世纪初，诊断中国羸弱落后的根源而寻找救治方法与路径，中国学者几乎都需要以中西方某一理论作为支撑。当时思想界对西方相关的科学技术、政治、经济、文化等领域的关注者颇多，再加上少数坚持传统文化的学者，一时间使国内的学术界再次出现"百花齐放、百家争鸣"的景象。梁漱溟、张君劢和熊十力三位学者，在各自思想形成过程中虽具有了共同学术旨趣，但在当时却没有被作为现代新儒家学派的代表而得到学界的认可。事实上，如同其他学派希望为中国走上现代化而建言献策，这三位先生所致力的西化发展路径展开的理论研究，在当时虽呈现出"不中不西"又"亦中亦西"的独特特征，在学术界不同的学者看来，既被认为是保守的中学派又被认为是激进的西化派。但他们这种思想特征形成，主要原因在于既以中西方相类似的哲学理论作为思想基础，却又以这些理论作为分析西方近代以来科学技术所引发社会发展负面影响的依据。其中，西方生命哲学理论对生命价值的关注，让三位先生不约而同将其作为中国可以融通西方相关理论的基础。而且，鉴于早期现代新儒家对西方工业化发展历程的了解，认为中国若要改变贫弱落后的局面已不仅要体现在表象的层面，更主要是在西化发展中还能体现出民族精神或文化的延续。早期现代新儒家是以人文关怀为出发点纠正西方工业化发展的对人道的偏离，进而希望能从思想的深层处唤醒当时国民的人文关怀意识。在西方已经出现的反思工业文明的现代生命哲学的研究思潮，是中国应该走出不同于西方工业化道路的重要依据。由于以中西方发展的历史的对比作为重要方法，那么在早期现代新儒家看来，西方思想界对他们实现工业化进程所表现出的反思，是对人文关怀的复归而值得中国学习和借鉴。所以，中西方形成人文关怀的生命哲学，无论在它们的理论、内容还是直觉体悟方式等，都是基于对未来长远生存与发展的思考，且都涉及个体的自我修为这一重要方面，故可以被作为中西方关于人类的生存价值与意义相融合的理论。由此，早期现代新儒家科学技术观体现人文关怀的哲学理论基础，就是生命哲学、宋明心性儒学及直觉体悟三个方面的内容，以求通过这些有关生命价值的哲学理论，帮助中国走出不同于西方的"科学知能与哲学智慧之修养二者并进，本末兼赅，源流共贯"[①] 的工业化之路。

第一节　生命哲学理论的影响

生命哲学在欧洲能够兴起，主要是缘于他们在生活方式与秩序发生改变之后，是对人在生活中由于出现自我发展的盲点而产生的保护意识，及对于生命相关的关怀。生命哲学"突出了某些重要的东西，人生活在他的自我盲点中，他离自己太近了，所以意识和生命就不会毫无保留地得到保护。只有生命哲学的那些能看到这个距离的形式才有可能为提出自我经验的理论做出贡献。……我们所需要的哲学必须把生命理解和解释为经验形式以及经历——和知识的形式，只有这样才能说这门哲学是从新的角度出发进行思考的哲学"[②]。生命哲学的观点对生活和发展的理解不仅是超越经验的抽象概括，即它已经超越生命哲理或生活教诲等具体方式，而是以一种预言性方式表达对生命价值的关怀和重视。西方逐渐步入工业文明时代后，充分发挥以科学技术的主导力量，将人普遍地带入机械化、功利化、单一化、呆板化等的生命观之中。所以，近代欧洲的生命哲学思潮，是对近代以来科学技术为主导的社会发展中关于人的生存的反思，是试图以理解生命存在的价值与意义方式，尖锐批判欧洲在进入工业文明时代之后对社会发展所带来的负面影响。

---

① 熊十力：《中国历史讲话：中国哲学与西洋科学》，上海书店出版社 2008 年版，第 134 页。

② ［德］费迪南·弗尔曼：《生命哲学》，李健鸣译，华夏出版社 2000 年版，第 15 页。

在早期现代新儒家看来，西方这些现代学者以生命哲学理论思考有关人的生存，不仅是对西方近代以来科学技术在社会发展中发挥作用的理性认识与评价，也是与中国的儒家文化历来重视对技术社会应用持审慎态度不谋而合，都注重借助科学技术等手段改变外在环境时又如何能重视人的生命价值。所以，西方生命哲学缘起于对近代西方工业化进程的反思，是对人的生命重新关怀的理论研究，生命哲学如其他相关哲学学派必然会随科学技术深入发展而受到关注，"实以自然科学之发明为动因，此为不易的事实"[1]。当然，早期现代新儒家认为，西方近代生命哲学对生命价值关怀的研究，与一直以来就注重对人的生命关怀的儒家文化等是不可同日而语的，因为"西洋哲学家、文学家纵有说到吾人生命与大自然为浑一而不可分，要是思议所及，解说道理而已，与中哲证会境界，奚止判若天渊？证会之义极难言，非于此方儒、道、佛、老诸家修养工夫有深研者，未可与言证会也"[2]。但是，由于欧洲近代生命哲学又是对西方工业化进程负面性最直接的思考，可以作为佐证儒家文化关注现实生活与长远和谐秩序的本质的依据，故在早期现代新儒家看来，这也可以作为西方文化与儒家文化相通的理论，是儒家文化再显社会治世价值的外部依据。

一 重识感性的西方生命哲学

文艺复兴重塑了人的自信，将西方的科学彻底从神学中解放出来，经过培根、笛卡尔等的哲学理论，伽利略、牛顿、达尔文等的自然科学理论的创建，使得理性主义开始大放异彩，进而无限拓展依赖科学技术而实现人的认识自然与改造自然的能力。同时，科学理性以自身的不断变革及其强大的理论引导价值，通过技术这一载体创造出之前人类几千年都无法企及的物质财富，在社会领域已凸显科学技术是最高发展标准的认识。"在那个时候占统治地位的是一种科学的乐观主义。它使人相信，天国可能会出现在地球上，科学和技术所达到的巨大进步似乎使所

---

① 张君劢：《民族复兴之学术基础》，中国人民大学出版社 2006 年版，第 52 页。
② 熊十力：《中国历史讲话：中国哲学与西洋科学》，上海书店出版社 2008 年版，第129 页。

有问题的即将解决成为可能。"① 基于此，科学理性及其方法、理论在西方被推崇为人类认识自然与社会的最准确也是唯一适用的方法，如霍布斯认为人类社会可以用数学方法度量，拉美特利的"人是机器"的思想则以笛卡尔"动物是机器"思想为基础，而认为人与动物比、与钟表相比只会更加的精致和更加的巧妙些。"毫无疑问，每一个体都拥有的这种生命，虽现出许多裂缝和不连贯性，它依然不属于能由数学计算的一个生命，无法允许每个生物被个体化到某种程度。"② 科学技术作为理性认识进入人类认识的最高殿堂，使哲学等其他认识方式都沦为它的婢女。牛顿力学经过二百多年的发展，以其成熟的理论体系在19世纪中叶帮助更多自然科学竞相从哲学母体中彻底独立出来并为其提供理论解释，哲学对自然与社会的认识与改造的理论已经显得苍白无力。

　　这些自然科学以理性的经验原则在不断认识和改造自然中取得丰硕成果，直至认为人也是绝对的理性存在，"历史向人们表明，近代欧洲是理性主义凯歌高奏的时代。理性主义哲学在文化上表现出的特征，基本上是和谐的、普遍的、乐观的、进取的。理性的、科学的、逻辑的方法，始终是近代资本主义哲学和文化的指南"③，从而淡化了人在认识自然与社会中有其与生俱来的直觉、情感、意志、灵感等非理性的方式。这种将科学理性认识向极端方向发展的态势，使其所具有的弊端必然也会随着近代以来科学技术在社会发展中作用程度的深入而涌现出来。柏格森反思西方的工业化发展，批评这种以僵化、片面、孤立的视角，认识近代以来科学技术的社会推动作用，认为这样使得自然与人类社会的生机与活力会被完全扼杀掉，自然将会死寂，人类也将会充满生存意义的精神恐慌。梁漱溟非常推崇柏格森这一观点，由此进一步断言道："西洋人自秉持为我向前的态度，其精神上怎样使人与自然之间，人与人之间生了罅隙；而这样走下去，罅隙越来越大，很深刻的划离开来。就弄得自然对人像是很冷而人对自然更是无情，无复那古代以天地拟人而觉其抚育万物，像对人类很有好意而人也恭敬他，与他相依相亲

① ［英］伯特兰·罗素：《西方的智慧——西方哲学在它的社会和政治背景中的历史考察》，瞿铁鹏等译，上海人民出版社1992年版，第393页。
② ［法］亨利·柏格森：《创造进化论》，肖聿译，译林出版社2011年版，第41页。
③ 董德福：《生命哲学在中国》，广东人民出版社2001年版，第21页。

的样子；并且从他们那理智分析的头脑把宇宙所有纳入他那范畴悉化为物质，看着自然只是一堆很破碎的死物，人自己也归到自然内只是一些碎物合成的，无复圆囹浑融的宇宙和深密的精神。……这时唯一的救星便是生命派的哲学。"①

西方生命哲学是19世纪下半叶形成的一个重要哲学流派。他们的观点主要是受叔本华与新康德主义哲学思想的影响，对近现代西方社会引起的精神危机的反思进而向强大的理性主义提出挑战，并对近代科学所影响下的机械的生命观批判。威廉海姆·狄尔泰（Wilhelm Dilthcy，1833—1911）被认为是西方近代以来生命哲学的创始人，"欧洲生命哲学的创始人是德国的哲学家狄尔泰，经过德国的齐美尔、倭铿（笔者注：又译倭伊肯）和法国的柏格森推波助澜，而在本世纪初一度成为欧洲哲学界的显学，随即向世界蔓延，成为一股世界性的哲学思潮"②，其他有影响力的代表还有杜里舒、斯宾格勒等。生命哲学学派拒斥理性主义对人类社会发展过度的指手画脚，希望在社会发展中能够重新尊重人类精神与价值的非理性认识方式，从而感知人的生命本能与心灵体验。早期现代新儒家接触到西方生命哲学思想之后，认为这是对近现代人类走出发展误区的正确方向，并认为其与历来注重对生命关注的儒家文化有相通的基石。

伴随西方诸多国家相继进入工业化时代，单纯以近代以来科学技术主导社会发展，在实现人类物质文明在向前进步同时，也引发出人类的生存危机与生命价值危机，"在这个社会中，物质文明的富丽，没有给人们带来现实生活的幸福，反而引起人们之间的利害冲突和相互残杀，引起绝对和相对的贫困；以理性为基础的飞跃发展的科学技术不仅没有保障人的尊严和个性的发展，反而使人受制于物，受制于科学技术以及各种意识形态。再加上西方社会政局动荡，经济萧条，战祸连绵，政坛丑闻迭出，生存中各种矛盾和斗争空前激烈。严酷的现实打破了以为依靠理性的力量可以建立起自由、平等、博爱的理想社会的传统信条"③。

---

① 《梁漱溟全集》（第一卷），山东人民出版社2005年版，第504—505页。
② 程潮：《生命哲学的输入及其对现代新儒家的影响》，《嘉应大学学报》1995年第2期，第25页。
③ 董德福：《生命哲学在中国》，广东人民出版社2001年版，第21—22页。

所以，受惠于近代以来科学技术的西方人也需要对这种科学进行理性的反思，对人的生命本质及其生活价值应该做出重新思考，正如熊十力所担忧的："西洋人虽有洞穿大自然堡垒之伟绩，而其全部精神外驰，不务反己收敛以体认天道不言而时行物生之妙，……其生命毕竟有物化之伤。物化者，言其生命坠退，而直成为一物，不得复其所禀于天道之本然。西洋人固自演悲剧而犹不悟也。"① 所幸，西方思想界在现代泛起一股非理性主义思潮，尤其以生命哲学作为这种思潮的重要组成部分，开始了人对类似于儒家文化的"体认天道"必然性的思考。

二　体悟生命的儒家生命哲学

研究中国古代诸子百家的源头思想，他们有关社会发展的思想虽各有不相同，但归纳来看却近乎都是与人的生存利益紧密相连，即探讨人的生命本真及其社会价值与意义，从而都蕴含强烈的生命关怀而且体现出丰富的生命哲学思想。尤其，儒家文化凭其成熟的生命理论体系，其核心主旨就是关注人的社会生存等现实问题，对人的生命关怀构建出一系列个体行为的准则。在科学技术作为社会发展主要推动力的时代，如何解决因人的本性及人为了争夺生存利益而引发的诸多社会问题，早期现代新儒家面对诸子百家传统文化的思想主旨，选择了主张对人生应持积极态度的儒家文化。

儒家文化关于人的生命价值的思考，是基于人所具有的与生俱来的自然本性而宣扬个体的体悟方式。"天职既立，天功既成，刑具而神生。"② 儒家文化强调人与万物同属于天地而生，自然属性既是它们的共同属性也是本质属性，人在其生命过程中的行为也受其自然本性支配。儒家文化关于人如何实现自然生存的主张，首先强调以贵生的精神认识生命的价值和意义。《孝经·圣治章》有曰："天地之性，人为贵。"③《荀子·王制》又曰："水火有气而无生，草木有生而无知，禽

---

① 熊十力：《中国历史讲话：中国哲学与西洋科学》，上海书店出版社 2008 年版，第 133—134 页。

② 《荀子·天论篇》，王天海注译，长春出版社 2011 年版，第 139 页。

③ 《孝经·圣治章》，顾迁注译，中州古籍出版社 2012 年版，第 20 页。

兽有知而无义，人有气有生有知有义，故最为天下贵也。"① 这种对人的生命关怀，在儒家文化思想体系中也逐步扩及其他的生物，只有承认正是天地的大德孕育了世间万物，"四时行焉，百物生焉"②，才会体悟到自然为人的生存提供了最基本的保障。由此，儒家文化虽从其源头已旗帜鲜明地主张要重视人的生命，但强调的是要在万物共生之中才能将人的生存作为最贵，因为人的生命存在不能缺少的就是自然恩赐。当然，人在万物中感知到自己的生存是由情而发，再由情而返实现，推己及人而尊重万物，人为了实现社会的生存必须体悟出这种情。《吕氏春秋》曰："由贵生动则得其情矣，不由贵生动则失其情矣。此二者，生死存亡之本也。"③ 所以，儒家文化对生存问题的预知与理解是放在万物的群体中，最终慢慢体悟出人与人之间的人伦和谐的关系（这与西方传统中主张突出个体生命意识与价值还是有很大的差别）离不开自然万物的共序存在。

儒家文化关注人的生命价值和生存利益，在体系建构中则主要是通过"孝道"的阐释实现。当然，儒家文化中的"孝道"不仅仅涉及家族内部安和的维系，更是一种对人类整体人文关怀的生命展望。"儒家孝道思想不仅体现出一种家庭伦理思想，同时也体现出人类对于自身生命的关怀，它是人类所特有的一种生命价值观，是人类追求生命永恒的一种体现。祭祀祖先是对生命的追思意识，孝养父母是对生命的爱敬意识，生儿育女以期传宗接代是对生命的延伸意识。"④ 只是，由于人的本性是易于倾向贪婪与趋利，"孝道"会在外部环境提供更多财富时而在获取中不断沦丧，"孝道"随同社会发展的不断进步也会遭受种种考验。所以，儒家文化从其源头就特别关注人的本性可能发生这样的变化，防止以此对人类社会生存产生恶性影响，从而决定要以规约人的本性来剔除这种可能性。从一定程度上讲，这是在对人能够相互共存中规避不利于人发展的一种本性的约束，对社会发展物质层面改观后能维持精神追求有一定的益处。在西方进入工业文明后，人类展现出以相互竞

---

① 《荀子·王制篇》，王天海注译，长春出版社 2011 年版。
② 《论语·阳货》，毛子水注译，重庆出版社 2009 年版，第 296 页。
③ 《吕氏春秋·仲春纪第二·情欲》，陆玖译注，中华书局 2011 年版，第 45 页。
④ 张淼：《论儒家孝道思想的生命意识》，《学术论坛》2006 年第 2 期，第 12 页。

争为主的发展旋律，在极易背离人道的竞争中强调对人的本性回归就显得更为强烈。这也正是早期现代新儒家能够对儒家文化的生命关怀以及西方生命哲学一见倾心的缘故。因为，早期现代新儒家深切感受到在国家存亡之际，国民的生命常有朝不保夕之危险，这是在科学技术时代所首先要正视的事实，从而使得他们强烈呼吁以儒家文化中的生命关怀意识唤醒人的本性。孔子被认为是儒家文化集大成者，"儒学自唐虞三代至孔子幽赞六经，始集其大而盛行于民间，故吕政坑儒生而扶苏争之曰'诸生皆诵法孔子'云云，可见春秋迄战国，早以孔子谓儒家之大祖也"①。孔子集大成后就开启对人的现实生活关注，在其肇始之后对生命哲学的关注主要是通过几个大儒的思想而集中体现出来，孔孟"杀身成仁"（《卫灵公》）、"舍生取义"（《孟子·告子上》）与荀子"以理导欲"（《荀子·正名》）等，都是在不违背人的本性前提下实现人文关怀，这也奠定了儒家文化关注人在社会生存中的价值和意义的倾向。所以，儒家文化从其源头的几位重要代表人物，由他们的思想所奠定的儒家文化生命哲学的关怀倾向，对早期现代新儒家等后来学者进一步探讨生命哲学产生了重大的影响。

在早期现代新儒家看来，儒家文化从其源头就关注人的社会生存及其现实生活意义，是基于生命角度理解生存的价值与意义，如《论语·乡党》篇所记录孔子在马厩失火而匆忙赶回首先询问有没有人受伤，就充分体现出孔子对人的生命关注是放在重要位置。孔子的生命哲学思想尤其经过荀子的解读，认为人的生命价值应该合理地放置在人类的物质生活追求之中，在荀子看来，"饥而欲食，寒而欲暖，劳而欲息，好利而恶害；是人之所生而有也，是无待而然者也，是禹、桀之所同也"②，这是人的本性使然而不会有所差别。所以，儒家文化自荀子的阐释后，也开始寻求兼顾人的欲求与生活满足的具体途径的研究。尤其到了西汉董仲舒所做的注解，使得儒家文化自此开始具有的教义功能，在多个历史朝代被统治者作为正统思想而与政治意识形态绑缚在一起，导致"六经遭秦火后，七十子传授真本毁灭殆尽矣。汉兴，偶有

---

① 熊十力：《论六经·中国历史讲话》，中国人民大学出版社 2006 年版，第 11 页。
② 《荀子·荣辱》，王天海注译，长春出版社 2011 年版，第 59 页。

出山岩屋壁者，诸儒畏得罪，又窜乱之以媚帝者。……总之，汉人所传六经，确非孔门真本"①。但是，熊十力虽赞同六经被汉儒窜改这个事实，却也予以同情而帮助他们做了一番辩护，认为这些汉儒也在努力尽可能保持孔门真本原意而实非肆意窜改，"余以为孔子所修之六经，无非微言，及吕政焚坑惨祸，汉儒怀戒心，始改窜孔经，而以伪本行世，护持帝制，然仍隐寓孔子微言于其中，以待后之能读者"②，进而，熊十力断言道："汉儒虽奴化，尚有正义未泯。"③ 在熊十力看来汉儒在这里坚持的"正义"，正是"行天下为公"的孔门源头精义。惟其如此，早期现代新儒家认为，汉儒在儒家文化承续方面虽使其有关人类社会生存方面的思考与它的源头真谛有所背离，但仍主张对人的生命关怀，并更多体现为与社会发展同步的要求。所以，在儒家文化不同发展的历史时期，儒家学者都能注重对儒家文化重视生命的社会道德价值的研究，认为人的生存意义首先体现在其作为社会的个体行为上，进而对人的自然本性给予较为严苛的要求。当然，儒家文化经过不同时期研究方式的转变，刻意维持儒家道统及其社会教化而理解其精义，充分显示出其滑稽与无聊的一面。

　　泰州学派阐释儒家文化在体悟生命的价值和意义方面也有其独到见解，他们注重在市井乡村对中人的自然生存的复归，从其表现看是发扬儒家文化关于生命的自然属性。事实上，泰州学派也是在构建一种天理与人欲能相互协调的理想社会形态，可以洞悉两宋儒者开启所谓理欲之辨、义利之辨等的社会目的，其实质就是张载从人的社会生存价值出发所提出的为天地立心、为生民立命、为往圣继绝学、为万世开太平。各历史时期对儒家文化虽然有不同的解释与阐发，但是，其根本还是继承了儒家文化关于生命关怀的传统。从泰州学派对儒家文化适时的解读，可见儒家文化发展到不同的历史时期，若能结合具体发展的实际则都能超越前一历史时期，从而形成更符合当下社会发展所需的特征。但是，对儒家文化的重释不能背离其本宗，即有关生命哲学的理解与应用，还

① 熊十力：《论六经·中国历史讲话》，中国人民大学出版社2006年版，第4—6页。

② 同上书，第7页。

③ 同上书，第113页。

是归根结底要让人懂得生存及其相关的问题。儒家文化的生命哲学实质上是要回答"人何以有生""人该如何面对死"以及"人将如何生存"三个问题。这三个问题随着社会在不断进步，其所面对的挑战以及如何确切解答更加迫切，尤其进入科学技术为主导的工业文明，科学技术在变革社会生产方面的能力，使其对外在的物质生产与内在的精神丰富已经很难同步一致，理解生命及其存在价值与意义的衡量成为主要议题。早期现代新儒家致力于恢复儒家文化源头真谛，正是从重新理解儒家文化的生命哲学作为切入之处。所以，关于人类生存的价值与意义，早期现代新儒家就是要在工业文明时代延续其价值，甚至将生命哲学理论的阐发作为未来儒家文化发展的关键因素，这是儒家文化独特生命哲学所决定的。

　　中西方生命哲学虽然都强调生命是属于个体的价值自觉，但在有关人的生命问题的研究进路方面，二者之间还是具有本质的差异。如倭铿虽是反对向外逐物而希望将人对生活追求所出现的倾欹扭转过来，将人生从外在的忙碌转移到"反身而诚"与个人的"自得"精神追求，这与儒家文化反求诸己相契合，但是儒家文化是从关怀人的生存角度看待生命价值和意义，这与他所代表的西方从人的死后关怀表达侧重今生的救赎是完全不同的。另外，西方生命哲学虽然也能够回溯到古希腊苏格拉底的思想，但与逻辑、实证等哲学相比，生命哲学在西方整个哲学史中没有一脉相承的宏大思想体系，直到西方进入工业社会，社会发展在科学技术作用的影响下促使一些哲学家与科学家对人的生存产生思考，对生命存在的价值与意义进行思考，生命哲学在西方才得到关注，这与儒家文化一直延续其生命哲学的宗旨又是不同的。早期现代新儒家希望从生命哲学角度，在中国学习并发展科学技术以实现现代化，是对西方现代化取长补短的现代化，亦为要去除西方现代化的诸多弊端。

三　生命哲学理论的现实意义

　　首先对西方生命哲学表达出浓厚兴趣，并将其作为一个重要的西方学术思潮系统地介绍到中国的，是学者章士钊先生。章士钊先生因国内的二次革命失败而被迫逃亡日本，才有机会对这一思潮有全新了解。"（国内）不仅介绍生命哲学学说的书籍无一本，杂志论文无一篇，甚至在聚会言谈之中，也绝少有人谈及。在上等有知识的一部分人之中，连柏格森和倭铿的名字曾否听过，尚属疑问。"① 与中国学术界对西方生命哲学全然不知相反，日本学术界则对该学术观点较为熟悉，诸如"创造进化""精神生活"等词义在当时的日本已经非常流行。当然，对西方生命哲学思想的介绍，最早则可追溯到 1913 年《东方杂志》的第 10 卷第 1 号，其中就刊登了钱智修先生《现今两大哲学家学说概论》的文章，率先对西方生命哲学学潮哲学家的有关思想有所提及。但是，钱先生的这篇文章主要是反映西方为反对物质文明带来的弊端，主张重回对生命的意识与关怀，并没有对这些学者的生命哲学思想过多探讨。次年，钱智修在《东方杂志》第 11 卷第 4 号继续撰文《布格逊哲学说之批评》（布格逊即伯格森）对柏格森的哲学进行研究，"钱智修对柏格森的介绍主要是转译美国普洛斯（John Burroughs）的《灵魂之先知人》（The prophet of the soul）而来"②。所以，钱智修主要是介绍柏格森及倭铿的哲学思想，并不是将他们的生命哲学思想体系系统引进到中国。相反，章士钊先生明确将柏格森"创造进化论"与倭铿"精神生活观"思想，与中国传统文化做出尝试性对比，是对西方生命哲学学派的系统介绍，且他曾做"欧洲最近思潮与吾人之觉悟"③ 的演讲，是首次在国内简要介绍生命哲学的理论。

章士钊先生对西方生命哲学的介绍，一定程度上是自身浸淫于中国传统文化教育，尤其具有关于人文关怀的生命价值的情愫，他希望通过对西方生命哲学的引进从而有助于国人认知自家传统文化的社会价值。尤其通过日本 20 世纪之交在国际上一跃成为亚洲最具现代化的国家，即使在物质上因其西化发展而走上准工业化之路，但日本国内的学术界依然深受阳明心学等儒家传统文化的影响，实现在物质与精神上能近乎同步并行。所以，章士钊先生是基于民族文化自信力的自救感情，从西方生命哲学中寻找到能复兴中国传统文化的支撑点，以期类似日本在追求发展中也能提升对自家文化的活力。"章氏介绍'欧洲最近思潮'，

① 程潮：《生命哲学的输入及其对现代新儒家的影响》，《嘉应大学学报》1995 年第 2 期，第 25 页。
② 董德福：《生命哲学在中国》，广东人民出版社 2001 年版，第 65 页。
③ 参见《东方杂志》第 14 卷第 12 号，1917 年 12 月 15 日。

只是想当个'领班生'。他希望在海外留学人员自觉担负起介绍新知的责任，提高国民'智识'，以达到从根本是上救济国家的目的。"① 章士钊先生对西方生命哲学的介绍，与稍后出现的对儒家文化更为推崇的早期现代新儒家的学术旨趣可谓异曲同工。他们都是寻求中西文化能够互通的内容，从而恢复对自家文化的信心而复兴之。当然，章士钊先生个人在生命哲学传播方面毕竟影响很小，而且也没有明确扛起儒家文化的生命哲学思想与其进行对接的大旗。直到 1918 年杜威到中国进行巡回演讲，向国人系统介绍西方"现代的三个哲学家"，生命哲学才逐渐被国内学者认识与发挥，故早期现代新儒家相比章士钊先生在生命哲学中国化方面阐释得更完善和传播得更深远。

梁漱溟先生是在与友人张崧年交流西方哲学过程中接触到生命哲学的，梁先生在《究元决疑论》一文中首次谈及生命哲学。此时，他受国内现实的刺激与个人避世思想的影响，基本决定将以隐退方式看待生命，决定一心皈依佛门，这是他一生中比较消极的一段时间。梁漱溟先生对西方生命哲学的了解主要来自柏格森，他一生的著作所提及的生命哲学几乎都是柏格森的生命哲学，他评价接触柏格森生命哲学后的心得，"与西洋思想印证，觉得最能发挥尽致，使我深感兴趣的是生命派哲学，其主要代表者为柏格森。记得二十年前，余购读柏氏名著，读时甚慢，当时尝有愿心，愿有从容时间尽读柏氏书，是人生一大乐事。柏氏说理最痛快、透澈、聪明"②。可见，柏格森生命哲学对他的影响非常深远，也对其改变自己一心求佛产生重要的影响。而且，梁先生赞同柏格森所认为的科学只是对理智的表现，是对外在物质知识认识过程中的经验累积，因此这种认识不能凌驾于生命关怀之上，应把对生命的认识放在超越具体生活的漫长历史长河中而予以把握。梁先生为了解释生活与生命之间的相附关系，说："所谓'生活'者，就是自动的意思；自动就是偶然。偶然就是不期然的，非必然的，说不出为什么而然。自动即从此开端起——为第一动，不能更追问其所由然；再追问则唯是许

① 程潮：《生命哲学的输入及其对现代新儒家的影响》，《嘉应大学学报》1995 年第 2 期，第 26 页。

② 《梁漱溟全集》（第二卷），山东人民出版社 2005 年版，第 12 页。

多外缘矣。……（'生命'）就是活的相续。'活'就是'向上创造'。向上就是有类于自己自动地振作，就是'活'；'活'之来源，则不可知。"① 此处用"向上创造"来解释生命延续存在的动力，就充分表现了梁先生深受柏格森生命哲学影响，并以此有了自己关于生命哲学的人文关怀的独到创建。梁先生的"向上创造"虽然是柏格森"生命冲动"的另一种说法，是基于柏格森认为生命的延续是神秘而不可知，但梁先生进一步强调了生活中理解生命是一种神秘活动，其关键在于一种符合自然的"生命冲动"。梁先生自己曾经说："在我的思想中的根本观念是'生命'、'自然'，看宇宙是活动，是生命呢？一切以自然为宗。"② 不过，正是因为以柏格森为代表的生命哲学传入中国，使得梁漱溟认为自家的儒家文化在未来社会存在价值与意义，才使他真正为"孔子说话"找到凭据而明确说是因为西方生命哲学的影响，"中国儒家文化、西洋生命派哲学和医学三者，是我思想所从来之根柢"③，进而使其由佛而入儒。

自五四运动对儒家文化产生颠覆性冲击之后，梁漱溟先生明确以生命化的儒家文化作为价值取向和精神方向，以儒者自居而与五四主流否定儒家文化的学术观点相抗衡。这种抗衡也是对当时学术界急于西化发展而无视西方流弊的回击，是强调社会发展应是平衡社会的物质与精神共同发展的一次尝试，梁先生借用罗素作于第一次世界大战的《社会改造原理》一书的阅读心得，说"他开宗明义在第一章第一节就说，他'从大战所获得的第一见解，即什么是人类行为的源泉。'他指出这源泉就在冲动（impulse）"④，他高度赞赏罗素对人的本能与欲望的细致阐述，进而推崇他主张本能冲动要往顺畅的流行方向发展的类似于生命哲学的观点。另外，麦独孤（W. McDougall）的《社会心理学绪论》及克鲁泡特金的《互助论》等也都影响了梁先生的生命哲学思想，为其将儒家文化与生命哲学相融通提供了理论基础。因为，这种以人们的行为要合理作为行动准则，在梁漱溟先生看来，很接近儒家文化对于人的

① 《梁漱溟全集》（第二卷），山东人民出版社 2005 年版，第 93 页。
② 同上书，第 125 页。
③ 同上书，第 126 页。
④ 《梁漱溟全集》（第三卷），山东人民出版社 2005 年版，第 603 页。

性情的深切认识，既不忽视现实生活的问题，也能深入人的生命深处去了解生命。"梁漱溟以生命的观念和方法，重新诠释孔子人生精义，以与现代生活相衔接，试图克服近代人面临的'精神迷失'、'意义危机'、'存在困惑'，树立自主独立、进取的人生信念，完善人格理想，确保现代化事业的精神基础和民族特色，理论上新文化运动的种种偏失，从相反相成的角度看，毕竟为激进分子提供了反面的参照。"① 因此，梁先生以西方生命哲学所反思的问题，来回应国内一些学者依然盲目热衷西学的偏激的态度。

张君劢是早期现代新儒家中唯一一位曾和柏格森、倭铿有直接面对面学习和交流的学者。与生命哲学二位巨匠的面见本不是张先生所计划或期望的，但偶然的相遇却彻底改变了他的学术主张和追求，并最终投师两位门下潜心学习西方生命哲学理论。张君劢回忆当时首次受梁启超邀请而一同拜谒柏格森时自己是拒绝的，那是由于自己认为生命哲学只是哲学体系中一支空论谬谈的细流，仅仅是在人的主观上的肆意架构，而对最终解决现实的问题难有裨益，他如是说而拒绝任公先生的邀请："任公先生亦强我同往，我竟谢绝之，此时我心中尚以为哲学乃一种空论，颠倒上下，可以主观为之，虽立言微妙，无裨实事……任公先生与柏氏谈而归，告我以所谈内容，及今回想，竟一字不记，我之淡焉漠焉之态度，可以想见。"② 但是，张君劢先生作为巴黎和会的代表，要为中国争取在一战中该得的权益，还是随同梁启超首次踏上欧洲的土地。虽然张君劢亲历了中国在一战中被侵略的民族屈辱，但当他目睹欧洲在一战后也是凋敝不堪，觉得西方近代以来工业化之路是违背大多数人的生存利益。加上中国在巴黎和会上得到不公正的对待，这些都深深刺激了张先生的西化发展理念，使其决定将最熟悉的政治学暂且束之高阁，而从哲学社会科学中选择了哲学救国之路。对于自己思想追求的"改弦易辙"，张君劢解释过其根本原因是由于自己对柏格森为首的生命哲学的由淡漠到热衷的态度转变。

张君劢先生与柏格森的第一次相见，就深刻地刺激了张君劢对原学

---

① 董德福：《生命哲学在中国》，广东人民出版社 2001 年版，第 246—247 页。
② 同上书，第 250 页。

术思想的认知，是茫然还圈圈在现实而无法找到突围的方向，他说："使在今日而有语我以柏氏口授之言，我且立刻记下，而当日乃见亦不愿去见，则吾此时束缚于现实生活，而忽视人类思潮之大动力，可想见矣。"① 因为是直接面对面聆听了柏格森关于哲学理论的观点而心生钦服，从而在第一次长时间滞留欧洲就决定求学于柏氏。自己虽然是从政治学转向到哲学路上来看中国及世界问题的解决，但因为能有直接的交流机会，加上又有一次长留欧洲的机会，所以也是系统了解了生命哲学。这在一定程度上帮助了张先生对柏格森生命哲学的接受与理解，而且相比当时国内学术界其他学者所掌握的程度应该是更高的。当然，张君劢先生在自己接受西方思想时一贯持有冷静的立场，决定他不会盲从于柏氏的哲学思想，他在吸收柏氏生命哲学理论后又将其放到西方思想的历史长河中，淘取柏氏生命哲学的历史根源与当下价值及其可能的超越。柏格森与倭铿的生命哲学，在西方诸多哲学流派中独辟蹊径，不追究唯物唯心、不徘徊常变静动之间，只是求取人的生存尊严，正如拜学的另一位导师倭铿对张先生所说："（生命哲学）不要讲唯心论，亦不要讲唯物论，如何把自己的人生坚强起来，才是最要紧的。"② 至此，基于生命哲学研究人生问题，成为张君劢先生剖析社会发展中所出现问题的主要路径。

张君劢先生看到西方虽然早早享受近代以来科学技术所带来的福祉，却也同样过早地遭受大范围战争所造成的残垣断瓦、荒凉凋敝。所以，近代科学技术虽然创造了空前繁华的物质世界，却没将人类引入到幸福的康庄大道。张君劢开始理性地分析这种类似二律背反的欧洲现象，认为生命哲学能够一时成为主要的学术思潮，是西方人对他们所创造出的工业文明的反思，不仅重新开始定位人的生命存在与价值，也开始在其丰富物质文明世界中寻求精神文明以自救。在接触西方生命哲学之后，张先生很快找到了对重释儒家文化的自信，这就是由于儒家文化由来已久对生命的关注。在张先生看来，西方在物质文明的推动之下所造成的带有全球性生存威胁的原因，就在于他们只看到科学技术及其成

① 董德福：《生命哲学在中国》，广东人民出版社 2001 年版，第 250 页。
② 罗义俊编：《评新儒家》，上海人民出版社 1989 年版，第 585 页。

果所创造的物质财富，而忽略了它们对人的精神存在同样具有不可忽视的影响。张君劢无心去对比工业文明与农业文明的优劣，但从人的行为的善与恶判定西方的可能的发展趋向，在当时肯定是轻精神而重物质，这正是儒家文化一直警惕的"以技驭道"的社会倒退的表现。所以，张君劢先生在引进西方生命哲学时，也找到了国内可以对接并共融生命哲学的思想土壤，即本着孔孟所强调的"正己""求心"的个人修为，提倡恢复人对自己内在生活省察的功夫。

熊十力先生的求学和个人学术之路则明显不同于梁漱溟与张君劢。他天赋异禀但所接受的传统教育十分短暂，且没有英文条件去阅读柏格森等生命哲学家的经典著作。但是，因为与梁漱溟是很好的学术朋友，在几次交谈中逐渐由梁漱溟处了解到生命哲学，"熊十力对生命哲学的最初接触，主要是借助梁漱溟实现的，《熊子真心书》中《记梁君说鲁滂博士之学说》一文对梁说的大段摘录，当是其接触生命哲学的最早记录"①，进而以其敏锐的洞察力迅速掌握了生命哲学理论的内核。更何况，柏格森所说的"没有已造成的事物，只有正在创造的事物；没有自我保持的状态，只有正在变化的状态"②观点，与熊十力在《新唯识论》中的"一翕一辟"之恒流转动思想，都是生命体生生不息能够形成并相继的最终原因。而且，《新唯识论》认为自然现象的形成中有其"渐"的过程，这种宇宙观本身就与柏格森以冲动与流动解释生命的哲学思想十分相像。虽然，熊十力自己反对将自己《新唯识论》与柏格森的生命哲学相比附而混为一谈，但其以"翕辟成变、体用不二、性智自证、天人合一"等构建《新唯识论》哲学范畴，从理论内容与逻辑演进等来看，柏格森的生命哲学还是间接地对熊十力思想形成有了一定的影响。熊十力的"生命翕辟"观点虽远接《周易》之"易之大化流行"，但其主张生命逐渐显现并不断上升则不是《易》家之言，正是翕辟交替才使得客观的物质世界形成，也成为生命恒久运动不息的内在动力，而可被看作是对西方生命哲学的发挥。

熊十力先生在生命本体与生命价值的认识上，和柏格森的观点也非

① 董德福：《生命哲学在中国》，广东人民出版社2001年版，第304页。
② ［法］亨利·柏格森：《形而上学导言》，商务印书馆1963年版，第29页。

常的接近，都强调生命本体的相通以及物质是由生命冲动而创生。而且，熊先生同样认为，人类为了解决社会发展中的现实矛盾问题，及进一步解释个体生命如何体现宇宙生命，都要强调对个体生命的关怀。在《新唯识论》所构架的思想体系中，熊十力先生时时不忘将对生命的认识拉回到道德理性上来，反复强调自己所讨论的本体是在虚静中能够透露出刚健的冲动，是在空寂之中能够预示新的生命的开化。透过熊十力先生常用的如"明几""禅悟""亲证""冥会"等词语，不难发现他基本上也是向回归儒家文化的道德理性主义服务，从而彰显儒家文化所擅长的道德理性对社会发展中负面效应的规约。这是基于生命或人的生存而对其认识则要回归到儒家文化上来，回归到儒家文化强调的道德维度。熊十力先生是"以生命哲学作为反衬，强调生命本体不仅是万化之源、人心之本，而且也是道德、价值的源泉，是与盲目冲动、生理欲求根本对立的道德本体。这一道德本体，本身是清净明觉的，同时又是生生刚健的，正是它，引导着人们不断化解由感性欲望所造成的物质禁锢，达到真善一体之境"①。

西方生命哲学思想的复苏，是因为工业文明对社会发展的负面作用的涌现，是对近代以来科学技术过于神话的反思。面对近代以来科学技术推动西方社会迅速进入物质发展爆发期，在这些生命哲学家看来，这是以牺牲民众安宁的社会生存关系及对国外衰弱国家和地区的殖民掠夺为基础，从而赤裸裸地忽视人的生命存在价值和意义。柏格森基于对生命的理解，希望在科学技术时代人类能将自己置身于认识对象的内部，通过时间的延续去感知过于依赖它而可能带来的发展噩梦。这一点深得后来中国早期现代新儒家的推崇，被他们认为这是柏格森生命哲学能与儒家文化相通的关键。当然，这些早期现代新儒家不是盲目以柏格森的生命哲学思想比对儒家文化，毕竟二者对于生命哲学所牵引出的社会实践还是存有差异，比如梁漱溟先生就与柏格森在阐发生命哲学具体实现路径上存在差异："第一，柏格森的直觉主要是认识论的，梁漱溟的直觉既是认识论的，又是伦理学的，是对中国哲学真善一体传统的光大；第二，柏格森的直觉主要是本能的冲动，而梁漱溟的直觉则容纳了儒家

---

① 董德福：《生命哲学在中国》，广东人民出版社 2001 年版，第 333 页。

文化求善的本能，并强调对生理本能的调节。"① 而且，柏格森认为，西方近代以来开启的理性的实证研究方式，只是对研究对象外在的相对的静止认知，这些研究已经忽略了对客观对象活的实在状态的基础，这些研究成果在流转的生命面前显得苍白无力。所以，按照柏格森这种思维继续推进，不难理解他的思想最终表现出反科学特征。客观而言，柏格森对近代以来科学技术社会发展中价值的评价有失公允，极易被误解为只关注生命而无视科学技术是推动文明进步关键的事实。所以，西方的生命哲学虽然是在近现代之后，以对西方肇始的工业文明的反思作为主要研究内容，以期重新唤醒西方人对生命的尊重而重新组织社会关系，但因为落入科学悲观主义或反科学主义窠臼也就很难在理论上继续推进。

中国实现的工业化是重视生命为前提的工业化，体现了对人长远生存考虑的人文关怀，生命哲学也是早期现代新儒家认为中国避免重蹈西方现代化不足的思想基础。早期现代新儒家认为，对生命本真及其价值与意义的理解，有利于国民正确对待科学技术及其应用的社会价值。这种价值的实现是通过人自身对社会生存利益的自我认识，即人自身的心性与修为来达到的。所以，早期现代新儒家十分重视心性修为在中国实现现代化中的作用，认为其是国民在国家表象层面实现现代化后能够从精神层面也达到现代化水平的关键。

第二节　直觉主义理论的影响

"直觉"是一种古老的思维方式，类似于"体悟""体认"等概念，是在理性认识框架之外所主张的非理性认识方式。"直觉一词最早起源于古希腊，毕达哥拉斯（公元前 580—前 500 年）学派认为人类对一些数学功利的认识是由'直觉'而来的。……直觉一词虽源于古希腊，但在古代中国哲学的文献中类似'直觉'的用语不仅丰富多彩，

---

① 柴文华：《传统价值理念的现代阐释——论早期现代新儒家的中国传统价值观》，《学习论坛》2006 年第 5 期，第 63 页。

而且寓意深远。"① 所以，"直觉"是人类初期一种简单认识方式。古希腊时期多将其用于认识自然科学现象及推测自然规律，但作为一种人文社会科学领域中一种常用认识方式，则在中国的早期更为典型。直觉作为认识方式的一种，在自然科学领域及人文社会科学领域都受到关注，"我们已经看清现在将以直觉的情趣解救理智的严酷，乃至处处可以见出理智与直觉的消长，都是不得不然的"②。西方文化自古希腊之后开始逐步转变为注重逻辑思维方式，直觉方式只是偶尔会在自然科学认识进程中发生。而且，由于采取直觉方式对认识成果的精确性，是远逊于逻辑、实验等新的科学方法，所以在毕达哥拉斯学派后就已经很难被大范围运用。但是，随着西方工业社会发展中带来的人文问题日益增多，对这些问题的解决反而促使直觉方式转移到社会科学中来，直至直觉主义出现，"西洋哲学家有任理智思辨，即注重知识者，亦有反知而尚直觉者，其致力处虽与陆王不可比附，要之，哲学家之路向常不一致。而尚直觉者，虽未能反诸德性上之自诚自明，要其稍有向里的意思，则与陆子若相近也"③，进而成为中西方在反思近代以来科学技术带来负面问题的共同方式。

　　19 世纪末 20 世纪初，直觉主义在人文学科领域发挥重要作用，尤其借助了德国和法国等生命哲学派观点的催化。对生命哲学的学者而言，不单纯涉及认识人的本质且包括认识世界本原等问题，都只能借助人的内在自觉去理解与把握，"唯有生命派的哲学有把破碎的宇宙融成以整体的气魄，而从他的方法也真可以解脱了逼狭严酷，恢复了情趣活气，把适才化为物质的宇宙复化为精神的宇宙。……而这派的方法便是直觉，现在的世界直觉将代理智而兴，其转捩即在这派的哲学"④，对生命价值在社会发展中的思考也是要靠直觉的方式去进行和把握。惟其如此，生命哲学学派根据对象的不同而将认识分为两类：理智认识与直觉认识，认为二者应该有其各自特定的范围。在西方科学技术大行其道时期，因其自身存在的不足或局限而引发的诸多生存问题，使得早期现

①　刘林奎：《直觉发生的路线图新探》，《理论探讨》2009 年第 6 期，第 159—160 页。
②　《梁漱溟全集》（第一卷），山东人民出版社 2005 年版，第 527 页。
③　熊十力：《十力语要初续》，上海书店出版社 2007 年版，第 8 页。
④　《梁漱溟全集》（第一卷），山东人民出版社 2005 年版，第 503—505 页。

代新儒家认为，人类能够对自身生存有不好结果的关注，不仅是已出现问题的解决问题方式，也是对有关生存利益作出预判，尤其对这些问题在中国实现工业化过程中必须寻求到能克服的方法。

中国传统文化在各流派表达不同的学术主旨时，虽早在春秋战国时就有诸子之间的"争鸣"，但关于人在社会发展中的生存问题，诸子基本一致地强调不能忽略直觉意识的作用。换句话说，崇尚直觉方法是诸子哲学共同的特征。在早期现代新儒家看来，对人的社会生存最具成熟思想的体系就属儒家文化。因为，儒家文化系统分析影响社会生存利益的因素，并寻求如何克服或避免这些因素的负面影响，且儒家文化关注人的生存，都是采用超前的直觉方式去架构相关理论，以期规约人的行为而最终实现人类生存的安定、良性和有序。所以，从对人生积极意义及关注现实生活实际的情势看，儒家文化比其他诸子学术观点更符合当前中国的实际需要。另外，生命哲学在西方出现是与近现代科学技术对社会发展作用相伴随的，是西方国家对近现代工业化发展的反思，这种以人文关怀为归向的哲学思潮，在现代新儒家看来，正是与注重现实生活的儒家文化具有相同主旨。早期现代新儒家认为，西方生命哲学思潮可以在中国学习西方文化过程中作为重要的参考，即西方进入更高一级文明形态，却在内部引起对生命意识的关注。而且，早期现代新儒家也因对当时学术界关于儒家文化社会价值评断的近乎粗暴草率的处理方式不满，因而他们主张挖掘儒家文化的真精义，从而合理对待这一绵延千年之久的文化。西方生命哲学与儒家文化如何在中国能被理解及得到传播，结合科学认识的有限性、技术应用的未知性与人文关怀的本质性，早期现代新儒家选择直觉主义方式理解科学技术对中国及世界发展意义。

一 科学认识对象的有限性

科学作为人类的认识方式之一，伴随西方近代以来科学技术的创世价值，以绝对性的优势超越宗教、哲学等其他古老的认识方式。而且，因为科学理论和科学方法与技术的结合越来越紧密，也开始表现出对提升认识能力的变革作用，加速推动了人类文明的发展速度。当然，西方近代以来所形成的工业文明，同时也表现出人类的征服与掠夺的欲求，在世界范围内造成近乎灭顶性灾难。在早期现代新儒家看来，致使这种生存威胁出现的原因，也是由于近代以来科学技术在社会发展中的作用，尤其是普通的民众对它们的负面作用没有足够的认识。换句话说，近代以来科学技术对社会发展的推动，需要更广泛群体的人能对其社会发展作用力有深入的了解和把握，否则难免被少数"有机事必有机心"的人独享，从而最终不能代表人类整体的利益。伴随近代以来科学技术的发展，已经从独立实验室和少数科学家行为转向大众化方向，如何规避或减少因对它们应用而增加的"机心"，需要每一个人重新体悟生命真谛，从而提醒自己在社会发展中的个人需要和个人行为，是否符合整体利益发展的方向。早期现代新儒家在举国高呼西化发展的浪潮中，呼求不能对西方近代以来的科学技术"依着葫芦去画瓢"，而应该将其发展历史一并介绍到国内，这不仅有助于学习西方自近代以来先进文化的精髓，也能为国内形成足够群众接受基础创造条件，从而对近代以来科学技术的应用与掌控能力有整体性的提升。毕竟，国内民众在半个多世纪的历史进程中，已经充分意识到比西方落后的原因，若有较为通俗的方式向民众讲明这种差距，这在早期现代新儒家看来，应该可以使他们迅速理解和掌握。在这一过程中的直觉主义，作为一种认识和判断的方法，可以起到降低认识自然后对社会的反作用，正如其可以作为科学认识中重要方法一样发挥作用。

科学与常识、迷信、宗教、哲学等，是人类认识自然、社会及自身的方式，在不同的认识的历史阶段发挥出不同的作用。从科学认识论角度看，人类的认识方式是逐渐发展的，在不同历史阶段会出现一种占主导的认识方式，但并不能完全否定或消除其他认识方式的影响。历史车轮进入到近现代，无论在自然领域还是社会领域的认识方式，科学所发挥的作用都远远超过其他的方式，也理所应当地成为当时认识方式的主导，且成为衡量当时社会发展水平高低的主要标准。当然，在早期现代新儒家看来，近代科学的发展在自然领域中的认识作用，的确远甚于其在社会领域的表现，但如果因此而刚性地以科学认识作为衡量和决定的至高标准，这反而对人的社会生存和长远发展是非常不利的。早期现代新儒家认为，自然界的奥妙对科学的认识能力而言也只是"窥一斑而非全貌"，对自然现象背后的本质很难有准确的了解，"科学无论若何进步，而其研究所及，终限于宇宙之表层，即现象界。易言之，即研究一切事物互相关系间之法则。至于事物之根源或宇宙实相，实相犹云本体。终非科学所能过问"①。因此，对自然某一领域的认识虽然会带来即时的成果回报，但从长远角度却难以判定这种回报是良性的还是恶性的。

科学原先是作为认识自然现象和规律的方式。在近代以后的认识对象却不再仅仅是自然领域，这是因为人的认识能力不断提升而反过来更多地运用到社会领域之中。与此同时，在科学认识作用下人的自然属性逐步淡化而社会属性越发紧密。"生物有生命，即其有超于物质者在。生物愈高等，其生命愈强大，其离物质乃愈远。至于人，其生命之强莫匹，其超离于物，更不待言。吾人虽同样要把许多生物以至人类都收入科学研究之中，求得其精确有系统之知识，以便于应付，如同应付物质那样，而卒不尽可能。结果只能把捉其接近于物的那几分，亦即其比较机械的那几分，而其余则略去。从生物科学到社会科学，所把捉愈少，所略去愈多，就愈不准确而难语于科学。"② 社会由人这唯一要素所构成，但是受人的成长环境、思想背景、社会习俗等方面的影响，不同地域的人具有鲜明的不同生活特性，这就使得对科学在社会认识方面的采用很难具有统一性。所以，即使科学领域的认识水平在不断提高，但对社会领域方面的认识准确性与在自然领域根本不能同等而语。但是，当时国内学术界在传播西化发展的社会意义时，过于强调科学成果所凸显的社会变革作用，反而容易使民众对科学的社会效果盲目迷信，甚至将自然领域的结论囫囵地在社会领域进行放大，这在现代新儒家看来是完全不合理的，甚至认为其对解决国家当时发展困境无异于饮鸩止渴，更不用说对国家未来的长远发展。因此，早期现代新儒家一方面主张对西方科学技术文化要以理性的态度去学习，另一方面也主张发挥人的直觉本能对潜在影响社会生存的因素有所预知。换句话说，在早期现代新儒家看来，为了避免这种恶

---

① 熊十力：《中国历史讲话：中国哲学与西洋科学》，上海书店出版社 2008 年版，第128 页。

② 《梁漱溟全集》（第三卷），山东人民出版社 2005 年版，第 268 页。

性影响的发生，个人应该能有较强的直觉判断而防患于未然，能够对科学认识功能的有限性保持足够的清醒。

科学技术对自然与社会的变革力量，虽然可以证明人对自然与社会的改造程度。但是，科学认识功能的有限性，还表现在对人处于科学技术推动下以何种方式进行生存，"故凡依据一种科学或一部分之知识以推论万化之真源者，即谓宇宙本体。纵其持之有故，言之成理，只可许为一家言。若谓其有得于真理，则稍有识者亦未敢遽云然也"①。毕竟科学认识活动造成的影响很多是充满未知性的。这些会伴随社会发展和人的情感变化而不断改变，这就决定了科学对于人事界的未发生之事的预测更不可能如在自然界那般精确。科学技术自身无法决定这些改造是否按照人类利益的正方向前进，故与科学技术的创造者相比，它们的使用者才是确保能够实现这一方向的关键，使用者的占有比重越大越能从直觉出发而趋向正方向。因为，"西洋人所作的生活以理智为其惟一重要工具，此甚明白之事。然此时有不可不提醒的一点：理智是无私的，是静观的，自己不会动作而只是一个工具，则此所谓理智作用太强太盛者，是谁在那里役使他活动呢？此非他，盖一种直觉也。我们已说过西洋人自文艺复兴认识了'我'才大活动起来；一切西洋文化悉由念念认我向前要求而成。这'我'之认识，感觉所不能为，理智所不能为，盖全出于直觉所得，故此直觉实居主要地位；由其念强，才奔着去求，而理智则其求时所用之工具，所以我们说西洋生活是以直觉运用理智的"②。早期现代新儒家发现，西方率先受益于近代以来科学技术带来的福利，但并未将对自然与社会认识的这些成果让更多人享有，几乎是在少数的野心政治家、企业家等范围内享有，从而决定科学最终的福利也主要是为了这些特定人群。与此相应，西方虽然率先利用近代以来科学技术的推动力使得他们竞争力骤升，但在加大国内发展贫富差距同时，也不断地向自然掠夺、向周边及全世界推行残忍的攻伐。因此，这些国家受不同利益因素的

①　熊十力：《中国历史讲话：中国哲学与西洋科学》，上海书店出版社 2008 年版，第136 页。

②　《梁漱溟全集》（第一卷），山东人民出版社 2005 年版，第 485—486 页。

影响，虽然都在加强国家对科学技术的投入，却忽视了科学技术只是人类认识与作用自然的方式之一，人类社会发展良性的维持更多依赖他们自身的直觉。毕竟，无论科学技术发达到何种程度，它们的创造者及使用者都是人，它们的最后结果都与人的生存利益密不可分。正如梁漱溟一针见血所指出的，西洋人是认识到"我"是小我，并在与自然划清界限中认识科学技术对社会的影响，这种只见眼前利益的短浅之见必然不会有益于更多的人。所以，早期现代新儒家不反对科学技术对社会发展的作用，但十分强调儒家文化自孔子开始所讲求的直觉方式对科学技术在应用于社会生活的制衡作用。更何况，孔子讲求的直觉是在认识中一直有"我"的参与，将自己与自然浑融而尚情感生活，是在直觉中运用理智后又使理智再来运用直觉，这比西洋人的小我发展境界高出许多，这样比单纯运用理智的社会作用更深远。

一定程度上讲，即使科学技术可能与人展现个性或自我追求有关，但就其在人类摆脱低级生活状态和实现社会不断进步中所发挥的重要作用而言，还是充分表明其对人类改善生活质量具有重要意义。由于人的社会属性特征及社会发展不平衡等特点，使得若依赖科学技术能够给自身利益形成巨大化，人类更多会表现这样的功能而尽可能为自己牟利。为此，熊十力明确得出"西洋学术与文化，应有中国哲学救其偏弊"①的观点，就是希望对这种无限放大的欲望进行约束。另外，在中国追求西化发展中已经忽视科学技术作为认识方式，在直觉中淡化其内容上的有限性及认识方式的特殊性，故决定提倡重释直觉认识的作用。在早期现代新儒家看来，进入以科学技术为主导的发展时空，人类对自身生存环境的认识更需要直觉的先行判断，这样才会对科学技术发展的需要与社会发展是否同步引起相应重视，主要表现在两个方面：首先，科学技术对社会生存环境的改变具有更多的随意性，这主要表现在科学技术推动物质文明进步时，也给人类应对这些文明成果的冲击带来新的挑战；其次，科学技术的成果应用，其存在的潜藏威胁与人类认知能力存有差距，一定条件下甚至会制约或毁灭生存利益。

---

① 熊十力：《中国历史讲话：中国哲学与西洋科学》，上海书店出版社 2008 年版，第128 页。

二　技术应用后果的未知性

早期现代新儒家没有否定科学技术对推动社会发展的作用，只是提倡要随时关注科学技术带来的负面作用，必须能够有预判作为前提而对人的行为有所干预。尤其是这些负面作用既有显现的也有潜藏的，既有社会危害也有自然危害，"西洋人不能会万物为一己，颇欲伸张其自我于宇宙之上，常有宰制万物之思。不知者以此为西洋人之大处，而知者则谓无宁以此为西洋人之小处。以己胜物，终限于有对，何大之有？西洋人常富于种界划界之狭隘观念，以侵略为雄。其学术思想素误也"①。由此，早期现代新儒家所强调科学技术负面作用，主要是通过人的无节制应用而表现出来的，对于规避这些负面作用也是需要依靠人的积极主动性。在早期现代新儒家看来，作为科学转化后的成果——技术，必然会受科学认识功能有限性的影响，从而决定了它在社会应用中同样存在无法预知的后果，"晚世科学猛进，技术益精。杀人利器供侵略者之用，大有人类自毁之忧。论者或不满科学，其实科学不任过也。科学自身元是知能的"②。所以，技术在应用过程中负面性的未知虽并非与科学无关，但更主要是与它的应用者的动机密切相关。基于此，早期现代新儒家认为，一定要对使用者的目的有所规约。

由于技术成果应用程度和广度不断扩大，提升了人类的生理极限的同时，也增强了对自然认识和改造方面的信心。与此同时，随着人在自然面前生存信心的增强，人的相关欲望也随之发生很大改变。从西方依赖近代以来科学技术而率先进入工业文明的进程来看，他们实施全球的殖民战争的本质，基本上就是为了抢占更多的资源和市场，导致推进工业化的进程演变成不断征服、索取和掠夺的过程。在早期现代新儒家看来，西方人自近代智识大开之后，基于通过科学认识方式积累起来的信心，通过科学与技术二者的成果在不断互相影响之后，尤其通过技术在物质层面中的社会变革力，从而改变与自然原本和谐

---

① 熊十力：《中国历史讲话：中国哲学与西洋科学》，上海书店出版社 2008 年版，第129 页。

② 同上书，第 137 页。

的二元存在关系，打破传统对自然所持有的敬畏之情。事实上，作为技术成果的应用对于自然整体而言，其历来都只能是在某一个领域发生作用，自然的自在自为的内在整体性不可能被完全干扰，更不可能因为技术成果而彻底发生改变。但是，在征服欲望不断的诱惑之下，即使康德这样的哲学泰斗也提出"人要为自然立法"的观点而更加助长人类的野心（当然，也有学者认为康德的本意，不是为征服自然而发出这样的呼声，相反，他是以哲学的视角警醒世人，在为自然立法中仅仅是人自身的行为，这种行为对自然本身而言不会带来规律上的改变）。西方国家膨胀了对技术作用力而很大程度上忽略自然承受力的事实。近代以来西方国家发生翻天覆地的变化，在全球的优势让其缔造出科学技术的神话，尤其在表面感官的变化刺激之下放大到的任何领域，在简短发展时间的确给西方人带来丰厚的回报，进而，才有堂而皇之对康德的"立法"宣言出现另一种解读，即人借助科学技术完全可以实现对自然现象和本质重新"立法"。

早期现代新儒家从人与自然关系看，认为人是自然的一个组成部分。虽然，人对自然的认识与改造能够取得一时的强盛，但人在认识和改造自然的同时也是属于自然的。所以，人类不能以当下所掌握的科学技术在自然面前过于骄纵，更不能对自然征服失去限度，而是要清醒地意识到，自然在人的认识范围之外还存有许多未知的领域。早期现代新儒家对西方过于掠夺自然的方式感到非常不满，认为西方的工业化可能会将人类带进一个错误的发展方向。毕竟，人只是自然存在的一个部分，不可能脱离自然赋予的属性而生存下去，人的所有行为都是在自然大环境中进行，这就决定人的行为不能过于依赖主观，否则对人在自然领域的生存利益肯定会有很大影响。早期现代新儒家虽然承续了儒家文化传统技术观的审慎态度，但也有一些是不同于传统之处，表现为他们非常赞许近代以来先进技术对社会发展的作用力，强调技术应该在社会发展中作为重要要素。尤其没有夸大技术应用存在未知性的后果，强调不能因为这种可能性而拒绝技术的应用，更不能将先进的技术束之高阁。当然，为了表达这样的技术应用论，早期现代新儒家还是坚持将儒家文化注重体悟等直觉方式，与人的内在修为相结合而约束人的本性和行为，从而为在更大范围内应用技术而可能产生的未知后果提供一个准则。换句话说，在早期现代新儒家看来，对技术应用未知性最好的规避方式，就是依赖人的直觉意识，在直觉意识共进的基础上有选择性地取用技术。

西方近代以来的科学技术促使人类文明进入前所未有的高度，科学技术对人类社会发展所具有的意义，通过工业文明与农业文明的对比已无异议。工业文明较之农业文明的进步，既表现在科学技术将人类改造物质世界的能力迅速提高，新的竞争局面与科学技术发展水平直接相关，又体现在人类社会的管理、组织等精神生活追求不断得到创新。中西方两种文化所引领的两种文明的高度，自进入近代后发生的转变恰好证明了这样的过程。作为进入近代时期最强盛的农业文明国家的代表，即便已经发展到明末清初之际，中国在与西方的初次较量中没有产生明显差距，甚至很多领域因传统优势还是代表世界的先进水平。然而，自康熙皇帝近乎完全锁国的政策出现之后，中国对西方工业化进程中的关键时期缺乏了解，关起门来继续迷恋天朝上国的晚清被西方彻底超越，从 19 世纪下半叶开始的节节溃败就充分表明这样的朝廷在新的文明面前回天无力。但是，早期现代新儒家关注的并不仅是两种文明形态的先进与落后，更是中西方在取得领先地位之后，它们所表现出的明显不同的对外发展的态度。早期现代新儒家认为，科学技术虽然极大地刺激了西方物质生活与精神生活的发展，但西方却以暴力的方式在世界范围凭借近代以来科学技术而满足一己之私。惟其如此，西方工业化发展局面所包含的矛盾使得早期现代新儒家同意中国发展需要学习西方，同时又能清醒地认识到西方社会发展并不能代表人类真正的生存利益。在早期现代新儒家看来，这就是西方国家过度依赖近代以来科学技术的社会发展推动力，在推动物质与精神发展时并不是完全同步，它们虽主张尊重个体自由却忽略了对人的内在心性修为的提升，进而难免会将人与人之间的关系变得呆板而冷漠。因此，科学技术在当时造成人与人之间关系的隔阂，一方面表现在欧美在近代以来的战争，另一方面更表现在他们对世界落后国家的殖民侵略。殖民掠夺的战争已经超过种族、领土战争的伤害力，他们不仅要使对方俯首于自己的统治，而且要将对方及其土地、自然矿藏等资源直接占为己有。

早期现代新儒家经过对比研究中西方在晚清发展的差距后认为，科学技术在现实生活中的即时效益，使得研究者与使用者大多会将眼光集中到物质层面、利益层面而忽视对自身行为的反省，必然会使人的内心调适得不到相应的重视，进而在不断升级的战争中因近代以来科学技术推动而将人类整体覆灭则不足为奇。为了规避这样的危险，早期现代新儒家在民族危难空前之时，反其道而提倡直觉意识与方法，希望引起对生命存在的直觉意识的重视，从而能实现规避科学技术所带来的生存灾难。早期现代新儒家认为，中国学习并发展西方的科学技术，不能忽视对未来长远利益的考虑，这种利益不仅仅体现为物质的利益，也体现在人类长远生存的直觉预判上。实质上，这样的科学技术观，才是对人类长远生存利益的真正关注。客观而言，早期现代新儒家在 20 世纪初就能认识到这个问题，其远见是可贵的，这可以从后来罗马俱乐部《全球宣言》的报告所描述的现象和目标中得到佐证。

三　人文关怀价值的普适性

早期现代新儒家对比中西方文化差异，发现西方近代以来科学技术为主导的文化忽略了对人的生存关注，尤其是还没有拥有这些科学技术的人，从而更多是忽视这些"落后"人的生命和生存利益，"因科学方法以实测为基，必将研究之对象当作客观独存之物事。而所谓宇宙实相与吾人生命，实非可离为二，故不可作客观的物事去研究"[①]。梁漱溟就是以柏格森生命哲学为切入点对中西生命哲学作对比研究，并基于孔孟思想而对直觉进行阐释发挥，不仅以此作为中西文化沟通途径之一，也形成自己关于科学技术应用的直觉学说，"我们的行为动作，实际上都是直觉支配的……你的一笑、一哭都有一个'为什么'，都有一个'用处'吗？这都是随感而应的直觉而已"[②]。以直觉意识支配人的行为，在梁漱溟看来，这是人发自内里的生理本能所应该具备的能力，而且，对当下科学技术负面作用的规避主要依赖人的直觉意识，尤以儒家文化中的礼乐与孝悌作为基本，他说："我们人原是受本能直觉的支

---

① 熊十力：《中国历史讲话：中国哲学与西洋科学》，上海书店出版社 2008 年版，第 128 页。

② 《梁漱溟全集》（第一卷），山东人民出版社 2005 年版，第 461 页。

配，你只同他絮絮聒聒说许多好话，对他的情感冲动没给一种根本的变化，不但无益，恐怕生厌，更不得了……而礼乐不是别的，是专门作用于情感的……他不但使人富于情感，尤其能使人的情感调和适中……只须培养得这一点孝悌的本能，则其对于社会、世界、人类都不必教他什么规矩，自然没有什么不好的了……人人有一种温情的态度，自不能不先从家庭做起。"① 这样的直觉就是道德上的应然，其中具有先天而在的善的内容，在社会发展中也就是对人的关怀。

当时国内学者了解西方近代以来科学技术在西方本土引起的负面作用，最主要是因为梁启超先生的《欧游心影录》。这部著作是梁先生根据欧游经历而写，真切地反映了这些工业化国家的社会发展现象，不仅使同有欧游经历的张君劢印象深刻，也被那些能由国内受工业化之苦而推知西方国家的社会本质的学者作为重要的反思性著作。早期现代新儒家认为，无论近代以来科学技术对欧洲本土社会发展的负面性，还是对落后国家和地区的掠夺性，都违背了人文关怀中人本发展的本质。第一，虽然，西方工业化国家在近代以来科学技术的推动下实现工业文明，在世界的竞争中首先占据有利的机会。但是，这些国家在近代以来科学技术为主导的发展中，同样因不能认识它们对社会发展正反双面作用，进而对这些国家自身也带来诸多问题。其中，最为明显的特征即在科学技术的依赖程度越高反而丧失社会对人关怀的主动性。在早期现代新儒家看来，科学技术的推动不仅使得落后国家的人遭受被侵略的灾难，也使得西方国家的人在发展中遭受困境。因此，从人类的生命意识与生存利益出发，这些工业化国家应该要重新理解人的生命真谛，不能异化为近代以来科学技术的奴隶而在追求发展中丧失人道。第二，人是作用自然的主体，一切科学技术在社会发展中的应用程度取决于人的意志。一定程度上讲，近代以来科学技术也是为满足人类某种生存需要而出现，它是人对外在的物质生活发生作用后的结果。若科学技术在其发展过程中，不能引起人对生命本源或本性的足够重视，则必然会因放大科学技术在社会发展中的推动力而增大负面性。所以，早期现代新儒家认为，在社会发展中无法协调科学技术与社会的关系，必然会消解科学

① 《梁漱溟全集》（第一卷），山东人民出版社 2005 年版，第 467—468 页。

技术主体对生命价值的判断，不可避免地会将社会发展引入更加混乱的境地。尤其，在人类进入工业文明之后的异化越发鲜明，因为在利益的驱逐之下人类对生命的敬畏逐渐失去理性，人类因没有约束而导致自身灭亡，这相比于自然灾难引发的生存危险则是愚蠢至极。因此，为了人类整体生存利益，早期现代新儒家提出要通过个人的自我觉醒来恢复对人的关怀，这对中国实现西化发展的长远性具有重要意义。早期现代新儒家认为，中国学习西方近代以来科学技术，不仅仅是为了改变中国当前的贫弱落后，也是为了恢复民族自信而实现长远发展，故国人必须重新理解人文关怀的社会价值。早期现代新儒家对西方科学技术持有省察态度，主要原因在于科学技术对人类社会生存状况的改变，已经使人类关怀生命的意识越发淡薄，这和儒家文化历来注重人本宗旨相差太远。在早期现代新儒家看来，人的生命无论在人类长河中的哪一阶段，都应该被提升为社会发展中所要关注的核心。但是，随着近代以来繁多的科学技术成果被大规模运用到征服自然和战争之中，人类无法预测和防止这些行为可能会对自身造成的生存威胁。早期现代新儒家标榜儒家文化，主要是重释儒家文化而再显其以人文关怀见长的社会价值，从而在中国逐步走向西方发展道路上去的时候，试图让国人能够敬畏自身与他人的生命，从而在真正以科学技术为主导的时代能有新的生命关怀意识。所以，早期现代新儒家希望以尊重自身的生命入手，推之四海而能在人类整体意识中，帮助人类了解生命本质及其价值。更何况，人的生命意识不仅仅体现于当下人的生存，也包括人类作为延续种族的一个连接。由此，早期现代新儒家不仅是处于民族本位而抵御外来入侵这一动因，也抨击西方工业化之后缺乏对人的长远关怀，其根本原因就在于西方在追求科学技术应用中没有人文关怀的理念。

人文关怀的发展理念不是为解决近代以来科学技术引发的问题而产生，而是其给社会发展带来负面问题之前就已经存在，是有关人的生命意识和生存价值的思考，这对人类整体生存利益的实现具有普遍价值与意义。早期现代新儒家认为，儒家文化注重直觉方法主要体现在对道德的倚重，它可以被看作是几乎最早也是最为系统的人文思考。儒家文化认为在道德约束下，才能使得人不断去反省而不会缺失基本的关怀意识，从而在付诸具体的行为之前会提醒自己能不能做、该怎么样去做。

事实上，儒家文化将这种道德约束作为一种社会整体行为，并不是要求不同的主体一定要形成统一的标准，而是能够有利于社会长远发展为标准，这其实也是体现出对人性的一种尊重。伴随社会发展的衡量标准更加集中到物质层面，儒家文化也随之将关注的人文关怀作为自家文化体系的核心，"就本来意义而言，中国古代哲学中的直觉主要的不是与科学发现联系在一起，而是与如何实现对'天道'的体悟，如何达到天人合一、真善统一的境界联系在一起的。它属认识更属伦理，更重要的在于它是达到形上本体的唯一通路。在个体的直觉体验中，在'豁然贯通'的顿悟状态中，人们能够超越功利的、感性的存在，使个体的生命与宇宙本体融合为一，这正是中国哲人所刻意追求的理想境界"①。尽管，西方自近代开始引领世界的发展方向，是凭借科学技术及其成果所创造出的先进工业文明，它们利用这种文明在世界范围进行利益盘剥，使得人文关怀让位于这种物质利益的追逐。但与此相对应，落后国家或地区无论是被征服后的被迫选择，还是为摆脱被动地位而选择积极学习和吸收，都在以效仿西方工业化的发展模式而自救。然而，不可否认，虽然这些国家已经认识到以科学技术为主导对社会发展的意义，但面对不同入侵国家同时带来的文化影响时，都不同程度地在国内引起混乱的局面。因此，科学技术文化以其社会创造力，成为这些地域的文化能否与新时代相适宜的一种标准，适之能存，不适则趋于消亡，如此就消解了作为不同地域不同民族的人类群体本应有的不同的文化形态。所以，以科学技术为主导的社会发展也造成对其他地域文化的影响，尤其不分优劣直接予以剔除的文化态度，也会极大地损害人文关怀的普适追求。

　　早期现代新儒家另辟新途的"新"在于，他们主张学习西方近代以来科学技术及其相应成果的同时，一定要注重培养国民的个体人文关怀意识。第一，科学技术在推动社会发展的同时，也使得人类越来越远离人的自然属性。换言之，在人为基础单位的社会关系中，人在科学技术支配下更容易对自然的认识表现出功利性一面，这种功利性反过来也

----

　　①　郑家栋:《直觉思维与现代新儒学》,《吉林大学社会科学学报》1988 年第 2 期, 第 9 页。

影响人与人之间所形成的社会关系。早期现代新儒家强调,不能在科学技术为主导的社会发展中,忽视对人的自然性、社会性的建设,还是需要继续以人文关怀的思想作为约束。"吾人日常生活能自超脱于小己躯壳之拘碍,而使吾之性分得以通畅,性分即谓仁体。自然与天下群生同其忧乐,生心动念,举手下足,总不离天地万物一体之爱。人类必到此境地,而后能运用科学知能以增进群生福利,不至向自毁之途妄造业也。"① 第二,虽然,近代以来科学技术对人类文明发展的助推作用,已经在所有认识与改造手段中成为最强劲的,甚至人类文明进入工业文明的时代,都是以其作为衡量这一文明程度的最高标准。但是,在早期现代新儒家看来,这种将科学技术作为最高衡量标准却是一种理性缺失的表现。早期现代新儒家主张,应该依然将科学技术作为诸多认识方式的一种,应该对科学技术及其成果在社会发展中的应用制定相应规则,其最基本的准绳就是人文关怀。第三,早期现代新儒家不是过于倚重对人的关怀而过度渲染人文关怀在社会发展中的意义,而是将其作为对科学技术的负面作用的一种重要约束。科学技术无论在什么历史时期,都会对社会发展起到正反两个方面的作用,但关于科学技术如何在社会发展中协调好正反作用,早期现代新儒家的态度则是不同于传统观点的。从科学认识论角度看,早期现代新儒家在新的历史发展时期,虽然以人文关怀找到能使儒家文化重新彰显价值的途径而实现其增殖过程,但也对科学技术与社会发展的关系提出自己的观点。早期现代新儒家旗帜鲜明地提出,科学技术及其应用应该在人文关怀的基础上,以人的长远生存利益作为衡量,在科学技术发达时代不能忽视对人内心安适的追求。所以,这种着眼于人类整体利益、长远生存的科学技术观,在科学技术越发发展的时代,其沟通科学技术与人文的桥梁作用越发明显。

关于人文关怀在科学技术时代的作用,中西方文化对其都有一定的关注,不过在内容和形式上有异同。但它们的不同在于,在中国以儒家文化为集中体现,是历来重视人文关怀在社会生存中的价值与意义,西方则主要是因为科学技术的蓬勃创造力引起的社会生存问题而形成的相

---

① 熊十力:《中国历史讲话:中国哲学与西洋科学》,上海书店出版社 2008 年版,第139 页。

应反映。它们的共同之处在于，都是对人类社会生存的关注，是以人的直觉意识作为重要参考。毕竟科学技术时代，人类必须面对其对社会生存的正反两个方面的影响。所以，中西未来发展既离不开科学技术的推动，也离不开人文关怀价值的参照作用。

第三节　宋明时期儒学的影响

宋明时期儒学对早期现代新儒家的影响，主要体现在宋明儒者对儒家文化的解读态度与具体阐释方式上。无论是程朱理学还是陆王心学，在早期现代新儒家看来，都是在新的历史背景中重释儒家文化所做出的积极调适，并能使之在新的时代找到延续并发挥其生命力价值之所在。所以，宋明时期儒学对早期现代新儒家的影响，不一定是体现在这时期某一位儒者的个人思想，也有可能体现在这些儒者在特殊时期以何种方式重释儒家文化及对儒家文化的态度。

儒家文化虽经董仲舒力荐终获政治意识形态领域的独尊地位，但由于之后不同统治者的需要，儒家文化源头精义也被进行不同的解读，从而为后人曲解儒家文化源头精义留下祸根。基于此，早期现代新儒家在中国追求西化发展时期，强调效仿西方近代科学技术为主导的文化，但如何接续并复兴儒家文化的社会地位和价值，则主张从儒家文化源头的六经入手。虽然，国内当时对待儒家文化等传统文化的态度，是"（中国）处今日内忧外患之交迫，而欲提倡心性之学，必有诋为迂阔而讥其不识时务"①，但是，早期现代新儒家通过儒家文化经典的学习，还是坚持儒家"六经"虽经秦朝焚烧之祸，但其真精义还是有所留存，仍值得重新发挥。熊十力对那些怀疑自己尊崇六经如何不是迂腐观点时说："问曰：六经遭吕政焚坑之祸，或残阙，或窜易，已非孔门传授本义，先生何故尊经如是其力耶？答曰：六经虽有残阙及窜易，而根底犹可究，大体犹可寻。《大易》为五经之原，六十四卦、三百八十四爻最完具，十翼之文虽有七十子后学增益，而巨谬犹不多见。"② 从对儒家

① 张君劢：《民族复兴之学术基础》，中国人民大学出版社 2006 年版，第 31 页。
② 熊十力：《论六经·中国历史讲话》，中国人民大学出版社 2006 年版，第 100 页。

文化的内容上看，早期现代新儒家主张接续儒家文化之道统，掌握孔子开创儒家文化之真谛；从重释儒家文化方式上看，早期现代新儒家主张效仿宋明儒者的解读儒家文化典籍的态度和方式。与研究内容相对应，早期现代新儒家发现挽救儒家文化被"彻底打倒"的关键要素，是如何使国人能够重新认识儒家文化所具有的社会价值而不是人云亦云，尤其是对经过重重政治意识形态绑缚利用后儒家文化源头真谛的认识。与研究方式相对应，早期现代新儒家认为，现代世界问题与中国问题是异中有同、同中有异，但最终解决方式都是要从人文关怀入手。

西方作为近代以后世界发展的核心区，也已经凸显近代以来科学技术负面作用所带来的影响，这些影响在国内引起的矛盾或危机，使得这些国家不得不借助向外扩张这一主要方式而进行转移。但是，中国当时最迫切的问题是获取国家独立并进而实现国家富强，故需要尽早在中国出现西方式的近现代科学技术（历史已经不容许中国有足够的时间自己发展这样的科学技术，只能基于西方现有成果而实现向中国的输入，儒家文化到底能不能发展出近现代的科学技术，这也不是早期现代新儒家的代表能够研究而得出答案的）。因此，早期现代新儒家不反对科学，不反对西方先进的科学技术为主导的文化，同样主张中国现状的改变依赖对西方的学习程度。但是，西方科学技术为主导的文化对中国是新奇的外来物，如何将其引进并能使民众消化吸收，这是早期现代新儒家最关注的。他们认为，这需要从内在的心性方面入手，既能将西方科学技术引进来，又能将科学技术的有利一面展现出来，将有弊一面规避掉。所以，接续儒家文化成为早期现代新儒家寻求到的共同内容，尊崇宋明儒者的研究方式是早期现代新儒家选择的相同路径。

早期现代新儒家以宋明时期儒者对儒家文化典籍的解读方式，追求"反求诸己""万化之源""万善之宗"等儒家文化有关人本内容的理解。早期现代新儒家认为，宋明时期的儒者是以经学为性命之本，遂被认为是可能接近儒家文化源头真谛，"程朱诸老先生始提《学》《庸》二篇，并服膺《乐记》中'人生而静，天之性也；感物而动，性之欲也'一段语，不可谓无精识"[1]，探索个人的心性修为以提升自己对生

————————
[1]　熊十力：《论六经·中国历史讲话》，中国人民大学出版社 2006 年版，第 25 页。

命的理解，比如阳明对良知的解释即表达了孔子所追求的"天地万物共有之本体"的观点等。对于如何能够在科学技术时代实现对个体行为的驾驭，早期现代新儒家基本认同从个体的心性修为上着力。他们推崇儒家文化的传统价值观，通过个人修为而获得对人的本性的恢复，并认为借助这种方式才会找到真正适宜于人类生存的方法和途径。比如熊十力提倡反观儒家文化价值应该要"即习成性"，并分析以三个步骤可以达到成性，即"圆满纯善"的本性经常被外习所障碍，导致人们向外追求而不知返性；每个人的本性又是可以通过一定外界因素的引发而能被恢复；寻求到适宜的返回本性的途径，诸如向内、净习起而染习断、强恕、操存涵养。① 早期现代新儒家基于这样的理念，在寻求如何复兴儒家文化的方式上，将视线放在了宋明儒者所开创出宋明儒学的功夫上来。所以，宋明儒者在对儒家文化的研究上，对早期现代新儒家的影响集中在两个方面：第一，尊崇宋明儒家学者对儒家经典的解释，构成早期现代新儒家的思维趋向；第二，接续宋明儒家文化关于"理"与"心"体系，在现代化社会重建儒家文化体系作为他们共同的历史使命。

一　梁漱溟之百姓日用现代化

早期现代新儒家都推崇宋明儒者对儒家文化的解读方式和态度，这并不是他们要学习宋明儒家文化。在他们看来，宋明儒家文化也已经不是孔学了，但是宋明儒者对孔家的人生理解，的确是经过他们自己理解而发挥的。梁漱溟被公认是现代新儒家学派的重要先驱之一，且五四运动之际他对儒家文化表现出的坚定立场及无畏的拯救态度，与其受蔡元培北大之邀而主张只为释迦和孔子讲几句话的初衷完全一致。梁漱溟认为宋明儒者对于孔子的人生生活，还颇能寻得出几分符合时代的地方。事实上，梁漱溟在青春岁月当好之际却大谈人生无常而立志一生茹素并拒绝婚配，更因对世间无望而有两次自杀行为。基于此，梁漱溟将其由佛入儒作为思想转变的第三期，并至此笃定弘扬儒家文化为一生之追

---

① 柴文华：《传统价值理念的现代阐释——论早期现代新儒家的中国传统价值观》，《学习论坛》2006 年第 5 期，第 63—64 页。

求。梁漱溟前两次思想的主流分别是西方功利主义思想与佛教思想，加上后来的儒家文化，这三种完全不同的人生处世方式却在梁漱溟思想体系中有了融合。梁漱溟认为，儒家文化自董仲舒之后由于政治意识形态的绑缚，对儒家文化有空疏注解而导致虚文之风盛行，但儒家文化的精魂还在，宋明儒者对精魂认识的启示价值也在，当下学者要做的是如何能够剥离这些外在政治所绑缚的内容，而将其精魂真义再次表现出来。梁漱溟由佛入儒虽受儒家文化的源头的影响，但使其决定重释儒家文化而实现济世救民之目的，这还是深受明代泰州学派影响。

　　泰州学派肇始于王守仁的弟子王良，他在当时重释儒家文化而提出"百姓日用即道"等新观点。梁漱溟回忆自己由佛入儒是因纠缠于佛学与现实而不得出路，在"百虑交锢，血气靡宁"之际顿悟乃是因个人"计量打算"太多。梁漱溟方醒悟自己如此沉迷佛家即为逃避现实、崇尚出世的思想在作祟，是自己主动与社会隔离而不能担当应负有的责任。梁漱溟认为泰州学派对儒家文化解读的态度及思想主旨是对的，应该在寻常生活中体悟儒家文化的真谛，"我曾有一个时期致力过佛学，然后转到儒家。于初转入儒家，给我启发最大，使我得门而入的，是明儒王心斋先生，他最称颂自然，我便是如此而对儒家的意思有所理会。"① 基于接受泰州学派思想后对自己产生的影响，梁漱溟尝试在新的时代去重释、开拓儒家文化。梁漱溟开始尝试寻找了解儒家文化源头精义的途径，并如何能够使其在中国现代化进程中通过这种解读方式让更多人接受。所以，梁漱溟倾心儒家文化是有感于孔孟开创的积极入世态度，在这样的入世思想中尤其还能将"乐"贯穿于整个儒家文化之中，在这种以"乐"入世思想的引导下才有了孔子夸赞颜渊乐处之精神。梁漱溟将佛家之"苦"与孔家之"乐"一比较，认识到对人的内在制约还是要以"乐"为起点，遂使其在生活中茹素却在思想行为上行儒，这是对自己对儒家曾有的片面想法的修改，"当初归心佛法，由于认定人生唯是苦（佛说四谛法：苦、集、灭、道），一旦发现儒书《论语》开头便是'学而时习之不亦乐乎'，一直看下去，全书不见一苦字，而乐字却出现了好多好多，不能不引起我极大的注意。在《论

---

　　① 《梁漱溟全集》（第二卷），山东人民出版社 2005 年版，第 126 页。

语》中与乐字相对的是一个忧字。然而说'仁者不忧',孔子自言'乐
以忘忧',其充满乐观气氛极其明白;是何为而然?经过细小思考反
省,就修改了自己一向的片面看法。"① 所以,梁漱溟从佛到儒实质就
是对人生由苦到乐的一种状态改变,这是对当时国人在走出民族危难是
最迫切需要具备的一种思想转变。

二　张君劢之存心养性现代化

第一次世界大战将欧洲的战火彻底弥漫到世界,是欧洲关乎人文关
怀文化败落的极致,西方人同样受悲观情绪的笼罩而对生存迷茫、无
助。随同梁启超的欧游经历给了张君劢这样的感受,人道败落、生活迷
茫、生存价值虚无及道德缺失等等,且这在当时很多欧洲思想中占据很
大的影响。其实,张君劢原本以为第一次的欧洲之行,可以为自己所坚
定的政治理想找到最现实的依据,毕竟可以在卢梭、孟德斯鸠等政治泰
斗的故土,去了解他们政治理想所带来何种程度的社会改变。但是,张
君劢虽没有如梁启超看到欧洲因战争凋敝的景象而呼出"科学破产"
论,在他的思想中依然肯定西方生活、发展模式代表的高度的工业文
明,但是满眼所及欧洲的战火事实,也着实让他开始怀疑是否应该将西
方这种工业化全部照搬到中国。所以,这一次的欧洲游历所带来的认
识,还是给张君劢首次谨慎对比中西方文化的优劣提供了条件,从而使
其开始认真反思中国固有的传统文化价值,尤其是以擅长人伦社会治理
的儒家文化的社会价值。回观儒家文化在国难之际所面临的境况,学术
界对其批判的观点已几乎将整个价值体系全面否定,儒家文化随同国家
发展已经一同陷入信任危机之中。张君劢试图以树立正确的人生观作为
重释儒家文化的社会价值的方式,因为在工业化被归于追求外在物质功
利时,塑造符合新时代的人格不应该忽视儒家文化成熟的思想体系。张

---

① 《梁漱溟全集》(第二卷),山东人民出版社 2005 年版,第 698 页。但是,梁漱溟也
指出陆王心学过于倚重内在而忽于外在求知的偏失,他说:"宋学虽未参取佛老,却是亦不甚
得孔子之旨;据我所见,其失似在忽于照看外边而专从事于内里生活;而其从丰内里生活,
又取途穷理于外,于是乃更失矣。……及明代而阳明先生兴,始去穷理于外之弊,而归本直
觉——他叫良知。然犹忽于照看外边;所谓格物者实属于照看一面,如阳明所说,虽救朱子
之失,自己亦未为得。"(同上书,第 476 页。)

君劢认为重释儒家文化并能再次发挥它的治世价值，需要仿效宋明理学与心学对儒家文化解读的方式，为儒家文化在西化发展进程中寻找到新的生命点。虽然，吴稚晖认为张君劢对儒家文化的解读吁求是不合时宜、不识时务的，但却也无法从根本处彻底否定张君劢这一尝试的可行性，或许这也是科玄论战虽能使科学主义盛极一时却也无法完全获胜的缘由。张君劢看重宋明儒者重内心生活、重人生的意义和价值，要求这种态度应该在今天人们的生活中被重新审视，从儒家文化真谛中求得生存的合理方式。

　　同与柏格森与倭铿的接触、交流，使张君劢关注生命哲学同时将视角转移到儒家文化的生命观点上来，决定以人文关怀找寻重新解读儒家文化的方式。在张君劢看来，宋明儒学无论理学还是心学，都讲求内心安适与构建生活秩序离不开个人的心性修为，张君劢进而肯定宋明儒者在儒家文化发展过程中的重要作用："宋学之所以昭示吾人者，曰存心养性，曰修齐治平，曰出处进退，其目的在乎收敛身心，故于体验方面特别用力。明道之所谓主静，阳明之所谓良知，要不外乎去人欲之私就天下之公。虽西方人亦有以哲学之名名吾国之理学者，然一则以内心生活为主，一则以外界认识为主，二者之内容迥乎不同。自孔孟迄于宋元明清学者知身心之省察克治，且力求义理之标准以范围人心，更本其平日之修养以效忠乎社会，故穷而在下，则聚徒讲学，达而在上，则致国于治平。"① 张君劢所强调的明日之中国文化是类似于宋明对儒家文化解读后的一种符合时代发展的新气象，既希望个人能存心养性，又不能忽视人生的生存价值与意义。当然，根据张君劢一生的学术理想，他更希望能有机会再次借助政治的手段而实现儒家文化社会价值的宣扬。所以，张君劢也不满对儒家文化的空疏玄谈，尤其造就出那些"平时袖手谈心性，临危一死报君恩"之迂腐儒者，他所希望的在新时代对儒家文化义理的解释与发扬，应该是符合新的时代的需要并能重新焕发儒家文化价值的。"义理之学，大盛于宋明，中衰于清代，咸同之际，曾文正有意于起衰救弊，而卒未之及此。处今日内忧外患之交迫，而欲提

---

　　① 张君劢：《明日之中国文化：中印欧文化十讲》，中国人民大学出版社 2006 年版，第101 页。

倡心性之学。有诋为迂阔而讥其不识时务者矣。"① 虽然，张君劢关于心性之学通过人生观体现之后，遭到诸如丁文江、胡适、瞿秋白等人的攻讦。但是，张君劢却依然坚持人文之学的儒家文化之复兴是西方走出困境，以及中国未来真正出路之所在。

三　熊十力之体用关系现代化

熊十力对汉、宋、明时期儒者在重释儒家文化方面的评价则多是不满，认为他们对儒家文化的解读都是未识得孔门真本而心存芥蒂，"汉宋群儒于《论语》此等处皆视为不可解，因其有拥护统治思想，故不悟《春秋》微旨，不达圣意耳"②，"宋学兴，自负精义矣，然承汉儒封建思想，以名分之帜阴庇帝制而不悟。明季船山亭林诸儒为宋学别开生面，而其言礼，终不出程朱窠臼"③。但是，他对于这些儒者能在不同的时代积极重释儒家文化还是极为肯定，尤其宋儒关于再次架构出儒家文化宏大理论体系非常赞同，认为是在新的时代对儒家文化尝试做新的解读，正如王元化回忆熊十力起居室三幅君师帖，居中是孔子之位，右侧是阳明而左正是船山。可见，熊十力视儒家文化不同时代三位大家为崇尚对象，以此而勉励自己能如这些后来的儒者秉承儒家文化的态度一样，从而尝试在科学技术时代如何延续儒家文化、解读它的真本而构建新的体系。与梁漱溟、张君劢二位先生相同，熊十力也是以生命的关怀为出发点，仿效宋明儒家阐释儒家文化的方式，探讨如何化解当时儒家文化的危机。但是，相较于梁漱溟与张君劢，熊十力更加接近传统却又更多地改造了传统而自成体系。所以，从儒家文化内在思想体系看，熊十力是超越了梁、张二子的，他是从具体的理论架构上自建新的体用观以求适应社会发展之需要，这种体系的根基就是对宋明儒家文化关于体用关系在当时的进一步探讨。

熊十力体用观哲学思想体系的建构，主要也是受宋明时期一些儒者有关体用思想的影响。体用观最早由荀子在《富国篇》提出，魏晋时

---

① 张君劢：《民族复兴之学术基础》，中国人民大学出版社 2006 年版，第 31 页。
② 熊十力：《论六经·中国历史讲话》，中国人民大学出版社 2006 年版，第 25 页。
③ 同上书，第 75 页。

有了有无、本末之辨，直至宋明被提升为一般方法论进行探讨，体用关系由此首次得到系统的论述。后来，儒者张载认为"气"是"体"，"理"是"气"之用，儒者程颐提出"体用一源，显微无间"，儒者朱熹提出"心有体有用，未发之前，是心之体，已发之际，乃心之用"，儒者王阳明以动静言体用而说："心不可以动静为体用，动静时也。"对这些儒者关于体用思想的概括，张载以"气""太虚"言体，以"理"言用，程颐以微言体，以显言用，朱熹从之，以"理"言体，以"象"言用，王守仁以动静言体用，至王夫之，更为系统地论述了体用的关系，认为"天下无无用之体，无无体之用"。① 在熊十力看来，张载不该被后人认为是唯物主义的代表，由于他将"气"作为体、将"理"作为用的观点是错误的，他混淆了儒家文化无所谓唯物与唯心的区分，所以，熊十力批评张载而推崇王阳明，认为王船山对于王阳明的批评失之偏颇、妄议先贤。② 熊十力认为，哲学就是研究本体论的，而本体论研究的是宇宙的基源问题，而非具体的有形的事物。所以，本体论不能以有形之物作为研究对象，否则就失去了自己的抽象性和绝对性，应该是体用不二方能解释物质与精神二元却又统一的特质。熊十力的体用不二思想的形成，有其自我思考的内在理论进路：首先，体用不二破斥了人们对天之超越感，扫除了人们对天之实体之迷信妄情。其次，超越唯心与唯物之对立，破除物之实体与心之实在之形而上学的执着。不难看出，熊十力的基本思路完全是陆王心学之心外无理、心外无物之重新解释和发挥，这即是牟宗三所说的"儒家主流学派即陆王学派的逆觉体证之路，心及外物，当下便返回自家腔子而有所觉"③。宋明儒家文化对熊十力的影响，主要是将熊十力关于体用二者关系做了新的辨析，这种辨析具有结合时代发展的显著特征。

科学技术能够迅速满足人类对物质生存的需要，但同时也会刺激人在生存过程中不断将其欲望进行膨胀。早期现代新儒家认为，约束人在科学技术刺激下的物质欲望是通过个体自身的省察而予以纠正，这才是

① 参见汤一介、张耀南、方铭主编《中国儒学文化大观》，北京大学出版社 2001 年版。
② 李道湘：《现代新儒学与宋明理学》，博士学位论文，南开大学，1994 年，第 151—154 页。
③ 林安梧：《现代儒学论衡》，台北：业强出版社 1987 年版，第 103 页。

最切实可行的方式与途径，这也是儒家文化历来注重心性伦理种种优点的体现。所以，早期现代新儒家在积极汲取西方近代以来科学技术在社会发展中作用的同时，也特别重视对个人的心性修养功夫的提升。从儒家文化一贯的学术立场看，只有在人的心性修为达到一定的境界，人的行为才是合理或由规矩而方圆的。这种内在心性修为的提升，也能有助于尊重生命意义与价值，而且，西方19世纪后半叶逐渐兴盛的生命哲学研究，为早期现代新儒家审视科学技术社会功用奠定了西方理论基础。惟其如此，早期现代新儒家科学技术观体现出明显的中西文化特征：西方文化中探求科学技术的自主精神、追问精神以及牺牲精神在他们看来是中国进入现代化所必须具备的；而儒家文化的积极入世精神与以人为本关怀精神也是中国特征现代化所必须具备的。

第四章 理论特征：中西思想的 相济为用

　　早期现代新儒家已经发现，西方近代以来科学技术文化无论在自然界的局限还是在人事界的局限，都难以解决社会发展中因人对利益的逐取而产生的影响，尤其在利益的追逐下极大地助长了人类"专求向外"的贪欲，从而为各种征伐找寻充足的理由。在早期现代新儒家看来，西方近代以来科学技术为主导的文化缺少人文关怀，正如它们所表现出对认识与社会发展的强大变革作用一样明显。由此，早期现代新儒家与国内主流的西化发展思潮，在追求西化的内容与目的上产生分歧，他们逆流而上而倡导能重释儒家文化发挥其人文关怀的社会价值。毕竟，儒家文化历来都是强调以个人的德性与修为作为最主要生存方式，重视对人类社会存在关系的稳定，这些正是应对西方近代以来科学技术在社会发展中因自身不足而引起负面作用最好的方法。

　　早期现代新儒家认为，在中国追求西化并实现工业化这一进程，不能因为当下儒家文化的不足而否定儒家文化，而应该研究儒家文化历来重视的人性与修为的内容，能够界定儒家文化如何归置和评价科学技术社会作用的缘由，还原儒家文化具有成熟的道德思想体系的历史根据。早期现代新儒家看待西方文化与中方文化社会价值，从表面看似乎是充满矛盾的，或者说可以推断他们对中西方文化没有坚定的学术原则，是"不中不西"又"亦中亦西"的模棱两可。事实上，早期现代新儒家主张的中西方文化态度，是离之两伤而融之两美的一种独到见解。在中国近现代思想界，不能因为国家危难迫在眉睫，对早期现代新儒家这种科学技术观难有揣摩分析的时间而武断否定。更何况，随着科学技术对自然与社会产生作用，它们所造成的负面作用的灾难性更大、潜伏性更久等特征暴露，直接对人类长远生存构成最大的威胁，人类开始反思到底以何种态度认识科学技术及其成果的应用，在不断印证早期现代新儒家这种独到见解的超前性。"可以坦白言之，二三百年来，西欧人之心理上但知侧重知识，且以为知识愈进步，人类幸福殆无止境。然自两次大战以还，欧美人深知徒恃知识之不足以造福，或且促成世界末日，于是起而讨论科学之社会的任务。伸言之，知识之用，应归于利人而非害人，则道德之价值之重要，重为世界所认识矣。"① 在这样的背景下，早期现代新儒家的科学技术观作为在科学技术文化与人文文化之间架构桥梁的尝试，我们应从不同角度寻求具体方式进行了解，才能将其历史意义与价值展现出来。

第一节　彰显西方文化的科学技术精神

早期现代新儒家认为，中国所实现的现代化离不开西方近代以来的科学及作为其成果的技术的支撑。但是，早期现代新儒家没有对科学技术及其成果表现出盲目的热衷，而是另辟新途以寻求具有中国特点的科学技术的发展之路。伸言之，早期现代新儒家所寻求的途径，归根究底是希望中国形成科学技术所需要的精神气质，及国民具备理解科学技术及其成果的素养。基于此，除西方近现代的表象科学技术成果，西方自主的追问的科学精神及技术实践中的冒险与牺牲精神，在早期现代新儒家看来也是中国应该学习的重要内容。中国何以能够形成类似于西方的科学精神，通过对比中西文化特征，早期现代新儒家发现，西方科学精神气质的形成与其古典时期文化的影响密切相关，如梁漱溟就说："当西洋人力持这态度以来，总是改造外面的环境以求满足，求诸外而不求诸内，求诸人而不求诸己，对着自然界就改造自然界，对着社会就改造社会，于是征服了自然，战胜了威权，器物也日新，制度也日新，改造又改造，日新又日新"②；张君劢同样认识到，西方近现代科学技术精

---

① 张君劢：《义理学十讲纲要》，中国人民大学出版社 2006 年版，第 154 页。
② 《梁漱溟全集》（第一卷），山东人民出版社 2005 年版，第 494 页。

神与他们继承传统又能创新是密切相关的。所以，早期现代新儒家主张中国学习西方的本质内容，在他们科学技术观中明显地体现出西方特征与儒家文化特征。

一　西方近代科学技术精神的形成

19 世纪末 20 世纪初，国内声势浩大之西化发展浪潮将没落腐朽的传统文化置于风口浪尖的存亡当口，学术界的主流之音就是要借助西方先进思想和发展模式，以期从思想方面敲醒国民而帮助国家走出困境。但是，在这股西化发展浪潮中却也因有太多学术派系，他们因基于不同西方思想的理论基础或主张不同国家的发展模式而相互指摘，从而导致学术界难有统一的主流思想作为引航而真正实现将国民的思想集中起来。在早期现代新儒家看来，学术界未能出现主流思想的根本原因，与西化发展中因依托西方诸多思想流派却并没有能够对其深入了解密切相关。早期现代新儒家敏锐发现，西方近代以来科学技术为主导的文化，在西方发展中是有扎实的思想基础。所以，中国若希望清除学术界因西化发展而带来的混乱，则首先能对西方近代以来科学技术及其发展脉络有清晰的了解，从而能真正对西方近代以来繁盛背后的思想做出消化和吸收，否则"这种活剥生吞的改革的无功又且贻祸，而后晓得既不是什么坚甲利兵的问题，也不是什么政治制度的问题，实实在在是两文化根本不同的问题，方始有人注意到改革思想，想把西方化为根本的引入"①。因此，早期现代新儒家认为，中国西化现代科学技术的重要前提就是了解它们的产生背景与发展历程，明晰近代以来西方工业文明的形成与中世纪后文艺复兴运动及宗教改革等密切关系。"我想现在没有人会说中国不要科学。但是科学是什么？是无线电，是飞机，是汽车么？这些都是科学的结果，是科学具体的东西。……若是我们看见留声机当他作留声机为之，看见飞机当他作飞机为之，这样国家的学问不会发达；因为学问的发达，一定要问他背后的基础。学问是什么？科学是什么？因为里面还有背景，分析清楚，使我们知道什么事都有线索可循，不能认为是固定的

---

① 《梁漱溟全集》（第一卷），山东人民出版社 2005 年版，第 256 页。

呆板的。"① 在早期现代新儒家看来，近代西方转变是基于他们重新对待典籍的态度，这启示中国人也需要拨转视角，重新评价中国传统文化尤其是儒家文化的典籍及其价值。

西方近代以来科学技术能够突破宗教的桎梏，首先归功于文艺复兴和宗教改革所带来的影响。在拜占庭帝国的废墟中发现的古罗马著作遗迹，和大批古罗马时期雕像使得古希腊古罗马思想重新进入了人们的视野，并开启欧洲人对个性与自由的追求，因而备受世人瞩目。他们在复兴古希腊古罗马文化中将人从神权中解放出来，恢复自我的个性张扬成为文艺复兴之后对科学技术认识的主旋律。所以，文艺复兴使得欧洲人对人的世俗地位开始普遍性的思考，将人类注意力从对上帝的崇敬转移到对自然的好奇，最终使得人类无论对自然还是对社会之认识的深度和广度都得到了提升，这些为近代科学技术应运而生创造了前提条件。总体而言，科学技术在文艺复兴三个时期②的发展，其成果的成熟及对社会的变革是逐渐明朗的：在文艺复兴初期科学方面的成就主要是对古代科学文献的翻译、编写和编印；在盛期，已不仅是翻译而且不断有新创作出现，尤其是哥白尼的《天体运行论》、维萨留斯的《人体构造论》和巴拉塞尔苏斯的《大外科》三巨著的问世，宣告了人性的回归，人类开始以自己理性的视角找回在自然面前的尊严；在后期，主要是牛顿《自然哲学的数学原理》等著作，为天文学发展到近乎完善程度提供了可能。

文艺复兴后，欧洲人发现了古希腊罗马文化犹如源泉，极大地滋养了人的解放和社会进步，尤其是为自由经济发展提供了相应的社会条件，并使得新兴的资产阶级阶层找到了既能发展社会又能回击农业社会封建统治的方法。一方面社会依赖科学技术所提供的便利，生产能力上更加紧密，规模更大，另一方面科学技术发展越来越受社会经济的刺激

---

① 张君劢：《明日之中国文化：中印欧文化十讲》，中国人民大学出版社 2006 年版，第 115—116 页。

② 刘景华、张功耀的《欧洲文艺复兴史·科学技术卷》把文艺复兴分为三个历史时期：文艺复兴初期（Early Renaissance，1378—1500）；文艺复兴盛期（High Renaissance，1500—1530）；文艺复兴后期（Late Renaissance，1530—1600）。虽然这种划分是基于艺术创作，但是科学技术在这三个时期的发展正好呈现出一种上升趋势。

而能够不断创新，"西洋人承希腊哲人之精神，努力向外追求，如猎者强力奔逐，不有所猎获不止。其精神常猛厉辟发，如炸弹爆裂，其威势甚大。于其所及之处，固有洞穿堡垒之效。西洋科学精神实在此"①。另外，文艺复兴也为理性认识科学技术与宗教的关系提供了新的证据，科学技术一反在中世纪备受宗教排挤甚至被束缚而沦为宗教的婢女的局面，反过来论证了宗教教义和社会发展的合理性，进而使得崇尚非理性方式的宗教逐渐在近代科学技术面前褪去光环。当然，基督教作为一种历史悠久的思想文化，因为它的思想内涵与认识特性包含了人的情感因素，这对近代科学技术的发明者和创造者的思想有一定的促动作用，如中世纪基督教哲学经过阿奎那的改造，大量引用亚里士多德和托勒密的理论内容，为自己所进行的认识进行论证（这些科学知识精确性的论证则是后来科学发展的工作），这为近代科学从基督教中寻找正反面的材料和依据提供了可能。另外，欧洲中世纪在建筑、航海等领域的显著进步，也是因为当时的工匠们据有丰富经验传统，从而能进一步大胆进行技术改进和创新。"德国的科技史大家卡德维尔就曾指出，中世纪的工匠们都是很有信心地进行技术改进和发明，他们最大的特点就是大胆，大胆地探索自然，大胆地发现。在他们那里，没有禁区，也不理睬过去的传说。"②

　　文艺复兴和宗教改革在特定的历史节点出现，使得欧洲人逐渐脱离宗教主宰人生存的神话，也使欧洲人开始将精力放到自己的潜力挖掘上来。这种潜力是长期被宗教束缚和禁锢的，一旦解禁出来则必然会有利于近代科学技术的发展。"近代欧洲那种新形态的科学体系，是在文艺复兴和宗教改革这两次意义重大的思想文化解放运动以后才出现的。"③尤其，文艺复兴是在复古诉求中寻求新的方式以带动当下人的进步，

---

① 熊十力：《中国历史讲话：中国哲学与西洋科学》，上海书店出版社 2008 年版，第 133 页。

② 刘景华、张功耀：《欧洲文艺复兴史·科学技术卷》，人民出版社 2008 年版，第 36—37 页。

③ 何新：《中西学术差异：一个比较文化史研究的尝试》，《自然辩证法通讯》1983 年第 5 期，第 40—41 页。

"文艺复兴的真意义在其人生态度的复兴"①。"文艺复兴时期的人文主义者重视向古代学习，但并不迷信古人的著作，由于知识视野的扩大，使得人们更为自信，敢于向权威挑战，养成了一种怀疑主义的科学态度。……为近代科学建立了良好的治学传统，形成了科学研究的持久成就。"② 所以，在早期现代新儒家看来，西方近代以来科学技术的形成与它的历史密切相关，"欧洲之经从中世纪而变为近代，其间科学上有歌白尼（哥白尼）、开魄雷（开普勒）、加里勒（伽利略）诸人之发明；其在哲学上有倍根（培根）、霍布士（霍布斯）、笛卡特（笛卡尔）、陆克（洛克）、休谟、兰勃尼兹（莱布尼茨）、康德之学说。"③近代欧洲人正是在古希腊古罗马的思想中，寻求到人与自然、社会发展的新的关系，对这些对象世界的认识才能得以彻底打开，"欧人文艺复兴时代，自有一段真精神，伸言之，即其接受前哲思想，确能以之激发其内部生活力而有沛然不可御与欣欣向荣之机，否则能有善果乎？"④经过漫长中世纪的等待之后的欧洲，在思想和宗教释放下逐步走上强盛发展之路，直至将古老而优秀的东方文明及其他国家远远抛在身后。但是，早期现代新儒家认为，不能因此而自怨自艾，取而代之应明确每一种文化都会有自己发生的源头，西方科学技术文化强盛同样有其文化渊源，"西洋科学之有今日，实由希腊时代哲学家，惊奇于宇宙之伟大与自然律之微妙，而富于求知欲。……科学发达，哲学为其根荄，此稍留心西洋文化者所共知，无需赘言"⑤。正如古希腊古罗马不仅为近代提供逻辑、概念等抽象组合需要的理论内容，也为其提供了为认识真理而不屈服的精神。在西化发展中固然要积极吸收这些西方提供的优长，但也不能忘却自家文化中同样具有宝贵的思想源泉。

西方科学技术为社会发展的主导力量带来的显著变化，是对自然认

---

① 《梁漱溟全集》（第一卷），山东人民出版社 2005 年版，第 539 页。

② 杨渝玲：《文艺复兴：近代科学产生的艺术背景》，《自然辩证法通讯》2009 年第 4 期，第 2—6 页。

③ 张君劢：《民族复兴之学术基础》，中国人民大学出版社 2006 年版，第 48 页。

④ 熊十力：《论六经·中国历史讲话》，中国人民大学出版社 2006 年版，第 112 页。

⑤ 熊十力：《中国历史讲话：中国哲学与西洋科学》，上海书店出版社 2008 年版，第 123—124 页。

识能力的提高及对社会发展产生的变化，"中世纪征服了蛮荒，赢得了对森林、丛林、沼泽和海洋的伟大的战争，且支配土壤为人所用。极大部分的西欧国家，终止了奴隶制度，且几乎结束了农奴制"①。这种变化不仅极大改变了当地的生活方式，也为他们取得世界中心地位创造出许多便利条件。但是，实现西化不仅是通过其科学技术的成果的有力推动——其中主要是科学技术在军事上的成果，而且也通过政治、文化等对落后地区的思想渗透。"西方文化是支配现代世界的文化，这是我们不能否认的事实。自十九世纪以来，世界各民族的文化都受到西方文化的影响，都在努力学习西方之宗教、科学、哲学、文艺、法律、实用技术，亦是不能否认的事实。"② 当然，近代以来科学技术主导的产业革命，在推动西方国家社会发展的同时，也使得这些国家迅速地进入到工业化的社会发展模式，西方国家开始猛烈地对落后国家与地区进行侵略和掠夺。由于近代科学技术在战争中无节制的应用，所造成的生存灾难在时空范围内都是空前的。并且，与欧洲工业化国家之间的战争有所不同，落后的国家和地区与欧洲国家的战争都几乎以失败而加重盘剥为结局，中国也是属于最为典型的例子之一。所以，西方能在世界范围内形成话语权，主要是通过表象的科学技术成果对落后地区的殖民，这是科学技术在物质文明中最直接的恶果。

伴随这些殖民掠夺战争进行的同时，欧洲也为这些落后国家和地区，有意或无意地带去自己有关科学技术、经济发展与社会组织等的新思想。毕竟，欧洲人是近代以后重新从自然宇宙中发现自己的主体地位，对自身的认识不再归入人与神之间的关系，能自主地考量人在生存中价值与地位的源头支撑。这种主体个性自由的发现，极大地发挥了他们自身的能力，在对外侵略中也明示那些落后国家和地区的人这样的个性自由的重要意义。所以，欧洲人这种对自己与他人、自身与社会之间的关系的重新认识，实现个体的独立、自由和解放，发扬个体的自主意识与创造精神，应该也会深深刺激和影响被侵略国民。不过，伴随工业文明的最大负面附属物也将追求物质利益的欲望合理化。在个性得以充

---

① 　［美］威尔·杜兰：《世界文明史》，东方出版社 1999 年版，第 1520 页。
② 　张君劢：《新儒家思想史》，中国人民大学出版社 2006 年版，第 582 页。

分张扬与发挥后，可以通过理性对人的生存环境进行终极式的追问，"理性精神与自然科学的结合使人们看到人类开创世界未来的潜力和希望。因此，人们一方面用理性和科学作为思想武器反对盲目信仰、蒙昧主义，另一方面鼓励科学研究，重视科学文化教育"①。基于此，落后地区在被侵略殖民过程中也开始学习西方的发展及自主追问的创造精神，甚至模仿尝试西方政治模式以摆脱蒙昧的封建专制。早期现代新儒家同其他西化派都认为，改变中国落后的社会局面，必须借助西方先进的科学技术。不过，早期现代新儒家也主张，中国的西化发展是要看到西方表象背后的思想根源及其精神动力究竟是什么，及中国在西化进程中将如何能够具有这样的精神动力所要面临的重要问题。

二　中国西化的历程及其主要目的

在第一次鸦片战争爆发之前，中国封建政府有几次相对规模较大的海外交流。但当时的诸多交流国家因实力不足或其他因素，根本不可能对中国的发展与生存构成威胁，这种"中强西弱"的局势直至19世纪中叶才被打破。西方坚船利炮导致中国频频陷入存亡危机之中，晚清政府的社会发展江河日下只能备受外邦的侵凌，两次鸦片战争全面落败成为中国在近代史上由强转弱的分水岭。所以，早期现代新儒家认为，中国的西化发展不该仅局限于失败表象的刺激，还应该了解导致这种表象出现的国内和国际发展事实，以及对各自的历史原因也要有一定程度的了解。从科学技术与社会发展关系的角度看，早期现代新儒家不赞同中国近代之前没有科学思想与技术进步的观点。事实上，在18—19世纪之前中国科学技术对社会发展的推动，以及科学技术的水平都还能属于世界的领先集团，只是在这段历史之后西方迅速走强而我们近乎处于原地。张君劢目睹中国与海外差距，认为其最为关键的因素在于中国缺乏进步的动力与活力。"今日之欧美，非近代科学与技术所产生；反而言之，惟有欧美人之心思，乃以产生近代科学

---

① 韩庆祥、王勤：《从文艺复兴"人的发现"到现代"人文精神的反思"——近现代西方人的问题研究的清理和总结》，《北京大学学报》（哲学社会科学版）1999年第6期，第15页。

与技术，且抬高此二者以达于今日之程度。……故中国教育之根本问题，非模仿也，乃创造与适应也。"① 因此，早期现代新儒家认为，中国古代文化还是蕴含丰富的科学思想与技术经验，在中国追求西化发展而实现工业化道路上，关键是要通过现代的中西相互学习将这些内容挖掘出来。"西洋各种学术之端绪，吾未始不具，只未发展耳。夫西洋科学之成功，何以不见于吾国？西学之端绪，吾虽有之，而前此竟不获发展，此其故何在？"②

中西方文化自其源头就因不同地域环境，形成了风格迥异的思想和理论体系。当然，两种文化所具有的相同之处，在于技术形成及其对社会发展的影响。"如果欧亚的交通不打开，中国人的精神还照千年来的样子不变，那中国社会的经济现象断不会有什么变迁，欧洲所谓'工业革新'（Industrial Revolution）的，断不会发生。"③ 自 1583 年利玛窦来华传教，到 1775 年罗马教廷明确命令解散在华耶稣会，在这近 200年间，西方文化开始有选择性地被中国接受而得到一定程度传播，被学术界认为是中国思想方面"西学东渐"的黄金时期。尤其是 1627 年崇祯的即位，因崇祯皇帝是历朝帝王中第一位对西方科学技术及其成果表现出积极的求实图进之态度，所以在其当政的时期对异域文化显得更加开放和包容。首先，崇祯皇帝重视兵器、火炮的研制，也重视将传统的天文历法借助西方理论进行重新修订，进而开设西洋历局，并礼贤当时精通或热衷于西学的国内重臣如徐光启、李之藻等人。其次，能够将有才华的西方传教士进行感化而为其所用。面对当时国内更多的守旧之臣，对传播西方科学与宗教的传教士所做出的各类迫害，崇祯皇帝不仅与国内这些大臣进行周旋，还能想方设法地保护和重用这些传教士，"他（崇祯皇帝）并不因一些守旧官吏的言论而轻视西洋教士，反之，在徐光启逝世后，更加重用汤若望等人，让他们来组织领导制造火器和西洋大炮的工作"④。但是，因为明朝到了崇祯年间的颓势已经无法拨转，崇祯皇帝的西化热情与努力随着朝代的灭亡也只能接受被彻底湮灭

---

① 张君劢：《民族复兴之学术基础》，中国人民大学出版社 2006 年版，第 16 页。

② 熊十力：《读经示要》，中国人民大学出版社 2006 年版，第 5 页。

③ 《梁漱溟全集》（第一卷），山东人民出版社 2005 年版，第 375 页。

④ 李明伟：《崇祯皇帝与西方科技》，《文史杂志》1985 年第 3 期，第 73 页。

的命运。

明清鼎革之际，西方传教士诸如汤若望、南怀仁等无论出于何种目的，还是能稳定西方在中国的传教活动及不断加深西方在中国的影响力，进而以"合儒补儒"路线既符合中国传统之风气又能实现其"学术传教"（或"知识传教"）的目的。所以，这些西方传教士也是用了心思，他们变动学术传教方式而迎合中国政治的需要，尤其是迎合清初的实学风向，从而也投合康熙皇帝对待西学的态度，故康熙年间的四十年的西学东渐也被看作是又一黄金期。事实上，康熙能够青睐西方科学也因朝中关于天文历法之争难有高下的偶然事件的影响，使其有感于国内朝臣对历法之争无一能知其所以然，还不如让自己能够去"愤而学"而确立自己的主见。所以，康熙皇帝对西方科学的热衷，从其一开始就具有了明显的功利实用倾向，诸如他设立算学馆、钟爱民间擅长天文历算人士、主持天文历算书籍的编撰等等，都是为解决当时国内在天文历算方面的困局。不过，在涉及中西方文化到底孰为本源这一问题上，康熙皇帝明确坚持"西学中源"的观点，"康熙帝认为，西学源于中土，即其优于中法的历算，亦'原出自中国，传及于极西，西人守之不失，测量不已，岁岁增修，所以得其差分之疏密'。……而康熙皇帝的介入，使西洋传教士亦不得不接受此说。这是西学第一次传入中国之时的折衷理论。在此基础上，西学方能被有条件地吸收而不遭排斥，而中西文化方能融合、交汇"①。所以，康熙皇帝受实用性和体用论的影响，表明他并不是心悦诚服地希望在中国发展出类似西方近代以来的科学技术为主导的文化，更不可能会满足国民对个性自由的追求，这在很大程度上使学习西学打了折扣。所以，在 1705 年罗马教廷与中国就尊孔祭祖礼仪上的争论，加之康熙皇帝已经逐渐实现其治国方略，反而加速了康熙皇帝要彻底与西学划分界限的决心，中国的国门在历史发展的关键期将向最有活力的西方关起来。

不同于崇祯、康熙时期向西方学习的立场与态度具有一定的主动性，清廷政府在其末年却是在西方借助科学技术造出的坚船利炮的攻击之下，才从痴迷于"天朝上国"的目空一切转而不得不承认西方这些

①　赵莉：《康熙与自然科学》，《中国青年政治学院学报》1992 年第 5 期，第 42—43 页。

"奇技淫巧"也是立国、强国之根本。正因为有了林则徐、魏源、冯桂芬、王韬等人对当时有关西化发展做出的前期工作，才有了之后曾国藩、左宗棠和李鸿章等人在朝廷授权下的具体西化发展实践，开始晚清政府第一次被动性自救运动——洋务运动。但是，1895 年中日甲午海战，日本将中国击溃，使洋务运动这种不动朝廷根基的努力彻底被否定。因此，作为洋务运动活的教训，越来越多学者将矛头指向晚清政府及其配套的封建制度，认为能够真正摆脱被殖民掠夺命运的前提是要能够对这样的制度做出一定的改革。之后的维新变法运动虽然批判中国旧的文化（尤其是对洋务运动失败根结的批判）、倡导西方资产阶级新风、进一步强调以科学技术解决国内矛盾，这样的政治目标与热情也很快得到光绪帝支持。但是，掌握实权的以慈禧为首的保守派为保护自身的既得利益，轻而易举地扼杀了这次运动。

自戊戌维新运动到 1905 年废除科举制，西方工业化国家的大肆侵略让晚清朝廷已经彻底无还手之力，中国将自救的视角更集中地投向西方，西化发展立场更为坚定，这从清政府派遣留学生的规模和办学方式中也能得以体现。虽从 1872 年选出首批幼童作为留学生远赴西洋，但到 1892 年清政府派遣的海外留学生共计才 197 人，其中，1896 年前往日本的才仅有 13 名，然而，在 1901—1906 年间就猛增到 1 万多人①。在早期现代新儒家代表中，张君劢是收到国内公费而能实现出国留学，梁漱溟则从小学就开始接受半中半西的"洋教学"。但是，这种方式还是没有彻底触及朝廷根本，所以无法最终改变当时中西方的局势。辛亥革命将中国彻底从封建王朝中解脱出来，但中国未来的发展道路在何处，民国政府由于同样兼受国内与国际双重压力而无暇整理头绪。"科学救国"时风劲吹，却也仍然停留在少部分或上层人士阶层，国民对科学主导下的生活方式还是没有深入的了解。基于此，民国政府在政权上虽然已经独立，但国内的发展仍可谓杂乱无序。在这样跌宕却难以实现国富民强的西化发展历程，早期现代新儒家虽也主张吸收这些表象成果，但也反思中国到底学习西方什么及如何学习，在这样的科学技术观

① 潘君祥：《戊戌维新与我国近代科技的发展》，《上海师范大学学报》（哲学社会科学版）1981 年第 12 期，第 100 页。

的影响下，提出"今后应扩大胸襟，采人之长，补己之短，同时勿昧于他人之短，勿忘自己之长"①。毕竟，几次向海外的学习并未能真正改变中国的命运，国家的主权日益沦丧，国家的利益越发被掠夺。

早期现代新儒家对比晚清几次西化的失败，认为其中的主要原因是在于这几次学习西方的目的不明确，"要知道这（科学与民主）只是西方化逐渐开发出来的面目还非他所从来的路向。我们要去学他，虽然不一定照他原路走一遍。但却定要持他那路向走才行，否则单学他的面目绝学不来的。并且要知道西方化之所以为西方化在彼不在此。不能以如此的面目为西方化，要以如彼的路向为西方化的。况也必要探索到底，把西方化兜根翻出，豁露眼前，明察不惑，然后方好商量怎样取舍"②。明末清初时期学习西方的方式与态度虽有一定积极性，但几乎只是为了当时朝廷自救或者为江山初期的稳定，故崇祯皇帝虽对西方科学技术及其他文化表现出浓厚兴趣，这在帝王中是亘古未有的，却因为改变国运而暴露出"求治颇急"之心态，不可避免出现"易见小功，而慕近利"③的危机。这种功利特征并不是真的要仿效西方，其实质在于如何巩固皇权统治，这在康熙时期也是十分明显，在"礼仪之争"后康熙即断然拒绝了与西方的交流。

衰败的清朝政府与鼎盛的西方，在特定的历史背景下再次以武力的方式一决高下。晚清在节节败退中完全被动地实行海通政策，迫使中国自上而下、自下而上都开始对海通而实现强国进行努力，从而为中国寻求正确的海通之路寻找方法。由此，国内学者需要寻找导致这种局面出现的根本原因，科学技术是关键因素在学界迅速成为普遍的共识，这是早期现代新儒家科学技术观形成的社会现实基础。洋务运动和戊戌变法运动在晚清虽轰轰烈烈开展，却因各自明显的西化缺陷而注定都不能实现最终目标。虽然，晚清政府向西方学习完全是在被动局面下开始的，却因为与当时西方最鼎盛科学技术为主导文化的正面对击，反而较快地集中了向西方学习的内容。至 20 世纪初，学术界将中国的西化发展归

---

① 张君劢：《义理学十讲纲要》，中国人民大学出版社 2006 年版，第 52 页。
② 《梁漱溟全集》（第一卷），山东人民出版社 2005 年版，第 370—371 页。
③ 邱力生：《试论崇祯皇帝的历史地位》，《学习与探索》1985 年第 5 期，第 141 页。

拢到科学技术，及其在政治、经济、文化领域中的影响，也最终成为思想界关于西化发展的理论研究热潮的主要内容。在民国初期的新文化运动与五四运动中，中国明确以西方为参照而形成了较为彻底的西化发展方向与内容，从而能够将中国当时所有的不足彻底暴露在西方优势面前进行反思。早期现代新儒家对新文化运动与五四运动，虽然有着各自的批评，但对其向中国引进西方科学技术观念及其对社会变革作用的认识，都给予了充分的肯定，认为这两次运动的影响能够加强国民对这种变革的认识。早期现代新儒家认为，中国在主动西化发展的追求中，就应该有明确的主线内容，这样不会使国家陷入在西化发展进程中因无头绪而混乱的局面。当然，在追求西化发展的过程中也一定不能忽视西方已经存在的问题，应该对这些问题背后的缘由有所了解，这样才能避免中国重新出现这些问题。归根究底，早期现代新儒家科学技术观，希望中国在学习西方科学技术文化时，更多关注它们背后的精神气质。换句话说，西方形成近现代科学技术的背后精神，才是中国要学习的本质内容，塑造出类似的科学精神才是中国学习西方的根本目的。

　　国内最早使用科学精神一词的是留美学生任鸿隽，他批评当时国内一些学者在西化发展中模糊了科学观念，因而在《科学精神论》一文中强调，西化的科学精神就是在于探求真理，并认为"崇实"与"贵确"是科学精神的两大要素。[①] 相比任鸿隽，梁启超在科学社的年会讲演，则进一步与西方近代科学技术发展历史相结合，将科学精神界定为可以获得知识的方法。但是，早期现代新儒家所讲求的科学精神，与中国现代思想家所主张的科学精神基本契合，但更突出国民是否具备这种精神的素养。在早期现代新儒家看来，中国能否将西方近代以来的科学技术在中国生根发展才是西化发展的关键，则也取决于国民是否具备科学精神素养进而能消化、吸收科学技术的能力。早期现代新儒家研究西方近代以来科学技术的历史渊源，发现与古希腊古罗马遗留的自主的认知精神与追问的探索精神直接相关。基于此，早期现代新儒家在中国不得不开始主动追求西化发展时，竭力主张首先要明确中国学习的最本质

----

① 吕冬青：《科学精神在中国的历史演化及其当代重构》，硕士学位论文，武汉理工大学，2007年，第2页。

内容是什么和怎么西化。因为，在他们看来，欧洲文艺复兴实现人对自然、社会及对自身的充分认识，助长了欧洲人的探索欲望和精神，进而使得认识不断深入而更接近规律，这些固然要尽快学习并吸收，但是也并不能完全以自卑者的心态而完全没有了自信。早期现代新儒家认为，如果中国学习西方文化仅仅当作中国发展进程中的外在辅助，或在学习过程中抱有得鱼忘筌的心态，那么，对中国而言还是很难从真正意义上形成西方近代以来的科学技术，对中国从根本上实现工业化也会滋生出诸多不利的负面因素。另外，这样的西化发展将要面临的最现实的问题，是不能从根本上实现中国自身的独立与强大，从而也很难在与西方较量中取得新的突破。因此，中国学习西方的关键是了解他们能够强盛的根本动力，塑造出科学技术的那股精神，"以此精神（科学精神）以言中国文化之发展，则中国文化中，必当建立一种纯理论的科学知识之世界，或独立之科学的文化领域，在中国传统之道德性的道德观念之外，兼须建立一学统，即科学知识之传承不断之统"[1]。早期现代新儒家认为，只有在中国培养出这种动力，才能使国民真正了解西方科学、技术、文化等的精髓而培养出中国自己的科学精神，进而实现从根本上扭转中国的贫弱落后面貌。

三   塑造中国科学技术精神的条件

早期现代新儒家科学技术观，明确了中国对西方科学精神的获得，是不可能依葫芦画瓢而简单移植，必须先具有适合它们生长的土壤，且这种精神素养土壤也是中国产生和发展科学技术的坚实基础，"我们总以为武器不如人，物质不如人，在我看来实在是不重要的，我实注重精神的素养"[2]，"十九世纪后，中国又与欧洲交通，但知剽窃欧洲皮毛来粉饰自己，内心毫不振作，学说上本不能与人相抗，政治制度亦复如是，故精神上早已投降欧洲了"[3]。惟其如此，早期现代新儒家在西化发展的浪潮中，与主流西化派坚持的西化路径产生了分歧，在中西方文

---

①　张君劢：《新儒家思想史》，中国人民大学出版社 2006 年版，第 578—579 页。

②　张君劢：《民族复兴之学术基础》，中国人民大学出版社 2006 年版，第 233 页。

③　同上书，第 265 页。

化的认识和评价上也出现根本不同主张。在早期现代新儒家看来，西化派的不足是其西化发展理念过于"急功近利"，很多人主张先将西方的成果转移到中国，使得这些成果为解决现实的贫弱落后问题服务，却没有从根本处察觉出中国还没有相应的社会基础。

从西化发展的立场看，早期现代新儒家的科学技术观，反映出要积极向西方学习的主张。但他们更关注中国的未来发展，而这种具有前瞻性的关注体现在他们更加谨慎的态度上，其实质是希望中国如何能与西方文化对接而真正走出良性的西化之路和中国的工业化之路。早期现代新儒家为了能使中国具备西方发展科学技术及其他文化的本土环境，以西方近代的发展与其历史渊源的关系反观中国当下发展，认为首先要从改变对传统文化的态度入手，尤其是对儒家文化社会价值的认识和评价。在早期现代新儒家看来，儒家文化同样具有促使国民塑造科学精神的内容，故离不开对儒家文化的继承与发挥，"中国固有儒家大《易》为哲学界穷高极深之旨。中国科学精神实见于此。……孔子为儒家大祖，其道之大，具存于《易》。……易者，象也。其所观万化、通万理者，一由乎取象。取象者，灵感之妙也。随感所触，至理跃如呈现。六通四辟，大小精粗，其运无乎不在。易道'范围天地之化而不过，曲成万物而不遗'者，唯其本之灵感故也。"① 与西化派暂时将儒家文化束之高阁的态度截然不同，早期现代新儒家坚定认为，从儒家文化源头真谛来看，它是符合人类长远生存利益的。

既然要在中国追求西化发展中不放弃对儒家文化社会价值的坚持，那么，在这样的过程中就要为其找到足够的依据。民国时期塘沽久大精盐公司附设化学室——黄海化学工业研究社，第一任社长孙颖川邀请熊十力做第一次哲学讲座时，对于为何在这样一所化学研究所需要邀请熊十力时如是说："欲移植自然科学于中土，须先究中国哲学思想界是否储有发生科学之潜力？诚有此潜力，虽久伏藏，终有盛显之一日。"② 由于早期现代新儒家科学技术观，发现了儒家文化关于社会生存方面的

---

① 熊十力：《中国历史讲话：中国哲学与西洋科学》，上海书店出版社 2008 年版，第126—128 页。

② 同上书，第 121 页。

认识价值，都是经过思想转变后才意识到儒家文化在这个过程中必然会再次彰显其价值，而且，也是和其他思想文化作了对比后才形成的，对儒家文化的认识才更加客观和理性。质言之，早期现代新儒家对待中西文化的当下价值，是基于对它们各自的历史对比，以及相互之间的对比之后而作出的判断。早期现代新儒家强调，西方进入近现代的工业化时代，离不开对自家古典文化经过沉淀后的价值的重新发现。"我们发觉欧洲现代思想是希腊思想的延续，希腊哲学是现代思想的基础。在欧洲是如此的话，那末，中国为什么不能利用其旧有的基础呢。"① "今西洋学术思想或文化，其根源实在希腊，……希腊直启现代文明。"② 但是，面对这样醒目的事实，激进西化派很多学者却不愿重视。所以，虽然国内当时学者不少已经注意到西方近代科学与传统的渊源关系，但在追求西化发展中所表现的吸收态度过于激进。"有西方的根本文化，才产生西洋火炮、铁甲、声、光、化、电这些东西；这些东西对于东方从来的文化是不相容的。他们全然没有留意此点，以为西洋这些东西好像一个瓜，我们仅将瓜蔓截断，就可以搬过来！……及至甲午之役，海军全体覆没，于是大家始晓得火炮、铁甲、声、光、化、电，不是如此可以拿过来的，这些东西后面还有根本的东西。"③ 基于此，早期现代新儒家认为中国未来的发展，离不开对西方近代以来科学技术及自身传统文化价值的双方面发挥，尤其离不开对儒家文化为代表的中国文化的认识与评价，从而在科学技术观中提出明确"科学不可无根生长，当于中国哲学觅其根荄"④，主张应"顺中国文化历史之次序，由古至今，由源至流，由因果之逐渐发展之方向，更须把握中国文化之本质，及其在历史中所经之曲折，乃能了解中国近代史之意义，及中国文化历史之未来与前途"⑤。早期现代新儒家基于对中国长远发展乃至人类生存利益的关注，将中西文化从其历史渊源到今天变革社会方面的作用加以对比，

---

① 张君劢：《儒家哲学之复兴》，中国人民大学出版社 2006 年版，第 64 页。

② 熊十力：《读经示要》，中国人民大学出版社 2006 年版，第 141 页。

③ 《梁漱溟全集》（第一卷），山东人民出版社 2005 年版，第 333—334 页。

④ 熊十力：《中国历史讲话：中国哲学与西洋科学》，上海书店出版社 2008 年版，第 128 页。

⑤ 张君劢：《新儒家思想史》，中国人民大学出版社 2006 年版，第 557 页。

从而能够对两种文化有更加合理的认识与评价。在早期现代新儒家看来，这应该是当时国内学者在寻求救国治国之道的同时，也必须要为人类长远利益所肩负的重要使命之一。

儒家文化具有自身不足而难以适应某一时段历史发展需要，甚至可能会制约或阻碍社会发展，经过几个时期学者的努力研究，也从来没有回避过这样的不足。但是，如果就因这样的不足而彻底否定其对社会发展的价值，尤其到中国自近代落后局面的出现，认为应主要归责于儒家文化而顺理成章，这在早期现代新儒家看来也是断不可取的错误态度。惟其如此，儒家文化在19世纪末20世纪初，在土生土长的自家思想领域中不断遭受怀疑与非议，直至被归为愚昧腐朽的落后文化而从统治圣坛投进故纸堆。"清之末弃，西化东渐，挟荡海排山之力以临疲敝之族，群情骤愤，清以不支，帝制更，而混乱滋甚，祸患可以更端迭出，而创新无望也。北大诸青年教授，骤欲破除痼疾，效法西洋，一时热情锐气，颇有揭天地以趋新、负出岳而舍故之概，漪欤盛哉！然而炎黄贵胄二千年之停滞不进，今不务掘发其固有宝藏、涵养其自尊自信之毅力，而徒以一切扫荡是务。……吾于五四运动以后菲薄固有、完全西化之倾向，窃有所未安焉。"① 甚至，儒家文化被作为守旧的传统文化，与科学、技术、民主等为代表的新文化做对比，在对"新旧文化"之间的评价与取舍成为衡量学者思想进步与否的关键要素时，早期现代新儒家明确通过科学技术观而对否定传统文化的观点表现出反对的态度。早期现代新儒家虽然对西方现代科学技术及其成果，以及西方成熟的体制制度表现出极大的兴趣与热情，但由于他们对儒家文化由同情到关注最后热衷，遂使他们在当时希望通过适时的解读而能将二者再次融合在一起。但是，由于早期现代新儒家对儒家文化的推崇，导致后来很多学者把他们当作保守的反科学者看待，尤其在西化主旋律的声音之下淡化了客观认识传统文化所具有的意义。事实上，早期现代新儒家对儒家文化的态度更为客观、合理，他们不仅认识到儒家文化在当时的社会作用无法被取代，尤其儒家文化关于人文关怀的内容已经有最成熟的理论体系，这是西方任何一个以人文关怀为重点的学派所不能企及的。同时，

---

① 熊十力：《十力语要初续》，上海书店出版社2007年版，第18页。

早期现代新儒家也发现儒家文化的源头真谛，讲求更多的是个人的生存方式的问题，是对个体内在修养关注的更多。儒家文化之所以会被误解，主要是后来其被政治意识形态绑缚和利用，由于儒家文化被作为统治意识而在不同历史时期被不同的学者进行注解而为政治服务。基于此，早期现代新儒家在当时主张，学界应该能对儒家文化这些特点给予足够的认识，如此才不会误解孔孟开创的儒家文化价值。

早期现代新儒家逆西化主流路径而行，对儒家文化表现出"不合时宜"的推崇，另一个重要原因是由于儒家文化注重道德伦理，强调个人在社会生存中对自身行为的自省意识，和只有对自身的行为的适当约束才可以求取社会和谐生存的整体利益。在早期现代新儒家看来，儒家文化这种以人文关怀为特征的道德理性，其在任何历史时期都应该作为制衡社会发展所不可或缺的维度之一。尤其，西方在科学技术及其成果推动下从农业社会过渡到工业社会，在国内引起诸多社会问题的同时，给世界带来的殖民灾难也是无法估量的。所以，早期现代新儒家认为，西方所推行的世界殖民就其本质而言，就是对落后地区生命漠视的表现，这是违背人类长远发展的，而克服这种扭曲的根本途径则是对"德性"的回归。换句话说，早期现代新儒家结合特定的国际与国内发展历史状况，发现科学技术时代倚重对智识理性的社会作用力，尤其在落后国家道德理性的社会制约作用已完全让位于智识理性，这在他们看来，是完全不符合社会发展诉求和人类长远生存利益，更何况，当时西方工业化国家在依赖科学技术发展过程中，早已经频现各种弊端和不足。儒家文化关于道德方面具有成熟的思想体系，这在早期现代新儒家看来，恰好可以弥补或规避西方发展模式所引发的这些社会问题。基于此，早期现代新儒家认为，中国未来的现代化应该尽可能避免西方已经出现的负面现象，在实现中国现代化过程中应该重新认识道德维度的社会张力，儒家文化对中国现代化实现的意义也是十分明显。

儒家文化对道德的阐释，其实质是对人类社会生存各种利益和关系的制衡。所以，无论物质生活处于何种阶段，人与人的社会关系及其维持都不能忽略道德在社会稳定中的作用。当然，道德对社会制衡作用也不可能一成不变，它需要随着社会物质发展水平的提高而逐步调适自身。所以，如果道德作用能因时代发展不同而作出的相应改变，早期现代新儒家认为，这不仅不会有悖于科学技术的发展，反而更能为社会长治久安提供重要的理论支撑。儒家文化作为一种思想文化也会有其自身的局限，尤其儒家文化自董仲舒将其作为统治者的意识形态后，在中国近两千年封建社会的政治意识形态的绑缚下，对其社会作用的认识与评价更需要理性的态度。在早期现代新儒家看来，儒家文化的不足主要有三个方面：首先，儒家文化以个体对自身道德约束作为社会稳定的重要前提，但其又是阻碍个体个性凸显的主要因素；其次，儒家文化对自然认识让位于对社会认识，使其对概念的界定、分析在一定程度上非常模糊；最后，儒家文化过于强调个体的自省，对社会整体的觉悟能力提高有很大的限制。而这些在与西方近代以来崇尚理性和逻辑的科学技术的对比中，是需要儒家文化后继者做出修改的。

回顾中国历史上的海外交流，尤其是自明朝的崇祯皇帝开始，无论其交流动机是主动还是被动，都是可以归为受到外部环境和因素的刺激。在西方文化随同传教士一同来到中国，并经过这些传教士的努力而慢慢融合进中国文化时，中国当时的士大夫阶层也同样引起了重视，很多学者开始对西方文化极为关注，尤其是对西方近代以来迅速发展起来的科学技术为主导的文化。然而，虽然"中国接受西洋思想、西洋科学年代，也不为不久。我们接受科学，至少有好几十年了，我们应该拿一种反覆思考（reflective thinking）的精神和批评的精神来想一想科学本身是什么"①。但是，经过二百多年的时间的简单传入或模仿，中国不但没有使自己跟上西方的发展节奏，反而与它们之间的差距越拉越大，"吾国两千年来忽略自然界之知识，因而不知有科学。此为吾国之缺点，而应有以补救之"，路径即"自于科学进步有益，然其大关键尤在乎吾人思习之改造"②。"民国以来教育，对于固有的学术思想与道德信条等等，一切以为旧的，腐的，而尽唾弃之，却又无法凭空产生信条与新的道德。而哲学上，又没有新的中心思想。因此，没有维持身心的东西。所以社会上表现出一种猖狂与混乱的现象。"③ 早期现代新儒家

①　张君劢：《民族复兴之学术基础》，中国人民大学出版社 2006 年版，第 81 页。
②　同上书，第 15 页。
③　熊十力：《论六经·中国历史讲话》，中国人民大学出版社 2006 年版，第 131 页。

从当时国民具有这样的心理进行分析，认为其中的主要原因在于几次向西方的学习过程就是因为缺乏这种"reflective thinking"的精神，从而也就很难形成自主的追问的求学精神。"每每一主义或一制度，在西洋本有其具体内容，一移到中国就变质，而成了纯粹的理论。既与过去历史无关，亦与今日现实无涉，而许多人竟可为此牺牲一切，牺牲自己不算，并要牺牲国家。中国与西洋接触即犯此病，至今不改。"① 如此，"不悟科学既无根荄于中国，如何移植得来？……自清末兴学以至于今，四十余年来，朝野教育计划，始终以派送留洋为政策。而国内各大学一切空虚，不求改善，不务充实。即此可见，国人之于科学只是浮慕，无根故浮。只是虚伪宣传，而科学根本精神，中国毕竟无从盗得。夫知识技能可从他学者也，精神自是吾人从无始来，内在固有，岂可袭取于外"②？质言之，中国在接受西方现代的文化成果过程中，主要表现为被动、消极的吸收并为我所用，对西方文化带来的刺激没有从本质上予以理解。熊十力认为出现这样的情况，与历来国人所受习思环境有很大关联，他说："吾国人缺乏思辨与向大处找问题之能力，乃从两汉以来养成之，在帝制权威下，只合以无聊考据之业偷活，积久遂成不可拔之惯习。"③ 而其原因即为占据两千年的封建帝制，"帝制时代，不肯奖励思想，学者以考据不触世主之忌，又易成名，故自汉以来，群趋于考据之业，亦渐失其思辨之能力，此甚可痛"④。所以，早期现代新儒家认为，中国从根本上实现现代化，还需要国民改变既有的学思习惯。

　　无论明末清初积极地向西方学习交流，还是晚清之后的被动学习交流，将西化发展仅仅当作"点缀品"的心理，对西方文化所发生的变化本质就不会投入过多的关注，进而在学习西方过程中容易有"得鱼"而"忘筌"的短视使得民族惰性生成、个性沦丧，"我们不单接受西洋科学中之现成结果，同时我们须能够对于科学本身，或者说对于科学的前提，加以思考，加以批评。……并不是我们国民单接受西洋兵舰、飞

---

① 《梁漱溟全集》（第三卷），山东人民出版社 2005 年版，第 305 页。
② 熊十力：《中国历史讲话：中国哲学与西洋科学》，上海书店出版社 2008 年版，第126 页。
③ 熊十力：《论六经·中国历史讲话》，中国人民大学出版社 2006 年版，第 65 页。
④ 同上书，第 120 页。

机、无线电就算了事，是要我们国内科学家能够做牛顿，能够做爱因斯坦，能够做达尔文。换一句话说，是自主的科学思想，不是受动的科学思想"①。这种短视具体体现在社会的两个层面：首先，这种短视是表现在政治统治者自己的身上。因为他们仅仅为解决或转移某一危机，对学习西方很难有较大规模与组织的系统进行。这种"头痛医头，脚痛医脚"的西化发展目的与方式，根本无法在国内形成真正意义上的学习成效，"要吃现成饭是不行的，必须自己改造。我希望大家明了此一项确定的重要，因为我们既经明白了中国之旧有制度以及欧洲近代之政治制度乃至于俄国式的政治制度，皆无法拿来应用，则我们非从头上来不可"②。其次，这种短视就是体现在国民的认知上。儒家文化在历史长河中所达到的辉煌，在中国延续的文明历史确有浓重的一笔。但这种文化的辉煌基本上是成形、成熟于两千多年的农业文明里，从而在这两千多年已经有了成熟的固定模式，如此反而使得民众也习惯于固有的思维方式。而且，在儒家文化受政治统治的利用而被曲解之后，普通民众要挑战这种权威也几乎是不可能的。这就使得中国民众向来习惯于解决实际问题，这些问题而且是与当下生活有直接关联，而对于问题的本质解答则没有形成习惯。惟其如此，从上层的政策与下层的践行，都不会从长远的发展考虑，这种短视的向西方学习过程，在早期现代新儒家看来不能真正实现国家的现代化。

儒家文化从源头开始就讲究人在社会的整体性利益，为了维护这种利益则以道德伦理来约束人的个体行为。从儒家文化源头精义看，多是弘扬个体的人在具体的社会行为中，通过不断的反省而确知自己行为可能对社会发展所带来的影响，在此过程中也加深了对自身思想的认识，从而能进一步提升个人修为而更加符合社会发展的长远利益。儒家文化这方面的独到见解，的确是需要个体在社会中去体会与反思，从而成为一种自觉意识的社会行为。基于此，早期现代新儒家认为，对儒家文化的重视在未来社会生存中是必须具备的，这不仅是对传统文化的一种取舍态度，也是中国能够规避西方发展出现问题的关键。早期现代新儒家

---

① 张君劢：《民族复兴之学术基础》，中国人民大学出版社2006年版，第82—83页。
② 《梁漱溟全集》（第二卷），山东人民出版社2005年版，第24页。

科学技术观，正是强调中国在学习西方思想文化等内容的态度应该是批判式的，能将其真正适合中国发展需要的内容予以留存，这种态度同样也应该表现在对儒家文化社会价值的认识和评价中。

第二节　发扬儒家文化积极入世精神

早期现代新儒家科学技术观，是认识到西方科学技术及其成果在社会中的应用，能产生出的正负两方面的影响。"西学精神唯在向外追求，其人生态度即如此。论其功效，如在物质宇宙之开辟与社会政治之各种改造，所获实多。然其受病之深，似达过期所获之利。由向外追求，而其生命完全殉没于财富与权力之中。国内则剥削贫民，国外则侵略弱小，狼贪虎噬犹不足喻其残酷，使人兴天地不仁之感。受压迫者一旦反抗，则其报之亦有加无已。"[①] 对于如何规避与纠正这些负面作用，早期现代新儒家认为，不能完全寄托在科学技术本身，而也应该重新认识历史中有关天、地、人的自然生存之道观点，这恰是儒家文化历来重视并能具有的功能。"夫中外异势，而精神之运，各有独到。则资人之长，以弥吾所短可也。古今异变，而理道之公，元无隐蔽。析之至微，微者，微细。研之至精，固后人所胜。至于开物成务，开通万物，而成天下之务。含宏万有，则古人所发，固有贯百生而不敝者。"[②] 早期现代新儒家以儒家文化积极入世之态度，尝试将儒家文化精义与科学技术为主导的现代文化相融合，使其为中国追求现代化道路发挥益处。虽然，早期现代新儒家在新的时代重新阐释儒家文化，与个人自身具体兴趣及思想形成经历密切相关。但总体上讲，早期现代新儒家是从儒家文化入手，对比中西文化对社会生存所关注内容的不同，不仅恢复人对精神价值的追求而规避科学技术时代的负面影响，也能为儒家文化在现代化社会价值的弘扬与复兴找到新的研究内容。

_____

① 熊十力：《中国历史讲话：中国哲学与西洋科学》，上海书店出版社 2008 年版，第 136—137 页。

② 熊十力：《读经示要》，中国人民大学出版社 2006 年版，第 122 页。

一　儒家文化积极入世的处世态度

早期现代新儒家科学技术观中，重释儒家文化构成其内容的重要部分，主要关于实现道德理性的人文关怀恪守与传承的使命。早期现代新儒家以人文关怀为立足点，是对儒家文化注重通过个体道德修养的回归，希望在科学技术时代将其再次作为"人类一切道德行为皆发于吾人内在固有之真源"①，从而使得未来发展不偏离而有益于社会的长远、和谐发展的需要。儒家文化近代发展的颓势，使早期现代新儒家认识到要以儒家文化之经典的重释为切入点，通过当下社会发展的实际情况重释儒家文化的源头真谛，力求破除因对其无根游谈、束书不观的错误态度而带来的弊害，"吾国进入处于救死不暇之地位，自不必以议论他人长短为事，自不必高唱欧洲衰亡之论，但问吾人如何采人之长以补己之短"②。早期现代新儒家对儒家文化阐释也是具有批判的态度，体现为他们既肯定儒家文化对生活的关注、协调人与人之间关系及天人合一的自然观三个方面的优势，也深刻检讨儒家文化所存在的不足，即过于倚重道德维度规约人的社会行为，且将知识累积也纳入道德范畴中，"为使人类不因科学之故而牺牲，而要使知识服务人类，则知识必须合乎道德的标准"③。所以，早期现代新儒家明确主张，在中国需要西方发展模式而救国家于水火之境，但也不能缺失道德理性的功用，毕竟社会的发展同样离不开道德规约。早期现代新儒家对比科学技术时代所出现不同于农业时代特征，对儒家文化做适时调适的实践操作，以期对人类和谐长远的发展有不可取代的作用。

儒家文化自孔子对个人的现实生活的关注作为主要内容，注重与人切身利益相关的现实生活秩序营建，以此所形成"君子""圣人"等个体的修为功夫，却易产生有缺乏或疏离大众基础的倾向，"吾国儒家哲学以人生为目的，尤注重于知识与道德之并行不悖。至于西欧哲学之注

---

① 熊十力：《中国历史讲话：中国哲学与西洋科学》，上海书店出版社 2008 年版，第131 页。

② 张君劢：《明日之中国文化：中印欧文化十讲》，中国人民大学出版社 2006 年版，第56 页。

③ 张君劢：《儒家哲学之复兴》，中国人民大学出版社 2006 年版，第 74 页。

重自然界、注重逻辑、注重语义，可谓为吾国人注意力之所不及。惟其念念不忘众人所公有之知识与道德，以求人生问题之解决，且前后各代继续本乎'行健不息'之旨以为之，此乃中国文化所以历久常存而不至于误入歧途者也"①。但自汉以来两千多年的名分之主旨与孔门本宗是不同的，熊十力借庄子解释道："庄生言《春秋》道名分者，即史公所云贬天子、退诸侯、讨大夫等义也。其道名分，所以破除之也，名分破而后小民解缚，去奴行则养之以同德，同德者，与众同休戚，不自私故。扫陋习则诱之以求知，励勇任勇于任事也。则安之以乐利。"② 从而不同于汉以来所理解名分是"正名定分"而维持"上下尊卑"。所以，孔子开启儒家文化的人文关怀的本质，是通过个人积极入世观念，以自省以提高修为实现社会的和谐。

　　西方近代科学技术及其创造力虽然远远优越于其古典时期，但它们对人类社会生存所产生的影响也是非常地相似，即都会对人的社会关系及生存利益产生冲击。归根究底，这种冲击是由于放松了个体的利益或欲望的自我约束，而过于追求社会发展中外在物质生活的追求。中西方文化自轴心时代就可以看出，都没有明确否认科学技术在社会发展中所起的重要作用，没有否定科学技术会增加社会物质财富的累积。但是，相比西方的认识思维，中国三教九流多发现社会发展过于强调物质财富而忽视精神追求，犹如车之两轮、鸟之双翼而缺一，最终也不能真正有益于社会的稳定，故中国传统文化无论何家何派都对社会发展精神层面的作用有所涉猎。在早期现代新儒家看来，儒家文化认识科学技术对社会发展正面作用力同时，对它们在社会中现实的或潜在的负面作用更加关注。换句话说，儒家文化承认人类物质文明程度离不开科学技术的推动，但认为不能忽视它对人心和人性的影响，尤其这种影响会在社会蔓延传播，直至使人走向与自身的对立面，给自然与社会造成生存性破坏。依靠道德理性才能实现对人生存境界的提升，才能从实际对人的现实生活有所裨益。早期现代新儒家科学技术观，是在近代以来科学技术带来的负面作用频发的时期，主张对儒家文化关注人的生活这一精神追

① 张君劢：《儒家哲学之复兴》，中国人民大学出版社 2006 年版，第 18 页。
② 熊十力：《论六经·中国历史讲话》，中国人民大学出版社 2006 年版，第 15 页。

求的恢复，以求重新彰显儒家文化希望社会良性长远发展的真意。所以，有些学者认为早期现代新儒家的学术思想，与科学技术时代的社会发展忽视道德维度制约有直接的关系，他们是为了延续并复兴儒家文化当世价值而被称之为"精神的儒家"（Spiritual Confucianism）①。事实上，早期现代新儒家以积极入世的儒家文化之精神，以求规避科学技术发展及其成果应用所带来的社会发展问题，这是类似宋明一些儒者对儒家文化重释的方式，强调现实社会发展提供了实践的动因，"宋明诸儒犹承矩范。象山自谓稍一提撕，便与天地相似。此等实践精神，倘亦驰骋思辨者宜资观感欤！"②

　　不同于西方更多是将自然作为外在的客体认识对象，儒家文化则一开始就注重人与自然是浑然的一体关系，主张以"天人合一"的理念来认识人在自然中的生存，讲求社会发展其实质就是人与自然的"一体不二"的相互融合。儒家文化强调只有在这种融合的理念中，才能确定人及其他物种的生存关系，进而实现良性、长远生存。关于万物之中的人之生序，《周易》有言曰："有天地然后万物生焉……有万物然后有男女。"③当然，追求人与自然在发展中的和谐与融合，也是中国传统文化老庄学派讲求的最终目标，如老子主张"天地人三者相通"、庄子主张"坐忘"与"心斋"等天人观。但相比而言，早期现代新儒家对儒家文化天人观却情有独钟，主要是因为他们倾情于儒家积极入世的生活态度。毕竟，相较于其他学派考虑人与自然的关系，儒家文化从开始就不主张在追求社会进步中以消极的心理而逃避。在早期现代新儒家看来，儒家文化面对生活诸多的现实问题，都是以积极的态度调和与应对，在这样的过程中实现社会发展的目标及人与自然的和谐共生。晚清之后，儒家文化在与西方文化较量中几乎落于全败，儒家文化作为愚昧腐朽的落后文化代表，其注重对个人行为的道德约束严重阻碍人的个性扩展，进而被认为在两千多年时间里窒息了国民思想的创造力，这也

---

① 刘述先：《论儒家哲学的三个大时代》，贵州人民出版社2009年版，第165页。

② 熊十力：《中国历史讲话：中国哲学与西洋科学》，上海书店出版社2008年版，第133页。

③ 龚平：《中西天人观的比较及启示》，《四川师范学院学报》（哲学社会科学版）1996年第3期，第42页。

成为导致它自己在全社会引起信任危机的主要原因。在这样的文化认识与评价背景下，中国追求西化发展而实现自身的工业化过程，对儒家文化的继承声音被几乎彻底湮没也在情理之中。

早期现代新儒家结合儒家文化天人观，在科学技术观中思考近代以来科学技术对人自身、人类社会及自然等造成的负面影响，主张重释儒家文化而奠定一种新的生活态度。在早期现代新儒家看来，儒家文化不仅在个人道德修为之功上具有利在当下的内容，还有其对自然的态度同样具有引导价值。尤其是儒家文化历来重视天人合一的和谐发展观念，在工业化进程中，在认识和作用自然的过程中，能将自然本有秩序及其与社会稳定的关系作为重要前提。儒家文化传统科学技术观一定程度上是受历史发展水平的局限，但他们赞同对自然的认识与利用必须在一定的程度内开展，不能忽视人是自然的一个组成部分。所以，早期现代新儒家主张，中国学习西方科学技术同时，也要对儒家文化所重视的天人合一有新的认识，早期现代新儒家科学技术观是对其进一步的升华。早期现代新儒家科学技术观形成时期，儒家文化很难具有历史上曾有过的对外来文化的圆融含蓄的能力，几乎丧失了对西方以科学技术为主导文化的适应力。但是，如何在西方文化的冲击中重新彰显儒家文化价值，早期现代新儒家的三位代表也都从各自角度进行了尝试。

二　梁漱溟：现代化之乡村建设路径

梁漱溟（1893—1988），原名焕鼎，字寿铭，也曾用肖吾、瘦民、寿民等笔名，出生于清光绪十九年（1893 年），出自"世代诗礼仕宦"的家庭。他的祖先是元朝宗室后裔，元亡后留在河南汝阳并改姓为梁，至乾嘉年间因家族仕途迁至桂林居住，但后因梁漱溟曾祖梁宝书中进士，再次举家迁往北京并定居此地，再也没有回过桂林，这为梁漱溟的出生与成长"提供了一个比较优裕的家庭环境"①。因为父亲的思想十分开明，梁漱溟自 6 岁开始就在新式小学堂读书，7 岁（1900 年）进了中西文化混合教学的小学堂（北京第一所洋学堂），后因八国联军入侵而停办，才转入南横街公立小学堂，但 9 岁（1902 年）又随同两个

---

① 　景海峰、黎业明：《梁漱溟评传》，百花洲文艺出版社 2010 年版，第 2 页。

妹妹在蒙养学堂读书，且这一期间都是中英文双学的新式教育。梁漱溟的开蒙读物是从中国传统文化的《三字经》而直接转变到新读物《地球韵言》，"四书五经"在他儿时却不曾读过。梁漱溟在中学求学期间思想发生很大改变，从完全以功利主义视角关心人生与社会问题，转变到逐步放弃偏执的功利见解而消极起来，甚至因感悟人生为苦而转入佛家出世思想，且拒绝了母亲议婚等事。23 岁（1916 年）因在《东方杂志》发表《究元决疑论》受到蔡元培先生的关注，次年就被蔡先生择聘而任职于北京大学哲学系。31 岁（1924 年）有感于中国教育模式的不中不西特点却无法形成相应的社会效应，遂辞去北京大学教职开始走进乡村实行乡村教育建设的实践活动。34 岁（1927 年）提出中国应实施乡治理论，于次年以"乡治十讲"在乡村建设基础上开始具体乡治的尝试，直至 49 岁（1942 年）拒绝周恩来关于苏北或临近地区有关乡村建设的提议，梁漱溟才决定将其活动重心由政治又转向学术。1988 年 6 月，梁漱溟在北京协和医院病逝，享年 95 岁。这是梁漱溟先生的一生，不难发现其思想活跃并积极入世而践行，从西方功利思想到佛家出世情结再到儒家入世情怀的转变，表明其主要的人生目标就是要在弘扬、复兴孔孟儒家文化中鞠躬尽瘁。

梁漱溟由佛入儒后一直未放弃对儒家思想的推崇和研究，在他看来，作为一个社会存在的个体，则更应该强调自己的社会责任与人生理想的现实意义。从 1913 年发表《社会主义粹言》[①] 一文到 1985 年《群言》杂志发表的《今天我们应当如何评价孔子》最后著作，梁漱溟一生论著十分丰富，其主要有：《东西文化及其哲学》（1921 年 10 月，财政部印刷局印行，1922 年 1 月上海商务印书馆出版）、《中国民族自救运动之最后觉悟》（1932 年 4 月，北京村治月刊社出版，收录有关乡村建设 16 篇）、《乡村建设论文集》（1934 年，邹平乡村书店出版）、《梁漱溟先生教育文录》（1935 年邹平乡村书店出版，收录教育论文 22 篇）、《朝话》（1937 年，邹平乡村书店出版社）、《中国文化要义》（1949 年 11 月，成都路明书店出版）、《人心与人生》（1927 年开始

---

① 这是梁漱溟对张继翻译幸德秋水《社会主义之神髓》的观后心得，虽然没有发表在正式刊物，但由梁漱溟本人油印送人。

《人心与人生》演讲，1975 年 7 月完稿，1984 年由学林出版社自费出版）、《东方学术概论》（1986 年 11 月，巴蜀书社出版）、《中国文化要义》（1987 年 6 月，学林出版社重排出版）、《我的努力与反省》（1987年 6 月，漓江出版社）、《梁漱溟教育文集》（1987 年 8 月，江苏教育出版社）等等①。由梁漱溟这些主要著作可以发现，在他的思想早期主要是对佛家学说的解读，但之后则更多是体现一位儒者以积极入世的态度，寻求中国在追求西化发展中何以能实现良性的道路，尤其在国内矛盾最为尖锐时期集中其精力，主张一种乡村社会改造运动的"乡村建设"方式，希望将社会集中的问题从根本处得到解决，"乡村建设天然包含着社会各种问题的解决；否则乡村建设即为不可能"②。抗战胜利前夕，梁漱溟又将精力重新转回学术上，更加投入重释儒家文化而寄希望能承续它。由此可见，梁漱溟对儒家文化的接受并主张其入世态度是随时势而有所变动。

　　梁漱溟乡村建设是对孔孟主张的社会生活在现代化时代的一种尝试，他曾明确说过孔子肇始的儒家文化"不是一种思想而是一种生活态度"，进而立志于将儒家文化带到真实的民众生活之中，通过自己努力使其"不要成为少数人高深的学业，应多致力于普及而不求提高"③。梁漱溟发现，泰州学派中不乏陶匠、樵夫等平民，但他们将孔子开创的儒家文化带进了寻常生活，这也是对儒家文化一种很好的理解与阐释。其中，颜习斋的《乡约》所提及的具体思想构架，为梁漱溟提出并践行乡村建设提供了理论基础。因为，在中国迫不得已的完全开放时刻，梁漱溟意识到中国未来的文化立场离不开农民民族意识的觉醒。他甚至认为，以农民为代表的中国乡村是保留民族文化的最后阵地，农民的民族自觉性是决定中国未来命运的关键。梁漱溟为了帮助民众唤醒内在的民族自觉意识，在他认为最重要的途径是开办乡村学校，以能彻底使底层的民众对西方近代以来科学技术所创造的变化，获得最直接的感受而

---

　　①　梁漱溟著作系年主要参见景海峰、黎业明《梁漱溟评传》，百花洲文艺出版社 2010年版。

　　②　《梁漱溟全集》（第五卷），山东人民出版社 2005 年版，第 374 页。

　　③　辽宁大学哲学系编：《中国现代哲学史资料汇编》第一集第五册，1981 年，第 203页。

最终影响他们自己的思想。1924 年，梁漱溟在主持曹州中学高中部事务，就通过改革具体的办学方式与教育方法，希望以"亲师取友"之路实现孔子的"有教无类"的思想，进而在弘扬儒家文化时能将工业化的知识传输下去而实现救国之道。他认为从社会最深处的农村开展"民众教育或社会教育"要与乡村建设相结合，"民众教育不在乡村建设上做功夫，则民众教育必落空；乡村建设不取径于民众教育，则一切无办法"①。

　　梁漱溟辞去北京大学教职的重要原因，可以认为是他十分渴望通过具体的社会实践，在中国追求西化发展的浪潮中实现儒家文化的社会理想。儒家文化对社会发展之影响从未遭受过彻底否决之命运，但"异源"的西方科学技术为主导的文化在晚清之后的全面侵入，使儒家文化很难如历史占主导方式消融外来文化那样化解危机，而必须积极主动迎合与科学技术文化融合，否则只能被淘汰。梁漱溟的"乡村建设"实质上是通过教育的方式，在科学技术时代改变乡村的生活方式及组织形式，以期望农村能跟上现代化的步伐，进而能够真正实现中国的现代化。"我们可以这样说：生产事业的科学化，乡村生活的科学化，才算是科学技术在中国扎根。若科学没能于生产发生关系，于乡村发生关系，则始终不会有什么科学在中国成功。所以要想引进新科学知识方法，不但不能单派留学生，亦不能单设农业试验场；我们必须找着那个窍。那个窍是什么呢？就是要靠乡村组织使内地乡村社会与外面世界相交通。"② 梁漱溟认为中国要摆脱列强欺凌，归根究底是要看农村状况的改变，具体表现在温饱与农业生产技术问题的解决。梁漱溟以丹麦通过农业复兴而实现国家振兴做例说："近四五十年来，丹麦变成世界上最好之国家。……非因其战胜他国，乃系由提倡教育而致也。"③ 梁漱溟发现中国乡村的破坏已经超越任何一个历史时期，其很难以一贯的社会风俗来维持，"乡村纯落于被破坏地位，破坏的程度日渐加深加重加速，不会停止"④。梁漱溟之所以热衷中国乡村建设，其本质就是为了

---

① 《梁漱溟全集》（第五卷），山东人民出版社 2005 年版，第 486 页。
② 《梁漱溟全集》（第一卷），山东人民出版社 2005 年版，第 649 页。
③ 《梁漱溟全集》（第五卷），山东人民出版社 2005 年版，第 299 页。
④ 《梁漱溟全集》（第一卷），山东人民出版社 2005 年版，第 606 页。

提高社会最底层民众的现代意识，培养他们能与未来中国现代化对接的素养，期望以丹麦格隆伟之方式唤醒百姓对工业化的认识而实现国家的自救与发展。

关于通过乡村建设试图解决国内实现工业化的问题，他说："我们的运动，就在启发社会的力量；使殆死的散漫社会，变成活的团聚的社会；从社会没有力量，变成社会有力量。要让社会有力量，须打通地方上有力量的人的心。"① 梁漱溟从社会底层改变社会发展进路的理论是值得肯定的，尤其以儒家文化入世情怀表达对民众与社会发展的关注方面。正如后来的学者对梁漱溟乡村建设所做的分析："梁漱溟乡村建设理论不能解决革命前的中国问题，也不能解决只有用革命的手段才能解决的问题，但可以为革命以后的中国社会改造和建设提供有价值的参考。"② 美国学者艾恺（Guy S. Alitto）也评价道："梁漱溟希望的是通过学校中心废除官僚主义政府这个农民的祸根，相反，通过学校这种组织形式以及在作为教师而与农民相联系的乡建干部，政府就将与农民相联系。"③ 并且，在艾恺看来，因为梁漱溟对人生意义与社会发展两个问题的关注，使其将儒家文化积极入世态度付诸实际的运动中，从而称之为中国近代的大儒甚至是最后一个儒家大师。梁漱溟在特殊的年代，对中国实现工业化而进行的乡村建设的尝试，有不同于当时国共两党相似建设运动的地方，他踏上自下而上实现民众的自我觉醒之路而将儒家文化的认知灌输其中。梁漱溟希望借助乡村建设在中国能形成一股不同于西方的新的精神风潮，有关乡村建设的一些理论见解与实践方式还是具有实际意义的，"大家一般人所说精神方面比较西方有长处的说法，实在是很含混不清，极糊涂，无辨别的观念，没有存在的余地"④！这对于当今关于城市化发展中解决农村与城市矛盾具有启示意义。所以，梁漱溟开辟的乡村建设方式，虽因实践者自身诸多不足未能在当时的中

---

① 《梁漱溟全集》（第二卷），山东人民出版社 2005 年版，第 73 页。
② 崔效辉：《现代化视野中的梁漱溟乡村建设理论》，《合肥工业大学学报》（社会科学版）2007 年第 5 期，第 75 页。
③ ［美］艾恺：《最后的儒家——梁漱溟与中国现代化的两难》，王宗昱、冀建中译，江苏人民出版社 1996 年版，第 254 页。
④ 《梁漱溟全集》（第一卷），山东人民出版社 2005 年版，第 341 页。

国引起决定性胜利，但从评价社会发展程度角度看，这种方式却又是超前的。换言之，梁漱溟关于乡村建设有成熟的思想体系，却由于特定的历史背景以及现实的民众素养，乡村建设在当时很难有实施的具体条件与环境。但是，这种以德性为基础提高民众对科学技术及其应用的认识与评价，在科学技术继续发展的时代其意义越发明显。

三 张君劢：现代化之民主宪政路径

张君劢（Carsun Chang，1887—1969），原名嘉森，别名君房，字士林，号立斋，署号世界室主人，生于 1887 年 1 月 18 日[①]，江苏宝山人（今属上海市）。张君劢的先祖是居住嘉定，自七师祖祖衡才迁居宝山县。张君劢 5 岁（1891 年）入私塾接受中国传统教育，至 12 岁（1898 年）因家庭难以支付学费而只能去很少人就读的上海广方言馆，开始接受中西方教育。当时还是科举时代，洋学堂不受重视，一般人对学堂都抱无所谓态度，认为读了洋学堂等于没读一样。因为时人只知道做八股，考功名，做高官，无人想到研究科学。[②] 18 岁（1904 年），张君劢考取震旦学院，却在半年后因交不起学费而辍学。19 岁（1905年）考入南京高等学校，在 1906 年却因参加学生"义勇队"被学校退学，之后在湖南某一中学任教。22 岁（1908 年），以任教所得积蓄与胞弟嘉璈（字公权，民国著名金融家）负笈东渡，在日本的早稻田大学学习政治科预科。张君劢在日本结识了梁启超，并深受梁的思想影响而坚定要走政治改革道路以帮助国家走出困境。1913 年公费求学于德国柏林大学，进一步攻读政治学，直至学业完成而开展具体政治救国之路。1969 年 2 月，张君劢于美国旧金山柏克莱疗养院病逝，享年 83岁。张君劢早期求学之艰辛，一方面与其特殊的家境有关，另一方面也与当时中国国运没落衰微有关。但是，正因为在广方言馆接受中西教学，使得张君劢后来能学贯中西，从而为成熟对比中西文化之异同而寻求中国未来出路奠定独有的思想基础。

---

① 本文对张君劢生辰纪年沿用刘义林、罗庆丰《张君劢评传》，但计算年龄是用虚岁方式。

② 刘义林、罗庆丰：《张君劢评传》，百花洲文艺出版社 2010 年版，第 3 页。

　　张君劢一生徘徊于学术与政治之间，对中国当时的政治现状，表现出儒者积极入世之人生态度，在柏林大学求学结束之后几乎倾其一生于政治救国的理想。张君劢主要政治活动有：1906 年参加抗俄义勇军；1925 年创办国立政治大学并任校长。1931 年与张东荪等人筹建中国国家社会党；1941 年发起组建中国民主政团同盟；1947 年作为三党领袖参与商定政府施政方针，这是张君劢作为政治活动者最后一次较有影响的政治活动。张君劢从第一次欧洲之行开始为贯通中西文化并为人类寻求出路而努力，其所从事的与政治有关的教育活动有：1922 年创办"中国公学"，这是融通中西的第一步；1924 年创办"自治学院"并成立"理想杂志社"；1934 年创办广州学海书院；1939 年在云南创办中华民族文化书院。张君劢教育活动很大程度上与其民族自救运动密切相连。1923 年为帮助清华即将赴美的工科预科学生辨清生活与学习的目标，发表人生观演讲，却无意中挑起民国初期三大论战之一。张君劢一生虽是徘徊于政治与学术之间，但其主要目标还是为实现中国的立宪政权，这就决定他的学术活动没有鸿篇巨制，而是以演讲合集方式出现。而且，张君劢透过学术著作所反映出的思想，是希望实现他的政治主张与目标。他的学术论著主要有：1922 年，张君劢与倭铿合著《中国与欧洲的人生问题》；1923 年发表"人生观演讲"于《清华周刊》，因引起论战再登《再论人生观与科学并答丁在君》；1931 年再与倭铿合著《人生观问题》；1935 年出版《民族复兴之学术基础》文集；1936 年出版讲演集《明日之中国文化》；1938 年出版《立国之道》（又名《国家社会主义》）；1947 年出版《中华民国宪法十讲》；1949 年发表《哲学家的任务》；1957 年出版《新儒家思想史》（1963 年出版下册，英文版）；1958 年发表《宣言》①；1959 年发表《儒家哲学之复活》；1960 年发表《中国哲学家——王阳明》。② 虽然，张君劢的著作多以讲演结集而成，但从中还是不难看出他总的思想主张，即贯其一生是希望中国能走上立宪政治，通过与国共两党明确不同的第三条道路以救中国之时

---

　　① 即为联合牟宗三、唐君毅与徐复观的《为中国文化敬告世界人士宣言》。

　　② 有关张君劢著作系年，主要参见刘义林、罗庆丰《张君劢评传》，百花洲文艺出版社 2010 年版。

弊，当然，其中也糅合进丰富的儒家文化思想的内容。

张君劢作为早期现代新儒家，通过他的科学技术观研究，发现他是当时思想界最先提出人生观问题是科学无能为力的命题的学者，提出能够救治西方发展物质文明必须从改变人生观入手，这成为他主张复兴儒家文化最重要的依据。以人生观为基调，张君劢不是否定西方近代以来科学技术对社会发展的创造力，而是在探讨人生观问题中凸显了儒家文化的精神内核，是要通过人文关怀表达对西方物欲横流所呈现道德衰微现象的纠正。张君劢说："关于域外知识域外语言，吾国人应尽量吸收尽量学习，科学技术方面，国中知之而采用之者已大有人在，无烦我之赘述。……吾人在学术上立场言之，应当打开门户部分界域，除近代著作外，希腊罗马之文化，吾人亦不可忽视。"① 事实上，张君劢的一生是不因哲学忘政治也不因政治忘哲学，在政治与学术之间所尝试的沟通，也是一种解除当时国家发展困境的尝试。归纳来看，张君劢在政治与哲学两个方面多投注的精力，主要是对西方开启的现代文化对人的社会生存带来的冲击的反思，是对科学技术时代寻求内心安适与外在富裕能够均衡的生活方式。张君劢解释自己的政治主张时，强调不能忽略一个最基本的原则，"国家政事重在效率，贵乎敏活切实；社会文化欲其发展，当任其自由歧异，以此为集中与开放之分界。这个原则所表示的就是一方是权利，一方是自由"②。所以，作为"两栖奇才"的张君劢，很长一段时间都是以"玄学鬼""反科学""反对社会进步"的形象出现在学术或著作之中，"科玄论战后，为张君劢贴上反科学的标签，使其学术立场在中国知识分子群体中遭受了永久的损害（permanently damaged）"③。

张君劢对宪政政治思想的接触，是从失望于国内政治混乱而求学日本开始，张君劢发表的第一篇政治论文是《穆勒约翰议院政治论》。张君劢对民主宪政思想表示热情，也由于 1906 年晚清政府开始积极准备

① 张君劢：《民族复兴之学术基础》，中国人民大学出版社 2006 年版，第 112 页。

② 张君劢：《政制与法制》，清华大学出版社 2006 年版，第 211 页。

③ Roger B. Jeans，"Democracy and Socialism in Republican China：The Politics of Zhang Jun-mai（Carsun Chang），1906 – 1941"，*The American Historical Review*，Vol. 104，No. 1，1999，p. 162.

以预备立宪厘定官制的方式扭转清廷颓势。张君劢依据卢梭、洛克、孟德斯鸠等人关于人权的思想，认为他们的共同点在于：要求人与人平等、人人都具有自由权利、政府必须保障人民安定、政府要受宪法限制而不可随心所欲、国家行为需要有宪法作为限制，如此，才能"养成民众为国家主人之资格，勿以民众为一己的工具"①。但是，中国没有这样的宪法来约束君权而保障人民的利益，张君劢将其具体列为受到七个方面因素的影响：帝制自为、割据一方、越轨为能、舞文弄法、治乱循环、人民愚昧和领导革命者的举棋不定。在这些原因的共同作用下，才最终导致国民受难社会混乱。基于此，张君劢认为从治理者与被治理者的地位与权力处分析，才能制定好的宪法而出现好的制度，才会使国家步入轨道，人民方可安居乐业。张君劢的政治活动虽曲折坎坷，但贯其一生主要还是希望中国走英国代议制政体的政治道路，坚持宣扬民主政治理想同时坚持儒家文化长于社会治理的优势，"因为人民有人格，明礼义，知廉耻，自然成为一国中之中坚分子。所以尊重人民，即所以保障政府尊严"②。张君劢具体从三个方面阐述人权保障：首先，国家要关注国民的生存，给其应有的地位与权力；其次，在保障人权与政府受限制之间，仍应该以人权保障作为大计；最后，不能以一部分人凌驾于另一部分人之上，这样反而会使国家陷入混乱而难实现和平。所以，张君劢民主宪政思想的目的是为了改变民众的政治观念及生活习惯，"一国的国民生活习惯，与一国的学术政治军事现象有密切关系"③，只有从西方带来的冲击中重新培养国民政治思想，在张君劢看来才是从根本实现中国西化发展目标的关键。

张君劢在汲取西方先进的民主宪政思想基础上，对西方政治制度在中国的践行做了一定的修改。张君劢希望通过这样的修改，能够使得国内民众避免出现西方曾有的混乱，也希望国内未来不能如同西方走弱肉强食的掠夺之路。归纳来看，张君劢民主宪政思想人文关怀体现与他的科学技术观一致，主要体现在反对暴力与主张重新认识儒家文化两个

① 张君劢：《政制与法制》，清华大学出版社 2006 年版，第 207 页。
② 张君劢：《宪政之道》，清华大学出版社 2006 年版，第 167 页。
③ 张君劢：《政制与法制》，清华大学出版社 2006 年版，第 177 页。

方面。张君劢并非否定革命的方式，而是认为在革命之后，还是要面临重新组织政体以维系国家生存，革命是改革政权的手段而不是最终目标，革命虽然也能实现政权的更替，但其必然也会给国家带来新的混乱，只有立宪才能实现国家政权和平过渡。"从清末起，我们有了革命运动，大家以为革命以后总可以得到一个好政府，但是经过二三十年的内战，八年的抗战，使我们认识，如果所谓革命运动离不了武力，离不了混乱，那恐怕我们在革命运动中所要达到的目的，还是离题很远。"①作为早期现代新儒家中唯一有多次海外经历的人，西方先进政治理念与组织方式都对张君劢产生重要影响，但张君劢的民主宪政思想却具有鲜明的儒家文化情结。张君劢认为，中国儒家文化关于政治学理方面，在几千年前就已经表现出其高明之处。张君劢民主宪政思想中的儒家文化特征主要有这两个方面：第一，追求大同世界的普世价值的融合。张君劢对比大同世界和普世价值，认为儒家文化追求大同世界与西方正在践行的社会主义道路有相通之处，诸如对待个人的付出、对社会弱势群体的关注以及对平等民主的追求等。第二，民主宪政折中调和的中庸之道。张君劢主张多党参政的方式实现民众的自由权利。但是，各个政党必须由自家政策上升到国家意志，才能实现代表国家行动的目标。张君劢借鉴西方民主宪政现实，并结合儒家文化民主思想的底蕴，期望为中国寻求现代化道路铺设大道。"（张君劢）极力用儒家的'中庸之道'来看待德、俄革命，并极力用'中庸之道'为中国革命设计方案。"②

　　张君劢立足于中西方文化中政治治理的异同，研究两种政治制度所引领文化发展的各自优劣长短，张君劢宪政思想是不同于当时国共两党的第三条解救中国的尝试之路。在张君劢宪政思想中，既有中国传统政治意识形态中依赖国家权力的特征，也有西方议会制度、三权分立等相互制衡的特征。张君劢立宪政治虽是深受救国富强的影响，但更多是对西方宪政思想与中国传统政治制度反思后的新的政治主张。张君劢这种希望对中西政治制度都有所改进并进而为中国实现现代化服务的主张，

---

① 张君劢：《宪政之道》，清华大学出版社 2008 年版，第 136 页。

② 丁三青：《张君劢社会主义思想及其演变》，《徐州师范大学学报》（哲学社会科学版）2004 年第 5 期，第 114 页。

使得自己在当时诸多救国组织或思想流派中都很难被接受，"他既被国民党当局绑架过，又是蒋介石的贵客；他既与中国共产党有过很好的关系，周恩来在他生日之时送过一块'民主之寿'的寿匾，又与共产党过节甚深，被毛泽东列为第43名头等战犯；他既是民盟的创建人之一，又因违背民盟的政治原则，被民盟勒令退盟"①。但是，这正是因为张君劢看到西方社会因科学技术发展，对社会物质层面与制度层面都产生重要影响，这种影响既包含积极的正面推动，也包含对人类在追求发展中产生的负面影响。

四　熊十力：现代化之内圣外王路径

熊十力（1885—1968），清光绪十一年（1885年）出生在湖北黄冈一个日益衰落的乡村私塾家庭，原名继智，又名定中、升恒、十力，字子真、子贞，号逸翁、漆园老人，在24岁时曾改名周定中以逃脱冯启均追捕。由于熊十力天资聪慧，其父熊其相在熊十力10岁那年，方带他在自己执教的乡塾中旁听。长兄嫂有感于熊十力好学之精神，在父母双逝后将熊十力正式送入学堂求学，但熊十力厌烦塾馆之规矩仍向往自由自在之野性，半年私塾后又过着半放牛半求学的求知生活。在熊十力独特求学过程中又坚定了对儒家文化的推崇，并影响了他的一生。"对他影响最大的当属儒家的入世精神。他曾把范仲淹的名句'先天下之忧而忧，后天下之乐而乐'写在自己的书桌旁，时时以为警策。……在儒家传统思想的熏陶下，他发爱国爱民的仁心，为挽救民族危亡敢于投身辛亥革命；出于对传统文化的眷恋，他融通中、印与西方之学，创立了独具一格的现代新儒家思想体系。"② 熊十力积极参加了推翻旧政权的革命活动，逐渐认识到拯救中国在当时并不全在于革命的方式。因为，熊十力面对政府的昏庸与对民众个人的无知，更觉得拯救后者才是中国走出发展困境并实现工业化的正途。于是，熊十力彻底脱离政界而潜心学术研究和著述。自35岁开始在南开中学教国文，到36岁因梁漱溟推荐到南京内学院求学于欧阳竟无学习佛学。南京求学三年

---

① 郑大华：《张君劢传》，中华书局1997年版，第2页。
② 宋志明：《熊十力评传》，百花洲文艺出版社2010年版，第4—5页。

后，熊十力又受梁漱溟等人揄扬与举荐，到北京大学主讲佛学课程，自此开启熊十力毕生致力学术的生涯，穷其一生而为之殚精竭虑。受"文革"沉痛打击，熊十力因病于 1968 年逝世于上海虹口医院，享年84 岁。

熊十力虽过而立才从政界转向"只讲学，不做官"的学术道路，但其一生著作则更加丰富，且诸多著作都是在现代化背景下围绕儒佛文化而展开的研究，如《熊子贞心书》（1918）、《新唯识论》（1932）、《十力语要》（1940）、《读经示要》（1945）、《原儒》（1956）、《体用论》（1958）等等。[①] 其中，《熊子贞心书》是熊十力研究国学的起点，并确立了他今后融会佛儒、贯通中西的治学方向。1913 年"二次革命"失败后，熊十力藏居江西德安约一年半时间，期间研读先秦诸子及西方哲学典籍的中译本，在对中西文化了解的基础上也具有了对比两种文化的长短优劣的能力。熊十力把谭嗣同、章太炎等国学大师作为自己的精神导师，以中国传统佛学和儒学的思想与西方哲学思想抗衡，在早期因批判儒家文化的腐朽而顺理成章地走上钟情佛学的学术态度。但是，熊十力毕竟在骨子里有着拯救世人的入世思想，从而即使潜心修学佛教数年之后，他还是选择以儒释佛、以佛通儒，最终出佛而入儒成为一代儒者而流芳后世。

熊十力在旧文化崩溃之势日益加剧的时期，立誓要以自己的身心完全奉诸先圣之思想。在他看来，"圣人之道，似迂而实不迂。世界不毁，人类不绝，将向往太平大同，不由礼乐之化，而何由哉？子曰：'谁能出不由户，何莫由斯道也？'吾衰矣，抱此信心，终不退转。吾爱人类，吾信圣人之道与人类同无尽"[②]。熊十力在这些圣人思想中最后极其推崇儒家文化，还是有他早期立誓为学的思想基础，进而才会为洗刷儒家文化源头真谛受两千多年误解而努力一生。所以，熊十力走向儒家文化治学之路，"他不墨守二王之学，而有所发展。他参照柏格森

---

① 有关熊十力著作系年，主要参考宋志明《熊十力评传》，百花洲文艺出版社 2010 年版。

② 熊十力：《论六经·中国历史讲话》，中国人民大学出版社 2006 年版，第 70 页。

的生命哲学，而有所批判。他的哲学是称得上为一家之言的"①。熊十力不同于梁漱溟"平民儒者"教育路线，他认为教育虽然可以帮助提升个人素养，但这些毕竟是属于外力所致而实现人的改变，很难让人真正从个人方面实现内圣外王的境界。换言之，熊十力是"力辟五四以降将儒家文化等同于封建意识形态的肤浅时论，认为正是两千年的封建专制主义窒息儒家文化的生动精神"②。熊十力认为只有从人的内在心性入手，才能了解西方近代以来科学技术的本性及其源头真意，才是规避科学带来负面问题最好的方式。

　　熊十力得佛学之浸润与西学之刺激，却以儒家文化为主脉而"导人群以正见"。熊十力在中国当时背景中对比儒佛道三家而说道："在群治方面，佛氏大悲，唯欲拔众生出生死海而已，政治社会诸大问题，彼不过问也；老氏不敢为天下先，庄生曰'孰弊弊焉以天下为事'；弊弊，经营貌。儒者裁成天地、辅相万物与开物成务、先天而天弗违种种大义，皆二氏所无有。道家厌文明，恶夫圣智，以有为伤万物之性，道家所谓圣人与圣智，乃指富于权谋机变，足以动一世者言，与吾儒所云圣智不为同物，切忌混淆。其说亦非全无是处，犹惜其知一而不知二，未为通论也。文明诚有可厌者，然草昧未开之社会，以风习言，其朴实固有贤于文明人，但高尚文化之熏染既缺，往往野性勃发，其凶残贪诈亦甚难驯；以生活言，服食起居交接等项，其幸福与文明人孰多，又不待智者可决也。圣智以有为伤万物之性者，因其怀私纵欲而不惜刍狗万物也。儒者之道，以仁率天下，吉凶与民同患，其裁成、辅相，极于天地位、万物育而不见其有为之迹。"③ 对儒佛道三家相较后熊十力致力于儒家文化之途。在熊十力看来，儒家历来注重"克己己欲""断除惑染"，追求"成己成物"并重的圣人处世之道。"怎样才能成为这样的圣人？他主张走向内用功、去染污修净习的路线。"④ 归根究底，熊十力看到儒家文化超越佛及道家文化之精髓，儒家文化"上穷玄极""乾元性海"在"虚无空

①　王元化：《熊十力二三事》，参见熊十力《中国历史讲话：中国哲学与西洋科学》，上海书店出版社 2008 年版，第 12 页。
②　何晓明：《现代新儒家早期代表伦略》，《天津社会科学》1990 年第 5 期，第 22 页。
③　熊十力：《论六经·中国历史讲话》，中国人民大学出版社 2006 年版，第 103 页。
④　宋志明：《熊十力评传》，百花洲文艺出版社 2010 年版，第 163 页。

寂"中却能解释生生世界如何幻化而来，由此能看到儒家文化相比佛、道两家的健动与生气。

西方殖民带给中国的不仅仅是国难，这同样是给中国及其传统文化走出落后提供了一次很好的机遇。在儒家文化社会信任危机日益严重之际，熊十力明确提倡并重新建构儒家文化心性修养之学，他的真正用意是以此对西方的工业文明做出一种反击。在中西方文化的对抗与交融中，熊十力同样认为，中国也不完全是处于被动的学习境地，面对西方凭借近代以来科学技术进入工业化，对自身及其他国家和地区所造成的全球性的生存灾难，以及影响自然后造成的人类生存危机，这也是给儒家文化为主的传统文化重新彰显社会价值提供绝佳的机会。基于此，熊十力认为，以心性修为见长的儒家文化，对人的社会生存所起的规约作用可以超过当时佛教、西方哲学思想。关于儒家文化心性之学在现代化社会中的功能，熊十力做出如此解释："我国先哲向来以尽性为学。性者，宇宙生生不息的真理。在人则为性。尽者，吾人日用践履之间，悉率循乎固有真实的本性，而不以私欲害之，故说为尽。由此，故学问即是生活而非以浮泛的知识为学。"[1] 在熊十力看来，对心性的关注能够使人"明天人之故"，在现代化社会彰显"道德之广崇"，进而纠正现代化过程中的弊端，从而实现其"通治乱之条具"。熊十力发现了儒家文化心性之学对现代人的生存价值，尽管儒家文化在当时危机重重，还是没有阻挡熊十力对儒家文化的坚定信念。

如何解决国难同时又能使得中国实现工业化，以及如何应对现代化社会发展所潜在的问题，关键是要让民众对工业化理解与接受。但是，外部的社会建设或政治制度等无法回应这一问题，熊十力则开辟出早期现代新儒家第三条路径，认为应从个人的内在修为入手而使他们能有更准确的把握。熊十力对儒家文化在新时代的阐释与他矢志追求实现人的心性修为提升密切相关。熊十力的"明天人之故，究造化之原""彰道德之广崇""通治乱之条具"心性学理路，主要体现在如下几个方面：第一，他在现代化背景下建构的哲学体系，首先对体用关系及其范畴做了新的解释。熊十力在其力作《新唯识论》付梓之时就强调其为"归本

---

[1]　熊十力：《论六经·中国历史讲话》，中国人民大学出版社 2006 年版，第 155 页。

性智""《新论》本为发明体有而作"①，但在建构新的哲学体系时熊十力也反复申明，哲学应"以本体论为其领域""学不证体，终成戏论"②。第二，他强调体用是世界的大本大源，二者看上去是似分但其实质却是不分，只是不分中而又无妨于分的关系。正因为如此，熊十力必须要解决一个问题，即大本大源的体用如何形成这繁华多变的世界，又如何使人能追求心性修为的提升。熊十力认为万物有"变"而提出"翕辟成变"论。翕，原意指收缩；辟，原意是打开。宇宙万物变动不已皆因一翕一辟相互交替，"以'翕辟成变'说明宇宙本体的大化流行，他强调翕辟只是一种势用，而'不是两种实在物事'。因翕势收凝，显似物相，不守本体自性而至物化，辟势终不舍失本体之自性，以'刚健、纯粹、开发、升进'之势运行于翕，破除翕势之凝固，转翕以从己"③。熊十力"翕辟成变"论是对万物生存、进退的解释，同时也是对世间变化的反映。第三，他将认识分为性智认识与量智认识，"性智者即是自性的明解，此中自性即曰本体，在宇宙论上通万有而言其本原则云本体，即此本体以其为吾人所以生之理而言则亦曰自性。……量智是思维和推度与简择等作用，能明辨事物之理则及于所行所历简择得失故，名为量智，亦名理智。此智元是性智的发用而卒别于性智者，因为性智作用依官能而发现，即官能得假之以自用"④。熊十力对比中西近现代以来发展进路，却在科学技术主导社会变革的时代，高调地宣扬心性修为对社会发展的关键作用，这是熊十力从对人类长远生存关注的角度，客观分析了中西认识论各自优劣长短，发现中西文化在认识方式上存在明显差异，遂认为性智见长的儒家文化更适宜长远发展。在熊十力看来，性智能体悟本体本心，而量智则可以获得科学知识。由于性智能够体证悟会本体本心，出于性智认识人才能在发展中不断净化自己，才能提升个人修为，进而能够将自己与他物结合而实现和谐稳定。相反，量智只是向外求理，它注重知识由浅入深不断增加的量而不会主动关注对本体

① 熊十力：《十力语要初续》，上海书店出版社 2007 年版，第 6—7 页。
② 方克立、李锦全主编：《现代新儒家学案》上，中国社会科学出版社 1995 年版，第481 页。
③ 景海峰：《熊十力哲学研究》，北京大学出版社 2010 年版，第 178 页。
④ 熊十力：《新唯识论》，中国人民大学出版社 2006 年版，第 23—24 页。

本心的疏离。

　　熊十力幼年时期所受教育虽没有超出儒家正统思想范围，但其桀骜难驯的本性很快就已不满足只从口头谈论儒家文化的入世思想。在目睹国家危难在不断加深，熊十力将儒家文化的积极入世之精神，直接付诸革命洪流中。但是，辛亥革命的失败警醒了他，戎马生活若没有一定的支撑也很难实现自己当初的抱负，因为救治国难更在于去唤醒国民有关的民族意识。在熊十力看来，一方面，长期受专制统治使他们的思想被蒙蔽太深，国难当头之局势下对自家传统必然失去信心。另一方面，国内关于学习西方的态度难以统一，即使态度基本相同但学习的方式与内容仍存有差异，使得当时的思想界非常混乱，无法给民众带去明确的方向。由于民众已经对自救途径充满失望，这使熊十力改变思想进路，不仅帮助民众充实民族文化信心，也尝试寻求可以根治科学技术所涌现出的弊病的方法。唯其如此，熊十力认为儒家内圣外王之路，能够规避科学技术的弊病，并且能够保障现代化进程良性开展。因此，熊十力在学术思想中明确，儒家文化注重人的社会生存，诸子思想在这方面是同源儒家，"六经为中国文化与学术思想之根源，晚周诸子百家皆出于是，中国人作人与立国之特殊精神实在六经"①。熊十力创设诸子思想皆归于儒，其主要目的在于为他宣传重新彰显儒家文化时代价值服务。在特殊的历史时期以接续儒家文化为己任，熊十力认为首先是如何将民众思想再次拨回已在社会尽处危机的儒家文化，为儒家文化正名在他看来最关键。从儒家文化在现实生活中注重个人心性修为的提升，以激发民众追求进步应从自己内在开始，内圣外王顺理成章被熊十力提出来。熊十力对儒家文化在现代化社会中的解读，真正目的是要解决现代化社会带来的问题，帮助民众重新树立对本国文化的信心，能够彰显儒家文化为首的传统文化的价值，"熊十力提出的'诸子同源于儒'说，其真正的含义在于：试图论证熊十力自创的新儒家文化在中国传统文化方面有充分的依据；试图解决中国传统文化如何同科学、民主等现代意识接榫的问题"②。在中国备受欺凌的国际环境与混乱无序的国内环境双重影响

---

　　① 熊十力：《论六经·中国历史讲话》，中国人民大学出版社 2006 年版，第 104 页。
　　② 宋志明：《熊十力评传》，百花洲文艺出版社 2010 年版，第 68 页。

下，熊十力认为中国必须从根本上重新建立统治秩序。

作为早期现代新儒家中唯一直接参与战争以求改变中国当时的落后状态的代表，熊十力由最彻底的前线将士转为以思想理论为阵地的学者，很大程度上是由于接受中西文化优劣长短的事实，尤其在其思想由佛入儒后，认为中国未来现代化的实现离不开发展西方的现代科学技术。当然，熊十力认为生搬硬套西方科学技术，则是在中国发展无根荄之物，终不会有强大壮实中国的可能。取而代之，熊十力认为中国迎接科学技术的发展，首先要有适合科学技术根荄发展的土壤，"今后生谈哲学者，崇西洋而贱其所固有，苟以稗贩知识资玩弄，至将学问与生活分离，仁学绝而人道灭矣。吾欲进西人于仁学，而族间犹自难为。"①在熊十力看来，这种土壤的形成的首要前提是国民能够从传统的思维模式中发生转变，即对儒家文化在科学技术时代有新的认识。

早期现代新儒家科学技术观，不仅仅从理论重新解释以希望能与儒家道统相接榫，更是从儒家文化历来主张的积极入世立场，将儒家文化对当下的价值与意义通过具体的实践方式表示出来。较为巧合的是，梁漱溟、张君劢和熊十力所寻求的路径，正好可以看作社会发展的三个层面的进路。首先，梁漱溟是从宏观的人生文化发展进路角度，分析认为儒家文化作为调和折中避免过于积极与消极的西、印文化的不足，随着时间的检验这种主张调和折中的儒家文化不仅有助于中国实现良性现代化，也是西方已经步入现代化国家的未来要走的方向。其次，张君劢则从中观层面认为，科学技术时代对人的生活方式产生的影响或冲击是全方位的，要使其与现代化社会相协调则需要从政治及个人现代化意识方面着手。张君劢进而主张发挥儒家文化关于人的社会利益理论，在现代化思想下汲取儒家文化关于社会治理的优秀内容。最后，熊十力由于经过现实革命斗争带来的失望，使其将毕生精力致力于如何发挥人的内在境界进而能与社会发展相协调。熊十力在新的时代中重新解读儒家经典，对儒家文化体系尝试做新的架构，进而首先能从个体个人境界的提升，在科学技术时代能够实现人类的和谐、长远生存目的。早期现代新

---

①　熊十力：《中国历史讲话：中国哲学与西洋科学》，上海书店出版社 2008 年版，第139 页。

儒家所做出的尝试，既是对科学技术时代违背人性现象的反思，也是对儒家文化能够重新彰显意义的积极尝试。在中国呼唤现代化浪潮中，这份信心与魄力首先值得敬仰，而所做出的各自尝试路径随着科学技术深入发展其价值在不同时空领域也得以体现。

第五章　理论价值：生存理念的
　　　　　独特思考

　　早期现代新儒家科学技术观，从人的社会生存角度对中国如何追求实现西化发展，及对工业化时代如何实现社会的良性与长远发展有独特思考。在中国内忧外患时节，这种思考显得非常不合时宜，而且因其"亦中亦西"又"不中不西"的表象矛盾特征，决定早期现代新儒家科学技术观，在学术界很难得到认可并很难与主流思想融合。但是，正如梁漱溟所期望的发展愿景，"只有这样向前的动作可以弥补了中国人夙来缺短，解救了中国人现在的痛苦，又避免了西洋的弊害"，才是将人文关怀真正体现在社会发展之中，从而通过中西印三种文化的不同认识态度，"应付了世界的需要，完全适合我们从上以来研究三文化之所审度"①。所以，对早期现代新儒家科学技术观做寻根究源并抽丝剥茧研究，不难发现这种带有鲜明的人文关怀倾向的科学技术观，无论对中国摆脱贫弱落后走上健康现代化道路，还是对人类整体规避科学技术带来的负面社会影响，都具有不可否认的重要价值。而且，随着科学技术深入发展，早期现代新儒家以人文关怀为基点，并积极融摄二者之间的关系的科学技术观，相较于同时代国内学术界其他学派科学技术观更具有时代价值，而且他们开创性的人文关怀研究也与后来诸多学派致力追求的目标相一致。另外，在科学技术时代寻求人的安适，又为儒家文化在新的时代如何能接续并寻求新的认识与评价找到新的生长点，为延续儒家文化发展找到突破口，这从认识论上看是对儒家文化"认识时空中

---

① 《梁漱溟全集》（第一卷），山东人民出版社 2005 年版，第 538 页。

的一种量的扩张和质的提高"①。基于此，早期现代新儒家科学技术观具有不可取代的时空超越性，对人类在科学技术时代如何均衡及权衡生存利益将大有裨益。

第一节　对同时代学派科学技术观超越

西方近代以来科学技术为主导的发展盛势，对中国集中造成影响应该是从鸦片战争开始，使其近乎在所有领域都受到西方带来的剧烈冲击。对西方科学技术及其主导的文化如何评价与取舍，成为中国当时学术界不同领域的学者所最迫切需要解答的共同问题。惟其如此，对科学技术等西方文化所采取的态度，也成为划分保守与激进两个阵营的唯一标准。

早期现代新儒家在思想形成的时期，中国学术界存有较大影响的学派，是自由主义为主流的激进西化派与保守主义国粹派、学衡派。这三大主流学派的学术期望，都是对民众思想开化的引导而将中国从当时的危难中解救出来。但是，一方面，因为各学派形成的思想基点不同，使得彼此之间有分有合，有同有异，在对立冲突中以表现其思想；另一方面，各家都不能回避如何将西方文化与中国文化结合，各自寻求的方式与途径也迥然相异。从科学技术观角度看，能够发现早期现代新儒家思想与其他两个学派思想存有差异。在这种划分背景下，早期现代新儒家因强调辩证吸收儒家文化价值而被归入传统保守主义阵营。但是，熊十力因西方近代以来科学技术对中国造成的冲击，对其他两个学派关于科学技术的评价与取舍态度都不赞同，说道："民国二十年，东三省陷于寇。国人痛鼎革以来，道德沦丧，官方败坏，袁氏首坏初基，军阀继之。贪污、淫侈、残忍、猜妒、浮夸、诈骗、卑屈、苟贱，无所不至其极，人道绝矣。士习偷靡，民生凋敝，天下无生人之气，由来者渐。于是有少数知痛痒者，回顾民初，开基已失。思惩前敝，求复吾人固有精神，而读经之议，稍见于报纸。余时讲学北庠，间与诸生言，亦有一二能识此意者。然未转瞬间，海内知识，力斥反古。盛唱全盘西化，与全盘外化之论。而读经议，遂

---

① 肖玲：《论科学认识价值的增殖》，《自然辩证法研究》2000 年第 3 期，第 16 页。

乃乍起乍熄。甚哉时习之难反也。在此期论战中，余不能无感者。反主张西化或外化诸论文，大抵皆零碎之谈。西洋人所以成功现代文化者，其根本精神为何，今后之动向又将如何，此皆吾人所欲知者。诸君子则未能注意及此。至主张读经者，世或议其素行为众所共唾，其言更无可采。然激于世变而知痛痒者，盖有之矣，不尽可薄也。余所留意者，即此等人。但察其言，大抵不满意现状，而抗怀前古，或情钟国粹，而未知何者为粹。"① 早期现代新儒家要么经受过系统西方文化的教育，要么对西方文化有深入了解，立足于儒家文化道德维度，考量科学技术引发的不可忽视的负面作用的分析，他们关于中西文化的评价与取舍态度更为理性、客观。在科学技术继续高速发展的时代，这种认识不仅具有前瞻性，而且对生存利益的关注也具有合理性与引导性。一定程度上讲，早期现代新儒家科学技术观是中西文化两个极端趋向的折中。

一 与激进西化派科学技术观对比

从晚清提出"唯泰西是效"主张以来，主张积极学习西方的西化发展观点就已经存在，晚清最为激进的代表是谭嗣同。谭嗣同感受到国难的悲苦，立下"不敢专己而非人，不敢讳短而嫉长，不敢不舍己而从人"的救国决心，宣告与旧学彻底诀别。洞悉西方文化的严复认为："从事西学之后，平心察理，然后知中国政教之少是而多非"，因之抨击中学而"力主西学"。至此，西化派观点已初具规模。1915 年，标志新文化运动开端的《新青年》杂志在陈独秀的主持下问世。《新青年》一开始就标举"西化"旗帜，一时间，一大批激进派人士都集合在这面大旗之下，联袂进行新学对旧学的斗争、西学对中学的斗争。② 客观讲，西方文化代表现代文化的方向和趋势，这也是早期现代新儒家能够认同的。然而，关于儒家文化对中国现代化进程的"罪责"，在分析清楚是由于政治的绑缚原因后，他们比激进西化派更关注如何在追求现代化社会中重新彰显儒家文化，而不是将儒家文化作为旧的文化予以全盘

---

① 熊十力：《读经示要》，中国人民大学出版社 2006 年版，第 50—51 页。

② 参见周德丰《中国 20 世纪三大文化派别的歧异与融合》，《理论与现代化》1997 年第 4 期，第 3—4 页。

否定。

激进西化派这种思想的不合理，使曾经笃定要西化的代表人物在后期也出现转变。"早年的严复曾认为：中国之四千年文化，九万里中原，其教化学术'少是而多非'；对这些言论剖有追悔之意，并从扬西抑中转而主张'统新故而视其通，包中外而计其全'。陈独秀也是典型一例。他早年抨击'国粹'几乎不遗余力，晚年却有新的反思。他在晚年所撰《蔡孑民先生逝世后感言》一文中回答北京大学一老学生提出的问题：'自五四起，时人间有废弃国粹之议，先生是否于此文公开正之？'陈独秀指出，凡是一个像样的民族、国家都有自己的文化或国粹。在世界文化的洪炉中，凡是有价值的文化的是不容易被熔毁的，甚至那一民族灭亡了，它的文化还会存在，比民族寿命还长。因此，保存国粹在这一点上还是有意义的。'如果有人把民族文化离开全世界文化孤独地来看待，把国粹离开全世界学术孤独地来看待，在抱残守缺的旗帜之下，闭着眼睛自大排外，拒绝域外学术之输入，甚至拒绝用外国科学方法来做整理本国学问的工具，一切学术失了比较研究的机会，便不会择精语详……这样的国粹实在太糟了！'此时陈独秀已经认识到文化的时代性与文化的民族性，不是截然对立的矛盾两端，而应把两者辩证地融合起来。而最能反映对传统文化态度发生改变的要属胡适先生了。作为实用主义代表杜威先生的中国高足，胡适曾提出著名的'百事不如人'及'全盘西化'而要'充分西化'的激进观点，也曾提出要'整理国故'而从事国学研究。并且具体阐明从十个方面开展国学研究。"① 严复、陈独秀和胡适思想发生转变，是对早期现代新儒家在五四运动之后努力方向的佐证。梁漱溟与张君劢明确要以对比研究的方法，将中西文化的各自优劣长短都能有所认识了解，在对比中发挥不同文化对人生未来的价值。熊十力认为不了解西方文化，就难以解决中国最迫切的政治与社会问题，但引入西方文化而又能避免西方文化的不足，则需要发挥自身文化的优势，"西洋人如终不由中哲反己一路，即终不得实证天地万物一体之真，终不识自性，外驰而不反，只向外求知

---

① 周德丰：《中国 20 世纪三大文化派别的歧异与融合》，《理论与现代化》1997 年第 4 期，第 3—4 页。

而不务反求诸己，知识愈多而于人生本性日益茫然。长沦于有取，以丧其真"①。

激进西化派的西化主张，在"德先生"与"赛先生"等思想刚到中国时，的确引起强烈的反响，当时接受教育的多数人似乎都能产生共鸣。但是，随着西方文化在落后国家和地区的进一步深入传播，以及西方所导演的现代国际灾难的出现，激进西化派思想也越来越受到诘难与批判。在这批判过程中，人们开始反思其他思想学派的观点，进而使得西化派思想开始分化或异变。换句话说，与早期现代新儒家思想相比较，他们关于西方文化的立场虽然非常接近，但由于激进西化派"对传统文化的否定在某种程度上说是对民族本身的否定，而对民族本身的否定就不可能真正使民主独立和发展。这种'全盘西化'必然使中国失去民族特色，容易导致文化虚无主义，其结果也不可能与西方并驾齐驱、不可能使中国抵御外国的侵略"②。激进西化派这方面的不足，正好在早期现代新儒家思想中得到矫正，早期现代新儒家认为全盘西化并不是中国的现代化。张君劢作为早期现代新儒家代表，其脚步在欧洲有过两次停留，他对欧洲国家现代化所体现出的不同特征有所察觉，尤其英国、法国、德国和意大利等欧洲强国无论从政治、经济还是文化等方面都风格迥异，但这些国家都先后进入现代化，这使张君劢强烈意识到中国的现代化也该有自己的民族特征。激进的西化派认为，中国社会问题以及未来发展方向，只能借助西方科学技术为主导的文化，其对传统文化价值近乎全盘否定的态度，被证明的确有失公允，"东方文化之特色，不必因纲常名教说之失效，而一并毁弃之也"③。

学术界将早期现代新儒家定性为保守派，主要是依据早期现代新儒家思想的核心内容是对儒家文化在新时代的重新阐释。但是，事实上，认定早期现代新儒家思想的进步与保守，应该更多以对待科学技术的态度作为衡量标准。科学技术对社会变革的作用，以及对社会发展进程的影响，自进入近代就已不言自明。基于此，如何对待科学技术及其创造

① 熊十力：《十力语要初续》，上海书店出版社 2007 年版，第 52—53 页。
② 洪晓楠、刘越：《再论自由主义西化派文化观》，《中共济南市委党校学报》2008 年第 4 期，第 76—77 页。
③ 张君劢：《民族复兴之学术基础》，中国人民大学出版社 2006 年版，第 15 页。

出的新的文化形态（工业文化或物质文明等），几乎在所有思想领域都引起革命性作用，也成为这些领域思想有不可忽视的主要部分。在现代中国思想界，无论是态度极端的激进西化派和东方国粹派，还是处于中间以辩证或中庸态度折中的马克思学派和早期现代新儒家，他们都必须回应西方科学技术带来的世界变化，以及科学技术对中国未来发展的重要性这两个问题。对于这两个问题，早期现代新儒家同西化派基本是一致的，而与传统保守派较为不同。

二　与传统保守派科学技术观对比

没有讨论国粹派保守思想之前，先对早期现代新儒家被认为"奠定现代新儒家保守学风"这一说法略做声明，这是对早期现代新儒家最不公正的误解。况且，有学者也认为早期现代新儒家代表梁漱溟、熊十力等思想与保守主义又是有出入的，"文化保守主义并不是铁板一块，它与西化观念的融通，同样也是不争的事实"①。

1902 年，邓实、黄节在上海创办《政艺通报》，所发表的《国粹保存主义》《国学保存论》等文章旗帜鲜明地表明国粹主义立场。② 国粹派在中西文化对接中表现出对中国传统文化的好感，主张从传统文化中发掘新的养料以佐证其并不过时。但是，国粹派在维护传统文化时又对排满表现出强烈的对抗态度，在反对晚清腐朽没落中期望复兴民族传统文化，进而主张"研究国学，保存国粹"。仅从字面上理解，国粹是指国家或国民所固有的长处、优点，取其原有国粹的义项，即一种无形的精神、一个国家特有的财产，一种其他国家无法仿生的特性。国粹派正是在国学行将灭亡之际，采取一种方式以挽回国学发展之颓势。国粹派弘扬的国粹实质上是中国历史文化中的精华，是要发挥民族历史中的精神特质，他们认识到导致中国近代没落不是国学之罪，而是君学思想的利用。事实上，国粹派也并没有完全否定西方进步事实，只是希望借助国学的兴起能恢复民族文化的自信，国粹派的最大不足在于过于抑西扬

---

① 周德丰：《中国 20 世纪三大文化派别的歧异与融合》，《理论与现代化》1997 年第 4 期，第 4—5 页。

② 喻大华：《论晚清国粹派与国粹思潮》，《故宫博物院院刊》2002 年第 3 期，第 79 页。

中，笃定认为中国国学是纠正科学技术带来灾难的路径之一。这种对民族传统文化的自信，使得他们在对比中西文化时难免有偏颇之嫌。

国粹派在中西文化中坚持将中学作为基本，以此才可以对西学有所引进或学习，这一主张是基于他们过于注重国学的"民族特性"（刘师培）、"民族风俗、习惯"（黄节），及以多样性的视角分析中西文化的不同（章太炎）等思想，以此要求在引进西学时不能触动这些根本。惟其如此，国粹派与早期现代新儒家在中西文化对比中走上不同道路，国粹派更多是将精力投入到对国学价值的发挥上。基于此，国粹派与早期现代新儒家相比，他们虽然都有意调和中西文化，但在融通的方式与途径方面，还是有差异的。国粹派在调和与融通方面基本没有具体的超越，国粹派希望"用国粹激动种性，增进爱国的热肠"实现对自家文化的维护。"近来有一种欧化主义的人，总说中国人比西洋人所差甚远。所以自甘暴弃，说中国必定灭亡，黄种必定剿绝。因为他不晓得中国的长处，见得别无可爱，就把爱国爱种的心，一日衰薄一日。若他晓得，我想就是全无心肝的人，那爱国爱种的心，必定风发泉涌，不可遏抑的。"①

学衡派是文化保守主义又一重镇，其成员大多是文学和史学界精英，是以 1922 年 1 月创刊的《学衡》杂志为主要阵地。学衡派的核心人物有吴宓、梅光迪、胡先骕、汤用彤等人。吴宓的《学衡》之第一宗旨："论究学术，阐求真理，昌明国粹，融化新知。以中正之眼光，行批评之职事。无偏无党，不激不随。""学衡派与新文化运动之间只是错位论争、自说自话，因为他们对传统的解读和对西洋文化的选取不同。学衡派强调的是儒家的'仁'，新文化派攻击的是儒家的'礼'；新文化派选取的'新文化'是西洋晚近的一家一派的文化，而学衡派看重的是自古希腊以来能代表西洋文化之全体的古典文化"。② 虽然，学衡派的思想在《学衡》杂志创刊后，集中对激进西化派的西学主张表示反对。但是，这种思想早在五四运动时期就已经由一些代表表达出

---

① 洪晓楠、刘越：《再论自由主义西化派文化观》，《中共济南市委党校学报》2008 年第 4 期，第 77 页。

② 董德福：《学衡派五四观的哲学审视》，《江苏大学学报》2005 年第 6 期，第 7 页。

来。所以"由于学衡派代表人物学贯中西，熟知中西文化之源流，所发表的观点充满哲学的睿智，对新思潮的缺点不乏精到的指摘。虽然《学衡》登场时，新文化运动已深入人心，胡适、鲁迅、茅盾等新青年学者对学衡派的文化主张或不予理会，或冷嘲热讽，但这并不影响学衡派与新儒家学者梁漱溟、东方文化派章士钊一起，构成对五四新文化运动真正有力的挑战这一事实"①。学衡派与国粹派相比，其对中西文化态度是做过对比之后才决定维护传统文化的价值，尤其希望从历史的了解中能够对中西文化的源头真谛有所研究。这点与早期现代新儒家思想相一致。但是，早期现代新儒家思想更进一步，是要在中国将儒家文化与西方文化相济而创造新的文化，"与其出之以补苴缺隙之上，反不如平地起楼台之为得。……不以老世家之地位而自塞其闻见，放开眼界以吸收世界之长，同时不忘其为中华民族之地位。盖立于全体创新之基础上，以发挥吾民族之所长"②。

20世纪初，中国特殊的历史背景注定这些观点相左的学派思想都能有一定的存在理由与空间。但是，以外界影响作为衡量标准，以主张弘扬或复兴传统文化的思想流派则往往处于相对边缘或被否定的地位。通过简单对比不同学派科学技术观，早期现代新儒家在科学技术文化主导下的时代发展，他们的思想理念及实践动向才更加合理。因为，早期现代新儒家对西方文化的取舍态度，同学衡派类似，是以人文关怀作为准绳；对中国社会实际问题的解决又是同激进西化派类似，是以积极的汲取态度希望现代化能够尽快在中国实现。而且，早期现代新儒家在恪守儒家文化传统时，也奉行儒家文化积极入世的实践态度，通过不同层面以期能具体改变国民思想认识状态。这正是早期现代新儒家相比于其他学派时代超越所在。

第二节 对儒家传统科学技术观的超越

从发生学的角度看，技术是人类在作用自然过程中的实践产物。但

---

① 董德福：《学衡派五四观的哲学审视》，《江苏大学学报》2005年第6期，第8页。
② 张君劢：《民族复兴之学术基础》，中国人民大学出版社2006年版，第38页。

从认识论角度分析，技术随着人类对自然作用过程日益深入而不断具备自身的认识体系。在儒家文化形成时期，技术对自然的作用力以及对社会发展的影响，已经远远超过之前的历史时期，已经引起人类对它具备的负面影响的关注，其中多见于中国传统文化学派观点中。儒家文化自孔子开始，对技术功用的评价是以不冲破人心或人性的修为，制约其对社会和谐稳定的破坏。以科学技术为主导的工业社会时代，物质文明取得前所未有的高度，对人类社会生活的决定性影响日益增多。早期现代新儒家对比中西不同理念主导下的发展情况，发现改变落后于西方的最主要途径，就是要积极发展中国的现代科学技术。换言之，他们主张中国的现代化离不开科学技术的主导力量，这对于儒家文化传统科学技术观具备了很大的超越。但与此同时，关于在科学技术时代高扬复兴儒家文化，熊十力说道："我们要阐明孔子的思想，不仅是救中国民族的。虽然当世也有许多不成人类的东西如汉奸等假托尊孔，而我们不能以此之故，遂说孔学不足提倡。须知真的出来，则假冒者自然绝迹。"①

一　调整传统"道""器"关系

早期现代新儒家针对学界关于儒家文化历史意义与现实价值的评价及取舍态度存有异议，不认同将中国落后完全归责于儒家文化。在早期现代新儒家看来，儒家文化作为统治意识形态为政治服务着实束缚了国民智识发展，进而对社会创造力的改变力量削弱不少。这是由于儒家文化过于强调"道"，并且将"器"的发展也用"道"予以限制，"文化明盛如古代中国、近代西洋者，都各曾把这种特长发挥到很客观地步。但似不免各有所偏，就是，西洋偏长于理智而短于理性，中国偏长于理性而短于理智"②。从儒家文化发展的历史来看，其将对科学技术的评价与发展，让位于对个体内在心性修为的研究及对社会和谐稳定构造的关注。早期现代新儒家首先改变儒家传统科学技术观的"道""器"关系。梁漱溟认为，中国当下解决国难及未来发展，必须借鉴西方工业化发展模式，"我们的制作工程都专靠那工匠心心传授的'手艺'。西方

① 熊十力：《论六经·中国历史讲话》，中国人民大学出版社 2006 年版，第 132 页。
② 《梁漱溟全集》（第三卷），山东人民出版社 2005 年版，第 127 页。

却一切要根据科学——用一种方法把许多零碎的经验，不全的知识，经营成学问，往前探讨，与'手艺'全然分开，而应付一切、解决一切的都凭科学，不在'手艺'"①，否则中国则难以真正实现现代化。

近代科学没有在中国产生，是不是因为儒家文化的阻碍？经新文化运动与五四运动后，在学者中引起广泛关注并产生热烈争论。早期现代新儒家对儒家文化与近代科学有无的关系有着自己的见解：首先，儒家文化中是否缺乏类似近代科学（道）的要素。早期现代新儒家大多是承认中国有科学的萌芽，但因古代而形成的实用思想，使其理论与经验到达一定程度则不会继续深入，尤其缺少对科学方法和科学精神的追求，进而阻碍了理论科学在中国的发展，并促使实用技术很难被不断创新而提高。当然，熊十力不承认古代中国文化中缺乏近代科学的要素。熊氏也不承认儒家文化中缺乏科学精神。其次，儒家文化是否阻碍近代科学的形成及其发展。梁漱溟认为，中国文化不是朝着科学方向前进，其关键原因是由人生态度所决定。中国人安分、知足、寡欲等思想特质相比西方人分析、征服、改造和怀疑等特质有着很大差异，在梁漱溟看来，这就注定中国人善于对"道"研究而西方人注重对"器"研究。当然，早期现代新儒家认为，儒家文化过于倚重"道"，进而又影响到对"器"的进一步挖掘，致使后者在一定程度上也不能再进一步，大家要常常回头看，发现自己的缺欠，注意去调整，"才可以吸收外面材料而运用融会贯通"②。早期现代新儒家认为解决的路径或方式在于，能够融通中西文化的差异而实现彼此互补。"然若谓中国人只于精神界，有其孤往之伟大成绩，却不务发展理智与知识，即于大自然，无有知明处当之要求，然若二字，至此作长读。此则谬妄已甚。"③早期现代新儒家由西方近代之刺激，力求主张恢复儒家文化所注重的"制器尚象""开物成务"等传统思想，以能实现中国从表象与精神两个方面同时进入现代化。

在早期现代新儒家看来，儒家文化与近代科学的产生及发展不相违

①　《梁漱溟全集》（第一卷），山东人民出版社 2005 年版，第 354 页。
②　《梁漱溟全集》（第二卷），山东人民出版社 2005 年版，第 52 页。
③　熊十力：《读经示要》，中国人民大学出版社 2006 年版，第 138 页。

逆，在一定历史条件下，中国可以形成类似于西方近代的科学。虽然，近代科学已经由西方从外部介入，儒家文化已经没有实际自发生成的可能。但早期现代新儒家认为，儒家文化也对科学在中国发展是有益的，这种益处主要体现在两个方面：儒家文化从根本讲是重视理性的，它反对以超自然的迷信或宗教视角看待生活；儒家文化主要是关注人与社会如何相互和谐，"而忽略其他方面，使得其只研究'道'而放弃一切对'器'的研究"①。早期现代新儒家致力调适"道"与"器"关系，以实现儒家文化在科学技术时代发挥出应有的价值，以期发挥"道"在现代化社会中新的制衡作用，尤其能使之复归到每个现代人的内在自觉意识之中。

二　实现儒家文化的时代衔接

新文化运动"打倒"孔家店与五四运动对"德先生"和"赛先生"等思想的引进，及"自吾国与西方交通，见其军人之操练，工人之技术，大学学生之游戏，与夫科学家在试验室实事求是之工夫，然后知所谓读书人之所事，不独呫哔伊唔，而别有手足勤动与实物接触之实用工作在矣。……惟全国读书人倘尽趋文字书本之学，而忘手足之勤动，实物之接触，则其为学术界之大害，可以近百年来东西文化交通后证之"②，足以证明当时国内学者已经将解救国内危机的希望从儒家文化转移到国外。国内当时虽然也有遗老遗少不甘心自家文化的覆灭，却又无法论证在当时该如何发挥儒家文化以避免覆灭命运。早期现代新儒家以科学技术作为认识方式进行分析，认为它们仅仅是人类诸多认识方式中的一种，与常识、宗教、哲学等，都是认识、作用自然的方式。虽然，科学技术对自然与社会的认识（尤其是对自然的认识），在准确度上远远超越其他几种认识方式，但其自身的局限也是非常明显。首先，科学技术认识的准确性主要是在自然科学领域，对于人类社会的关系尤其是未发生的关系，它们的精确性则远逊于自然领域。其次，科学技术

---

①　郝海燕：《儒家文化与中国科学：现代新儒家的见解》，《自然辩证法研究》2004 年第 11 期，第 69—72 页。

②　张君劢：《儒家哲学之复兴》，中国人民大学出版社 2006 年版，第 122 页。

作为认识方式一种，它们自身无法避免因其认识功能作用于自然与社会后的负面影响。

早期现代新儒家对儒家文化重释、反思不存在"于旧学不辨长短，一切重演"① 的态度。梁漱溟认为以包括儒家文化在内的东方文化与西方文化相比，前者发展到近代时期其生命力的枯竭已是不争的事实。"东方化明明是未进的文化，而西方化是既进的文化。……我们看东方文化和哲学，都是一成不变的，历久如一的，所有几千年后的文化和哲学，还是几千年前的文化，几千年前的哲学，一切今人所有的，都是古人之遗；一切后人所作，都是古人之余；然则东方化即古化。西方化便不然，思想逐日的翻新，文化随时辟创，一切都是后来居上，非复旧有，然则西方化就是新化。"② 早期现代新儒家对儒家文化的继承，主要是基于儒家文化内部发展已有的自身瓶颈，及外来文化冲击带来覆灭危机的内外两个因素。从儒家文化内部来看，早期现代新儒家以晚清对传统文化的态度，与汉、宋等时期进行对比，指出当时对儒家文化研究的不足所在："旧有汉、宋之争虽未已，但汉学则托于科学方法，及外人考古学等，而借西学以自文。宋学只合以中国哲学自尊。故汉、宋门户，无形化为中西之分途。后生稍涉西化，又力伐中学。与此六朝、隋、唐之浮屠，力伐儒道者，如出一辙。清末守旧者，恶言西学。今此辈殆尽，而所患者，又在后生不乐求其所固有也。"③ 经过仔细比较，早期现代新儒家在汉、宋研究基础上，结合新的时代背景与未来发展特征，对儒家文化的衔接又采取不同的方式与路径。

梁漱溟认为对生命的理解是多元的，儒家文化是"意欲持中"的"理性之学"，他解释这种"文化意欲观"说："明白的说，照我的意思要如宋明人那样再创讲学之风，以孔颜的人生为现在的青年解决他烦闷的人生问题，一个个替他开出一条路来去走。一个人必确定了他的人生才得往前走动，多数人也是这样；只有昭苏了中国人的人生态度，才能把生机剥尽死气沉沉的中国人复活过来，从里面发出动作，

---

① 熊十力：《论六经·中国历史讲话》，中国人民大学出版社 2006 年版，第 113 页。
② 《梁漱溟全集》（第一卷），山东人民出版社 2005 年版，第 340 页。
③ 熊十力：《读经示要》，中国人民大学出版社 2006 年版，第 178 页。

才是真动。中国人不复活则已，中国而复活，只能于此得之，这是唯一无二的路。"① 熊十力则认为应该从本体意义理解生命，以"心性本体论"试图重构体用思想而重释儒家文化。张君劢则认为应该发挥儒家文化的现代价值。在张君劢看来，儒家文化对中国影响能够延续两千年，其中最有利于后代的当属儒家文化对人的关怀，尤其对能够推动社会进步的外力方面，儒家文化更重视其对人的内在思想可能带来的冲击，他说："可以承认中国文化历史中，缺乏西方之近代民主制度之建立与西方之科学，及现代之各种实用技术，致使中国未能真正的现代化工业化。……不能承认中国文化是反科学的，自来即轻视科学实用技术的。"② 早期现代新儒家逆当时思想界之主流，举起儒家文化的大旗，是希望通过重新认识儒家文化人文关怀方面的价值，力求警醒世人不应当简单对待甚至轻视自家传统，坚信儒家文化关于人性、生命、修为等内容对人类长远生存依然具有不可忽视的意义。

认识方式随着时空转变会有量与质的增殖变化。早期现代新儒家从儒家文化适应现代化社会转变入手，对儒家文化的认识即是在中国追求现代化时期的一种增殖。早期现代新儒家赞同心即理之学，但如何论证却各有不同，"梁漱溟突出了情感的原则，即孟子所谓'恻隐之心'；张君劢突出了意志的原则，强调道德乃是基于意志的自由选择；熊十力突出了理性的原则，即孟子所谓'是非之心'"③。早期现代新儒家对儒家文化从内部的认识来看，是结合实际发展而彰显其在新时代的价值，这点应该值得学界予以肯定。熊十力主张的"读经，决不宜孤守一家言。晚周诸子百家之学虽久绝，苟得其意，则吸收西洋科学、哲学，犹有起衰兴灭之乐也"④。张君劢则尖锐指出："多数士子埋首于高头讲章而已，……虽读孔孟书，而孔孟之精神存于今日者几何？"⑤ 在科学技术时代全国一片西化的浪潮中，能够恪守儒家文化的立场也是值得尊敬

---

① 《梁漱溟全集》（第一卷），山东人民出版社 2005 年版，第 539 页。

② 张君劢：《新儒家思想史》，中国人民大学出版社 2006 年版，第 576 页。

③ 郑家栋：《熊十力心性论及其与梁漱溟心性论比较》，《吉林大学社会科学学报》1990 年第 6 期，第 43 页。

④ 熊十力：《读经示要》，中国人民大学出版社 2006 年版，第 181 页。

⑤ 张君劢：《民族复兴之学术基础》，中国人民大学出版社 2006 年版，第 4—5 页。

与肯定的。而且，儒家文化在中国内地陷入发展困境时，却在海外找到了新的生存空间，其中尤以日本、新加坡最为典型。日本发展儒家文化被国内学者认为是反个性资本主义形式，他们将孔子强调的等级、和谐哲学思想作为企业、社会生存发展的底蕴，并取得了瞩目的成就。同样，新加坡在西化后频出诸如伦理危机的社会问题，为恢复人的社会生存本性举全国之力推行儒家文化的教育。早期现代新儒家所努力的正是要在现代化进程中能重新认识儒家文化的价值，"我们不应忘了孔孟与宋明诸子，但不可以为古人成说尚能解决现代问题，而将新学说新哲学创立之责任推卸了去"①。

三　启示儒家文化的增殖研究

从根本内容上看，早期现代新儒家恪守儒家文化德性内容，这恰恰是儒家文化自近现代后被诟病最集中的内容，这种恪守也使早期现代新儒家被归入保守主义阵营。新文化运动与五四运动后，早期现代新儒家代表因对儒家文化的坚守，从而都不同程度地受到当时其他学者的攻讦。激进的西化派将早期现代新儒家代表所做的延续儒家文化的努力，当作是反对进步而恪守传统文化。正统的中学派认为早期现代新儒家所作的努力非常牵强，甚至都没有理解儒家文化的真谛而仅做出主观议论。

早期现代新儒家不顾学界的反对声音，坚持儒家文化研究的价值与意义，这主要在于他们认为，经过对儒家文化经典真义的重新解读，物质文明主导的社会发展所出现的负面灾难才会有根本上的解决路径，"世之可以移植者制度而已条文而已名词而已，其不可移植者为民族心理"②，"儒家对于宇宙人生，总不胜其赞叹；对于人总看得十分可贵；特别是他实际上对于人总是信赖，而从来不曾把人当成问题，要寻觅什么办法"③。所以，在科学技术为主导的社会发展中，不能离开对人内在修为的关注，因此关于儒家文化对人类长远生存所具有的长远价值自

---

① 张君劢：《民族复兴之学术基础》，中国人民大学出版社 2006 年版，第 49 页。
② 同上书，第 13 页。
③ 《梁漱溟全集》（第三卷），山东人民出版社 2005 年版，第 132—133 页。

然可以获得认可。"物质不足必求之于外，精神不宁必求之于己。又以前人类就是以物质生活而说，像是只在取得时代而以后像是转入享受时代——不难于缺的而难于享受！"① 早期现代新儒家共同目标是能够在科学技术时代实现儒家文化的现代化转变，推广儒家文化的合理的普世价值。这种推广既是对儒家文化所具有的积极的、正面的、普适的价值的传承与发展，又是以西方近代先进文化作为参照而对儒家文化进行的现代化的改造。现代新儒家从第一代的梁漱溟开始，就已经以开阔的视野衡量儒家文化对世界长远发展的意义，至于提出如何与西方文化对话则是第三代新儒家的主要思想内容。但早期现代新儒家都已经认识到，无论何种文化在科学技术时代都将打破疆域限制，都会以各种方式或途径与其他文化相互发生关系。"在东西两方见解异同之中，东方人对于现世界之危机中，自有以其可以矫正西方之处，乃吾人所不可忽视者也。吾为此言，无意于表彰东方生活而否认西方见解，但两方利害长短得失之比较，不可轻易放过者也。"②

从根本上说，早期现代新儒家对儒家文化现代化的尝试是理性的，既不偏执固守精义也不草率武断丢弃，是以人类长远发展休戚相关而权衡，"不是否定传统，而是批判传统，不是死守传统，而是再造传统。从事中国现代化的理性的工作者，决不应只忠于中国的'过去'，更应忠于中国的'未来'；决不应只满足于中国文化的重来，更应以丰富世界文化为最终的目标"③。儒家文化自孔子后虽有两千年发展，但自汉初董仲舒开始因为政治的绑缚，人们对儒家文化经典真义的理解产生了太多偏差。早期现代新儒家认为，儒家文化作为政治意识形态有其合理性，这是由于儒家文化强调人类社会生存中道德理性的作用。但是，他们又不主张将孔子当时经典做生搬硬用。在早期现代新儒家看来，儒家文化从其源头就讲求个人对心性的修为，强调以直觉的方式体悟生命的存在，这是他们所认为儒家文化的精义所在。而且，早期现代新儒家都认为宋明时期的儒家文化真正追溯到了儒家文化的源头真谛。基于此，

①　《梁漱溟全集》（第一卷），山东人民出版社2005年版，第495页。
②　张君劢：《儒家哲学之复兴》，中国人民大学出版社2006年版，第2—3页。
③　金耀基：《从传统到现代》，法律出版社2010年版，第156页。

早期现代新儒家都以宋明儒者的解读方式为基准，都强调从个体的心性修为重新解读儒家文化的当代价值。正如熊十力所说："予确信全世界反帝成功后，孔子六经之道当为尔时人类所急切需要。"①

第三节　科学技术观对当代的启示意义

早期现代新儒家科学技术观的核心内容，是在科学技术时代如何关怀人类的生存利益。一定程度上讲，早期现代新儒家是 20 世纪中国学者在早期尝试于科学技术与人文之间架构桥梁的较早代表。而且，早期现代新儒家科学技术观的价值与意义，随着科学技术继续深入发展而引起的潜在问题越发难以规避与控制而逐渐显著。

一　协调科学技术与社会发展的前瞻性

早期现代新儒家认为，国内学者在引进西方科学技术以图改变中国发展现状时，一定要对西方现代化的进程能有全面的认识。一方面，西方诸多国家进入现代化经历几百年的历程。另一方面，在几百年的现代化历程中，西方国家对思想、文化、社会问题的适应与解决是一个逐渐的过程。早期现代新儒家主张中国另辟新途以求现代化，原因在于西方国家利用几百年时间进入现代化，其利益主要还是集中在各自国家范围，进而造成世界范围的殖民灾难与世界混乱。这违背了人类社会良性发展的本质诉求。归根究底来看，早期现代新儒家认为这是在发挥科学技术社会功用中有失偏颇所引起的，在中国追求现代化进程中如何避免这样的问题才最为关键。在科学技术为主导的欧美国家，通过科学技术的成果应用，成为了世界发展的中心，由此所创造出的工业文明时代，彻底取代了延续几千年的农业文明。科学技术及其成果的社会创造力，对早期现代新儒家的触动也非常深刻。西方科学技术文化引起中国学者的关注，更多是和当时中国在政治上的绝对性劣势有关，张君劢就在两次巡游欧洲后断言，中国未来的发展必须要以西方的模式作为基础。

在科学技术为主导的工业化时代，科学技术的工具理性价值极度发

---

① 熊十力：《论六经·中国历史讲话》，中国人民大学出版社 2006 年版，第 17 页。

挥，甚至突破道德价值藩篱而呈现独大之势，宗教、哲学等本以人文关怀见长的认识方式的地位近乎沦丧。然而，科学技术给西方带来进步的同时，却并没有在真正意义上给西方带来安定，更没有给世界创造新的和谐生存方式。世界秩序在科学技术推动中越发混乱，所创造的生存灾难一浪高过一浪。早期现代新儒家认为，科学技术并没有给人类带来应该具有的幸福生活，在创造物质满足的同时所推动的理想追求还是以物质为基础，尤其关乎人的内在心性修为的思想与精神已近乎边缘化甚至消失，他们认识到科学自身的局限性决定其不能成为人类唯一认识方式，诸如科学虽然佐证宗教、迷信的虚妄，却无法从根本上最终找出能取代宗教、迷信的认识方式，科学凭"其方法求进，亦不能不限于其领域之所得施"①。明确肯定了以工业化为主导的现代化作为一个历史过程对于人类所具有的一定程度的积极意义，但是，在归根结底的意义上，他们是立足于儒家思想的基本背景，力图超越西方工业革命和启蒙运动以来所成就的现代性。早期现代新儒家科学技术观作为对儒家传统科学技术观的调适，是认识及分析当时社会发展的助推作用力的结果。但是，他们却不迷信科学技术及其成果的作用，继续以省察的视角分析科学技术存有的潜在作用及其危害。

二　复兴儒家文化道德与理性的合理性

早期现代新儒家主张复兴儒家文化，并不是单纯将儒家文化作为未来应用的文化，而是恢复儒家文化长于治世的内容，使其在科学技术时代发挥其应有的价值。不同于其他东方文化派仍以传统文化作为对抗西方文化冲击的理论基础，早期现代新儒家旗帜鲜明地以儒家文化作为建构自己学术的根基，通过不同方式形成新的发展观点。19 世纪末 20 世纪初，传统的东方文化在以科学技术为主导的文化冲击中已经难以维系各自的理论体系而深入发展，但它们所遭受的冲击的强度都不如儒家文化。但是，早期现代新儒家却能在特定历史背景下，坚持恪守儒家文化传统道义，对绵延近两千多年的儒家文化重新挖掘，以期能对当下社会混乱的现状有所裨益。惟其如此，早期现代新儒家没有浮于表象而随波

---

① 　熊十力：《读经示要》，中国人民大学出版社 2006 年版，第 125 页。

逐流，却以传统文化为基础而另辟他途以求对社会思潮能有所变革，这对今天的学术界仍具有很大的启示作用。而且，早期现代新儒家在儒家文化社会信任危机最为严重时刻的理性剖析，对我们今天的学术研究也有很好的示范作用。

早期现代新儒家在科学技术疲态初显时期力求学习并复兴儒家文化，从对生命的尊重出发重新建构新的社会秩序。早期现代新儒家认识到，西方社会率先以科学技术将人类文明提高到工业文明，但其自身的进程却是以少部分人对多数人的掠夺、戕害为前提。尤其，从英国一家独大到几大工业国实力相互制约，在新的市场与资源出现后，这些国家更是将掠夺与戕害带向世界。可以说，整个近现代文明进步史，却是多数人悲惨人生境遇的血泪史。以此为背景，西方社会主导的发展模式只会给落后国家和地区带来无终极的灾难。早期现代新儒家认为，这种发展方式不是人类应有的正确道路，反而会对人类长远发展带来毁灭性后果。这种情势随着社会的发展必须有所改观。他们指出的路径则是以儒家文化真精义价值的发挥，对儒家文化有利于其当下发展的内容的重释。早期现代新儒家基于对人生意义与生命安顿两个方面的考虑，认为儒家文化对救治未来社会发展中存在的问题具有优势。这也正是作为国内学者应该重视，并且应该及时发挥的内容。所以，延续儒家文化传统对待科学技术（尤其是作为科学成果的技术）的态度，早期现代新儒家的目的是为人类长远生存而考虑。

科学技术为主导的社会发展在西方引起的变化，充分证明二者对推动社会进步的作用力无可取代，但它们也加速了社会关系重组，并不断适应社会发展的步伐。从社会内部来看，西方社会的政治、经济、文化等随着科学技术发展已经有了长足进步，尤其从政治、经济、文化等所体现出的现代特征上更能看出其进步程度。但在早期现代新儒家看来，从内部分析西方社会秩序发展，在当时虽已经体现出较强的合理性，但还是远落后于科学技术发展的程度。另外，如果从西方依赖科学技术强行对落后地区影响和渗透分析，他们更多利用科学技术谋取自身的利益，而未能从根本上真正关注落后地区如何发展科学技术及进入现代化。基于此，先进入工业时代的国家之间为利益在全世界造成混乱发展现状，对落后国家和地区的影响暂时还不能明确显现出来，尤其是关于社会秩序的稳定方面。

儒家文化构建社会秩序的真谛因历朝历代统治者的需要，在不同历史阶段都有所修改。由于社会文明一直是以农业为主的物质文明阶段，从维护当时社会稳定或实现政权巩固来看，这些修改都取得了一定的效果。早期现代新儒家认为，这是儒家文化始终关注社会秩序稳定、关注人在现实生活中如何应对利益带来的诸多社会问题，即使对儒家文化真精义有了修改，却因为社会秩序还能维持稳定，则没有从根本上触动儒家文化的核心地位。基于此，后来的儒家文化即使对源头发生偏离，也没有面临被彻底否决的危险境地。在科学技术为主导的现代化时代，儒家文化社会秩序功用所受到的冲击是前所未有的，它被作为腐朽、没落、专制等象征而被驱逐出政治意识形态领域。那么，儒家文化维护社会秩序的内容和形式在现代社会真的没有价值而要被废弃吗？早期现代新儒家持否定的意见。在早期现代新儒家看来，儒家文化是以"仁"创立与社会秩序相关的思想内容，其核心之处是以伦理道德作为思想基石，而实现"小康"与"大同"这样既能富足又能和谐的理想社会。

早期现代新儒家关于科学技术的功用的认识与评价，是基于儒家文化历来以审慎视角分析社会秩序与稳定所产生威胁的因素。虽然，早期现代新儒家在现代化大背景之下提出这一主张显得不合时宜，甚至容易被误解为是一种消极保守的思想立场。事实上，早期现代新儒家是在科学技术社会影响力爆发期，希望为了人类社会良性、和谐的发展能对科学技术有不同角度的分析。"吾国有'中学为体，西学为用'之争，迄于五四，扩大而为'打倒孔家店'之标语。儒家思想与西方科学是否相容，尚在相持不下之中。……然则就儒家哲学与西方哲学审查之比较之，以求更进一步之融会贯通，非今日吾国学者所不容诿卸之责任乎？"① 科学技术发展到今天，人类发展尤其是后进国家的发展，如何协调国家内部关系以及协调与其他国家关系，还是一个重要议题。归根究底来看，还是要从每一个国家以及每一个公民开始做起，这恰好是早期现代新儒家当时关于科学技术功能研究的主旨所在。

———————

① 张君劢：《儒家哲学之复兴》，中国人民大学出版社 2006 年版，第 97 页。

三　尝试科学技术与人文互逆的可行性

现代化进程已进入数字化时代，但科学技术与人文的双向维度交叉融合，但没有很好地解决科学技术引发的负面问题。张君劢回忆偶然演讲所引发"科学"与"人生观"的论争时说："我所欲言者，非科学本身问题，乃科学的结果。西欧之物质文明，是科学上最大的成绩。……要知道专求向外发展，不求内部的安适，这种文明是绝对不能持久的。"① 以当今历史发展程度为基础分析早期现代新儒家科学技术观，可以发现，他们的主张是中国实现现代化应该注重科学技术与道德理性的人文关怀并重，"现在只有踏实的奠定一种人生，才可以真吸收融取了科学和德谟克拉西两精神下的种种学术种种思潮而有个结果；否则我敢说新文化是没有结果的"②。这既使中国能够避免重蹈西方发展的道路——为了发展带来人与自然、人与他人关系紧张的局面，也能够保持并发扬中国文化应有价值。早期现代新儒家持有科学技术与人文二维并重的态度，不仅是对儒家文化入世思想的发挥，也是对人类长远、和谐生存的理论构建。

科学技术作为认识与作用自然的方式，却因其成果在社会运用中所产生的巨大变革作用，使得人类将它们的社会功用范围尽可能地进行放大。这不仅使人类自身开始对科学技术本身的认识与评价产生偏离，而且削弱甚至否定了其他认识方式存在的合理性。"科玄论战"本是张君劢一次没有经过严肃准备的即席演讲，无论在演讲过程中还是演讲之后，他都明确了自己的演讲初衷与基本立场，没有任何轻视科学的本意，他演讲所指向的是自然科学对人生的有效性会远低于在人生观方面。除张君劢之外，梁漱溟、熊十力也有类似的观点，认为科学技术现实变革作用力已经不可能使自己顽固地否认而拒斥它们，相反，是主张理性地认识与评价，尽可能将它们所带来的社会问题能够从人本关怀维度予以规约。这种关怀立场值得后学者对该学派重新认识与评价。早期现代新儒家学派是为了应对当时国际与国内的险峻形势，在中西文化对

---

① 张君劢：《科学与人生观》，中国致公出版社 2009 年版，第 130 页。
② 《梁漱溟全集》（第一卷），山东人民出版社 2005 年版，第 539 页。

比研究中各取所长而为中国所用的立场下，自发地客观评析西方科学技术及其成果的社会作用力，及理性分析以道德理论见长的儒家文化的社会作用力的学者会聚。

早期现代新儒家科学技术观所反映出的不仅仅是时人延续儒家文化的一种努力，实质上是要在科学技术与人文之间架构桥梁，是对儒家文化现代化的一种尝试。"考究西方文化的人，不要单看那西方文化的征服自然、科学、德谟克拉西的面目，而须着眼在这人生态度、生活路向。要引进西方化到中国来，不能单搬运，摹取他的面目，必须根本从他的路向、态度入手。"① 梁漱溟对兴起于西方世界的科学主义给予了详尽的批评："近世西方人的心理方面，理智的活动太强太盛，实为显著之特点。在他所成就的文明上，辟创科学哲学，为人类其他任何民族于知识、思想二事所不能及其万一者。不但知识思想的量数上无人及他，精神细奥上也无人及他。然而他们精神上也因此受了伤，生活吃了苦，这是十九世纪以来暴露不可掩的事实。"② 熊十力对未来科学技术的应用也明确提出以社会生活为立足点，他说："今后，固当努力科学知识，但于固有学术，万不容忽视，否则失其所以为人之理。而科学知识，有何以善其用耶？人类皆习于向外追逐，而不知反，至以科学知能为自毁之具。罪不在科学，而由于无本原之学，以善用此科学知能也。"③ 张君劢结合自身欧游经历及国家灾难根源，坚决否定以科学主义思想否定甚至取代儒家文化价值，他从科学作为认识形态本身分析，认为科学不是万能的，科学并不能解决人生问题，"科学之为用，专注于向外，其结果则试验室与工厂遍国中也。朝作夕辍，人生如机械然，精神之慰安所在，则不可得而知也"④。熊十力则通过比较中学、西学，提出"性智为体、量智为用"观点，而二者恰是中西思想各有侧重的特征，只有让二者在人类思想中相济为用，才可以为人类发展提供正确路向。熊十力说道："人类由科学之道，终不能穷极性命宝藏，性命，含万善，故以宝藏为喻。即不能潜发与含养其德慧，不能有天地万物一体之

---

① 《梁漱溟全集》（第一卷），山东人民出版社 2005 年版，第 385 页。
② 同上书，第 391 页。
③ 熊十力：《论六经·中国历史讲话》，中国人民大学出版社 2006 年版，第 155 页。
④ 张君劢：《科学与人生观》，中国致公出版社 2009 年版，第 5 页。

量，不悟性分自足，无待于外之乐。如是，则人类终因于嗜欲无厌之狂驰，其祸或较抑遏嗜欲而尤烈。大战之一再爆发，而犹未知所底，是其征也。余以为科学与经学，两相需，而不可偏废。欲使科学方法与工程技术，纯为人类之福，而不至为祸，则非谋经学科学二者精神之相贯不可。"①

　　早期现代新儒家科学技术观体现人文关怀特征，其本质是要解决儒家文化与现代科学技术之间的矛盾，以及道德与知识作为社会发展两个维度之间的关系。这种努力尝试与后来试图打通科学技术与人文壁垒的其他学派思想殊途同归。但早期现代新儒家有双重维度同时发展的思想，并尝试以一种理论体系为支撑而寻求具体的路径，是较早于其他以人文视角审视科学技术的学派。尤其早期现代新儒家恪守的是当时已几乎被主流完全否定的儒家文化，现代新儒家学派即使在大陆断裂近 40年，到 20 世纪后 20 年却在新加坡的领导层、美国华盛顿开始重新被研究②。这就早已说明该学派思想观点的历史超越性，而科学技术观是他们思想重要组成部分，是应该得到重视并给予整理提炼。

---

① 熊十力：《读经示要》，中国人民大学出版社 2006 年版，第 128 页。

② Arif Dirlik，"Confucius in the Borderlands：Global Capitalism and the Reinvention of Confucianism"，*Boundary*，Vol. 22，No. 3，1995，p. 229.

第六章　结语

　　以整体的角度了解早期现代新儒家科学技术观，可以发现他们强烈反对科学万能思想，对科学评价立场与学习态度却是十分积极。换句话说，早期现代新儒家致力于中国在现代化的方向上，既能吸收西方先进的科学技术，又能正确认识与评价传统文化的启示意义，能够做"思想独立，学术独立，精神独立"[①] 的民族。他们基于对当时科学技术在社会应用所引发的诸多问题，尤其对人类长远生存利益的影响，期望构建一种新的人生价值体系，进而能规避科学技术所带来的负面影响，以及能够在现代化中构建出新的中国发展进路。儒家文化强调个人的道德修为，进而推己及人，考虑人与人、人与自然的相互关系，注重人在自然与社会和谐相处中的主导地位，这种相对的功利性态度在早期现代新儒家看来，符合人类在任何一个历史阶段的发展利益。早期现代新儒家对儒家文化的笃信，是因为西方现代科学技术所创造的物质文明并非尽善尽美的，它的负面作用尤其对社会生存关系方面的影响已经越来越大。早期现代新儒家是呼吁以一种新的方式或视角看待西方创造的文明，中国应该有选择性地去吸收，以注重内在修为的儒家文化弥补强调外在征服性认识的科学技术的不足。随着今天科学技术在社会生存方面引起的负面问题日益凸显，反观早期现代新儒家对儒家文化中道德理性的恪守，可知他们希望中国实现的现代化不是重蹈西方的老路，而是要有中国自身优秀文化融入其中的新的现代化，"完全可以走一条中国特

---

　　① 　熊十力：《十力语要初续》，上海书店出版社 2007 年版，第 20 页。

色的积极健康的现代化发展道路"①。早期现代新儒家敢逆当时思想界之潮流，就在于他们感受到了西方文化带来的冲击，继而思考调整并发扬儒家文化的当下价值，并笃定恪守儒家文化的精髓——人文关怀的价值观，希望通过对其源头的疏浚拨畅，使其价值不在新时代被湮没。早期现代新儒家的这种努力为后来的研究者进一步挖掘传统文化注入新的动力，他们是在中西文化对比中尝试重新树立儒家文化对社会生存的引导价值。"应当说，早期现代新儒家学者对中国传统文化非常热爱，对中国传统文化应对现实和未来的能力十分自信，对中国传统价值理念的描述也包含有许多合理之处，这些都值得我们钦佩和肯定。"② 早期现代新儒家对儒家文化的态度，既不是以死保孔学为目的，也不是援引西方文化而贬斥儒家文化的理论价值。他们只是在新的时代背景中对儒家文化又进行了一次阐释而已。对于这次的阐释，早期现代新儒家已完全不同于历史上任何一个时期对孔学的注解，他们面对外在的刺激及其强大的作用力，既从儒家文化内在寻求对自身的调适，也从外在的环境寻找儒家文化延续的要素。质言之，早期现代新儒家所做的努力就是为儒家文化在新的时代中找到适宜存在的需要，科学技术及其成果的负面性为他们提供了前提，他们在中西文化两方都采取"取其精华、弃其糟粕"的立场，重新彰显儒家文化固有的时代价值，为中国实现现代化塑造新的文化根基，及为世界走出科学技术发展所带来的困境寻找出路，正如熊十力所期望的："现代所谓文明人者，皆失其本心，而习于向外骋逐。纵欲殉物，因不得不出于抢夺，而陷于人类自毁之途。将图所以救之？非导之于中国文化，终不可得救也。吾确信中国文化不可亡。但吾国人努力于文化之发扬，亦必吸收西洋现代文化，以增加新的原素，而有所改造。不可令成一种堕性。"③

---

① 肖玲：《从人工自然观到生态文明建设》，《南京社会科学》1997 年第 12 期，第 24 页。

② 柴文华：《传统价值理念的现代阐释——论早期现代新儒家的中国传统价值观》，《学习论坛》2006 年第 5 期，第 65 页。

③ 熊十力：《论六经·中国历史讲话》，中国人民大学出版社 2006 年版，第 233 页。

参考文献

著作：

[1] 梁漱溟：《梁漱溟全集》（第一卷—第八卷），山东人民出版社 2005 年版。

[2] 张君劢：《民族复兴之学术基础》，中国人民大学出版社 2006 年版。

[3] 张君劢：《义理学十讲纲要》，中国人民大学出版社 2006 年版。

[4] 张君劢：《明日之中国文化：中印欧文化十讲》，中国人民大学出版社 2006 年版。

[5] 张君劢：《儒家哲学之复兴》，中国人民大学出版社 2006 年版。

[6] 张君劢：《新儒家思想史》，中国人民大学出版社 2006 年版。

[7] 张君劢等：《科学与人生观》，黄山书社 2008 年版。

[8] 张君劢：《王阳明：中国十六世纪的唯心主义哲学家》，江日新译，东大图书股份有限公司 1991 年版。

[9] 张君劢：《中华民国民主宪法十讲》，商务印书馆 1947 年版。

[10] 张君劢：《宪政之道》，清华大学出版社 2006 年版。

[11] 张君劢：《政制与法制》，清华大学出版社 2008 年版。

[12] 《张君劢集》，群言出版社 1993 年版。

[13] 熊十力：《新唯识论》，中国人民大学出版社 2006 年版。

[14] 熊十力：《读经示要》，中国人民大学出版社 2006 年版。

[15] 熊十力：《原儒》，中国人民大学出版社 2006 年版。

[16] 熊十力：《体用论》，中国人民大学出版社 2006 年版。

[17] 熊十力：《论六经·中国历史讲话》，中国人民大学出版社 2006 年版。

［18］熊十力：《韩非子评论·与友人论张江陵》，上海书店出版社2007年版。

［19］《十力语要初续》，上海书店出版社2007年版。

［20］熊十力：《存斋随笔》，上海书店出版社2007年版。

［21］《十力语要》，上海书店出版社2007年版。

［22］熊十力：《唯识学概论：因明大疏删注》，上海书店出版社2008年版。

［23］熊十力：《破破新唯识论：摧惑显宗记》，上海书店出版社2008年版。

［24］熊十力：《中国历史讲话：中国哲学与西洋科学》，上海书店出版社2008年版。

［25］熊十力：《乾坤衍》，上海书店出版社2008年版。

［26］《熊十力论学书札》，上海书店出版社2009年版。

［27］《熊十力集》，群言出版社1993年版。

［28］《冯友兰集》，群言出版社1993年版。

［29］《贺麟集》，中国社会科学出版社2006年版。

［30］《钱宾四先生全集》，联经出版公司1998年版。

［31］舒炜光主编：《科学认识论》，吉林人民出版社1990年版。

［32］林德宏、肖玲等：《科学认识思想史》，江苏教育出版社1995年版。

［33］林德宏：《科学思想史》（第二版），江苏科学技术出版社2004年版。

［34］吴国盛：《反思科学》，新世界出版社2004年版。

［35］李建珊等：《科学认识价值论》，吉林人民出版社1996年版。

［36］何萍：《文化哲学：认识与评价》，武汉大学出版社2010年版。

［37］郑大华：《民国思想史论》，社会科学文献出版社2006年版。

［38］汤一介、张耀南、方铭主编：《中国儒学文化大观》，北京大学出版社2001年版。

［39］庞朴主编：《中国儒学》，东方出版中心1997年版。

［40］李泽厚：《中国现代思想史论》，生活·读书·新知三联书店2008年版。

［41］李山、张重岗：《现代新儒家传》，山东人民出版社 2002 年版。

［42］陈明：《儒者之维》，北京大学出版社 2004 年版。

［43］陈来：《现代中国哲学的追寻》，人民出版社 2001 年版。

［44］郭齐勇：《近五年来中国大陆儒学研究的现状与发展》，贵州人民出版社 2000 年版。

［45］罗义俊编：《评新儒家》，上海人民出版社 1988 年版。

［46］李瑞全：《儒家生命伦理学》，鹅湖出版社 1999 年版。

［47］林安梧：《儒学革命论》，台北：学生书局 1998 年版。

［48］李明辉：《当代儒学的自我转化》，中国社会科学出版社 2001 年版。

［49］方克立、李锦全主编：《现代新儒家学案》，中国社会科学出版社 1995 年版。

［50］［美］杜维明：《东亚价值与多元现代性》，中国社会科学出版社 2001 年版。

［51］祝瑞开主编：《儒学与 21 世纪中国：构建、发展"当代新儒学"》，学林出版社 2000 年版。

［52］郑家栋：《现代新儒学概论》，广西人民出版社 1990 年版。

［53］宋志明：《现代新儒学的走向》，北京师范大学出版社 2009 年版。

［54］方克立：《现代新儒学与中国现代化》，长春出版社 2008 年版。

［55］顾迁注：《孝经》，中州古籍出版社 2012 年版。

［56］王天海：《荀子》，长春出版社 2011 年版。

［57］毛子水：《论语》，重庆出版社 2009 年版。

［58］陆玖译：《吕氏春秋》，中华书局 2011 年版。

［59］［英］李约瑟：《四海之内——东方与西方的对话》，劳陇译，生活·读书·新知三联书店 1987 年版。

［60］［英］戴维·米勒：《开放的思想和社会——波普尔思想精粹》，张之沧译，江苏人民出版社 2000 年版。

［61］［德］胡塞尔：《欧洲科学危机和超验现象学》，张庆熊译，上海译文出版社 1988 年版。

［62］［德］马克斯·韦伯：《社会科学方法论》，韩水法、莫茜译，中央编译出版社 1999 年版。

［63］［荷］斯宾诺莎：《伦理学》，贺麟译，商务印书馆 1997 年版。

［64］［美］罗柏森：《全球化：社会理论和全球文化》，梁光严译，上海人民出版社 2000 年版。

［65］［美］郭颖颐：《中国现代思想中的唯科学主义》，雷颐译，江苏人民出版社 1998 年版。

［66］［美］艾伦·格沃斯等：《伦理学要义》，戴杨毅等译，中国社会科学出版社 1991 年版。

论文：

［67］陈阵：《现代新儒家的科学观》，《自然辩证法通讯》2008 年第 4 期。

［68］张一兵：《当代哲学认识论研究方向的重大转变》，《求索》1987 年第 3 期。

［69］张尚仁：《科学认识论的产生和发展》，《华南师范大学学报》1988 年第 2 期。

［70］肖玲：《论科学认识价值的增殖》，《自然辩证法研究》2000 年第 3 期。

［71］肖玲：《从人工自然观到生态文明建设》，《南京社会科学》1997 年第 12 期。

［72］吴国盛：《科学与人文》，《中国社会科学》2001 年第 4 期。

［73］吴国盛：《技术与人文》，《北京社会科学》2001 年第 2 期。

［74］吴国盛：《科学精神起源》，《科学与社会》2011 年第 1 期。

［75］吴国盛：《回归"中学为体，西学为用"》，《绿叶》2009 年第 4 期。

［76］刘华杰：《人文关怀什么》，《自然辩证法研究》1998 年第 1 期。

［77］刘华杰：《古代有无科学：不明确的提问》，《科学对社会的影响》2000 年第 4 期。

［78］刘大椿：《科学方法论：问题和趋势》，《中国人民大学学报》1988 年第 3 期。

［79］邱仁宗：《科学方法是什么》，《读书》1982 年第 9 期。

［80］冒荣：《"花自飘零水自流"——现代新儒家产生原因及其作用初

探》，《南京理工大学学报》1997年第3期。

[81] 柴文华：《传统价值理念的现代阐释——论早期现代新儒家的中国传统价值观》，《学习论坛》2006年第5期。

[82] 张曙光：《国之旧学　其命维新》，《中国社会科学》2009年第3期。

[83] 陈来：《20世纪儒学的学术研究及其意义》，《文史哲》2011年第1期。

[84] 黄玉顺：《当前儒学复兴运动与现代新儒家——再评"文化保守主义"》，《学术界》2006年第5期。

[85] 余英时：《一个传统，两次革命——关于西方科学的渊源》，《读书》2009年第3期。

[86] 高燕燕：《传教士与晚清中国现代化》，《法制与社会》2008年第12期。

[87] 彭国翔：《从西方儒学研究的新趋向前瞻二十一世纪的儒学》，《孔子研究》2000年第3期。

[88] 许全兴：《关于儒学复兴的若干思考》，《贵州社会科学》2010年第2期。

[89] 孟建伟：《科学与人文精神》，《哲学研究》1996年第8期。

[90] 李翔海：《论儒学现代转型的两条基本路向》，《齐鲁学刊》2007年第6期。

[91] 熊月之：《晚清西学东渐过程中的价值取向》，《社会科学》2010年第4期。

[92] 李玉用、岳晗：《破灭与重燃——儒家思想在当代》，《船山学刊》2006年第4期。

[93] 徐嘉：《现代新儒学对唯科学主义之应对及其伦理态度》，《学海》2006年第5期。

[94] 章清：《"采西学"：学科次第之论辩及其意义》，《历史研究》2007年第3期。

[95] 顾伟康：《深入开展对现代新儒家的研究——"现代新儒家思潮研究"学术讨论会纪要》，《上海社会科学》1987年第11期。

[96] 吴光：《儒学研究的新契机——新加坡国际儒学研讨会述要》，

《学术月刊》1988 年第 11 期。

[97] 关东:《"二十世纪中国哲学与文化思潮"学术讨论会综述》，《哲学研究》1989 年第 10 期。

硕博论文:

[98] 郭长江:《中国近现代科学教育变革的文化反思》，博士学位论文，华东师范大学，2003 年。

[99] 范铁权:《中国科学社与中国的科学文化》，博士学位论文，南开大学，2003 年。

[100] 李丽:《科学主义在中国的历史与现实之省思》，博士学位论文，复旦大学，2006 年。

英文文献:

[101] Vera Schwarcz, *The Chinese Enlightenment: Intellectuals and the Legacy of the May Fourth Movement of 1919*, University of California Press, 1986.

[102] Eric Voegelin, "World-Empire and the Unity of Mankind", *International Affairs (Royal Institute of International Affairs 1944 -)*, Vol. 38, No. 2, 1962.

[103] Amitav Acharya, "Will Asia's Past Be Its Future?", *International Security*, Vol. 28, No. 3, 2004.

[104] Debin Ma, "Why Japan, Not China, Was the First to Develop in East Asia: Lessons from Sericulture, 1850 - 1937", *Economic Development and Cultural Change*, Vol. 52, No. 2, 2004.

[105] Charles Desnoyers, "Toward 'One Enlightened and Progressive Civilization': Discourses of Expansion and Nineteenth-Century Chinese Missions Abroad", *Cultivos Tropicales*, Vol. 8, No. 1, 1997.

[106] David Wright, "The Translation of Modern Western Science in Nineteenth-Century China, 1840 - 1895", *Isis*, Vol. 89, No. 4, 1998.

[107] Hu Shih, "The Scientific Spirit and Method in Chinese Philosophy", *Philosophy East and West*, Vol. 9, No. 1/2, 1959.

[108] Jonathan Porter, "The Scientific Community in Early Modern Chi-na", *Isis*, Vol. 73, No. 4, 1982.

[109] Shu-hsien Liu, "The Religious Import of Confucian Philosophy: Its Traditional Outlook and Contemporary Significance", *Philosophy East and West*, Vol. 21, No. 2, 1971.

[110] Thomas A. Metzger, "The Quest for Traditional Values in Modern Chinese Thought", *The China Quarterly*, Vol. 73, No. 73, 1978.

[111] Hiroshi Miyajima, "The emergence of peasant societies in east A-sia", *International Journal of Asian Studies*, Vol. 2, No. 1, 2005.

[112] Lori Witthaus, *Human Rights and Chinese Thought: A Cross-Cultural Inquiry*, CambridgeUniversity Press, 2002.

[113] Franz Michael, "Revolution and Renaissance in Nineteenth-Century China: The Age of Tseng Kuo-fan", *Pacific Historical Review*, Vol. 16, No. 2, 1947.

[114] Gang Liu, "Philosophy of information and foundation for the future Chinese philosophy of science and technology", *Frontiers of Philosophy in China*, Vol. 2, No. 1, 2007.

[115] Lai Chen, "On the Universal and Local Aspects of Confucianism", *Frontiers of Philosophy in China*, Vol. 1, No. 1, 2006.

[116] Wing-Tsit Chan, "Neo-Confucianism and Chinese Scientific Thought", *Philosophy East and West*, Vol. 6, No. 4, 1957.

[117] Joseph Needham, "Human Laws and Laws of Nature in China and the West (II): Chinese Civilization and the Laws of Nature", *Journal of the History of Ideas*, Vol. 12, No. 2, 1951.

[118] Richard J. Smith, "Foreign-Training and China's Self-Strengthening: The Case of Feng-Huang-Shan, 1864 – 1873", *Modern Asian Studies*, Vol. 10, No. 2, 1976.

[119] Jack A. Goldstone, "Cultural Orthodoxy, Risk, and Innovation: The Divergence of East and West in the Early Modern World", *Sociological Theory*, Vol. 5, No. 2, 1987.

[120] Arif Dirlik, "Confucius in the Borderlands: Global Capitalism and

the Reinvention of Confucianism", *Boundary*, Vol. 22, No. 3, 1995.

[121] C. T. Hsia, "Classical Chinese Literature: Its Reception Today as a Product of Traditional Culture", *Chinese Literature: Essays, Articles, Reviews (CLEAR)*, Vol. 10, No. 1/2, 1988.

[122] Willard J. Peterson, " 'Chinese Scientific Philosophy' and Some Chinese Attitudes towards Knowledge about the Realm of Heaven-and-Earth", *Past & Present*, Vol. 87, No. 1, 1980.

[123] Earl Swisher, "Chinese Intellectuals and the Western Impact, 1838 – 1900", *Comparative Studies in Society and History*, Vol. 1, No. 1, 1958.